【北京社科名家文库】

欧阳中石◎著

蒹葭苍苍

JIANJIACANGCANG

欧阳中石自选集

首都师范大学出版社
CAPITAL NORMAL UNIVERSITY PRESS

图书在版编目（CIP）数据

兼葭苍苍：欧阳中石自选集/欧阳中石著．—北京：首都师范大学出版社，2011.5（2016.3重印）

（北京社科名家文库）

ISBN 978-7-5656-0362-4

Ⅰ.①兼…　Ⅱ.①欧…　Ⅲ.①社会科学—文集　Ⅳ.①C53

中国版本图书馆CIP数据核字（2011）第080096号

北京社科名家文库

JIANJIACANGCANG

兼葭苍苍

欧阳中石自选集

欧阳中石　著

项目统筹：杨林玉　　责任编辑：来晓宇

责任设计：王征发　　封面绘画：王征发

责任校对：李佳艺　　责任印制：何景贤

首都师范大学出版社出版发行

地　址　北京西三环北路105号

邮　编　100048

电　话　68418523（总编室）　68982468（发行部）

网　址　www.cnupn.com.cn

印　刷　三河市博文印刷有限公司

经　销　全国新华书店

版　次　2011年5月第1版

印　次　2016年3月第2次印刷

开　本　710mm×1 000mm　1/16

印　张　21.5　　插页　2

字　数　253千

定　价　50.00元

《北京社科名家文库》编委会

出版说明

1978年，中国改革开放的元年。自那一年开始，中国已经走过了波澜壮阔的30年。这是伟大的30年，是改变中国的30年，是震惊世界的30年，也是哲学社会科学蓬勃发展的30年。

在哲学社会科学这30年的辉煌成就里，浸透着为新中国哲学社会科学奠基的老一辈专家呕心沥血的求索，也镌刻着寻着他们足迹的后来者追求真理的步伐。“学之大者，国之重器”。我们有责任将这些“大者”潜心研究的成果，重新编辑出版以飨读者。为此，北京市社会科学界联合会和首都师范大学出版社将这一套《北京社科名家文库》奉献给读者。她以自选集的体例形式，每年推出一批，争取在几年内达到百种以上。《北京社科名家文库》将系统展示当代哲学社会科学名家学者30年来的学思精华，展示他们的学术探索历程和风采。同时，为使这套《北京社科名家文库》更加丰富，编委会决定在首都师范大学出版社已出版的《当代著名学者自选集》中挑选符合体例的图书，编辑成《北京社科名家文库·纪念辑》，这将更完整地反映北京学人在学术风范和学术使命上的历史延续。

我们相信，《北京社科名家文库》将能够成为具有文化传承价值的经典性大型出版工程，成为集中展示首都哲学社会科学重要成果的一个窗口。由于我们水平所限，定有不足之处，希望读者和同仁给予批评指正。

编　委　会

2009年11月

欧阳中石先生

目录

北京社科名家文库

北京社科名家文库

北京社科名家文库

北京社科名家文库

代自序

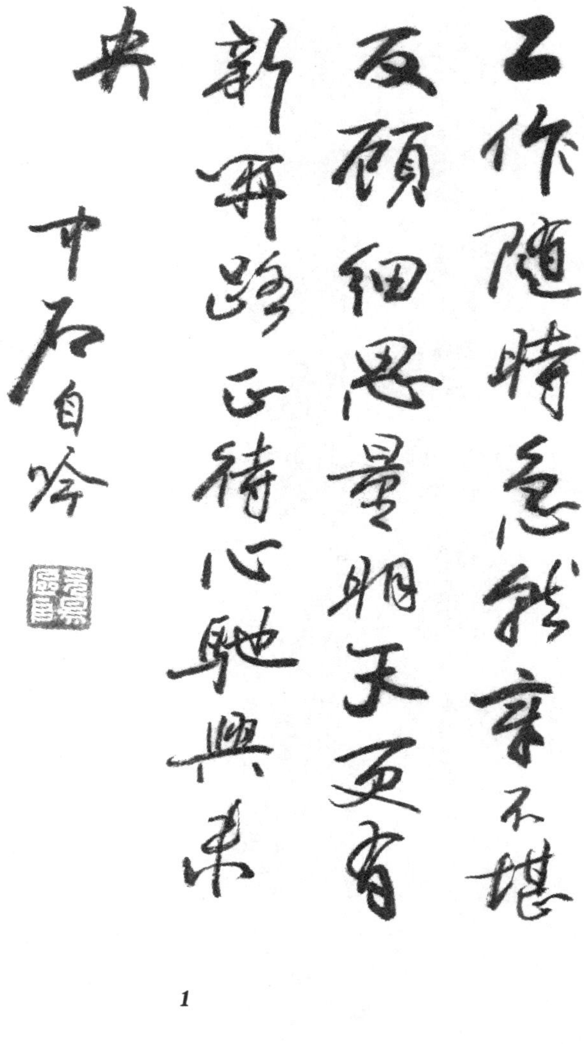

工作随时急就章
不堪反顾细思量
明天更有新开路
正待心驰兴未央
中石自吟

一、文　化

我对“中华文化”的理解*

“中华文化”似比“中国文化”的提法涵盖得更宽泛一些。“国”是一个行政的概念，有时期的不同；“华”则是一个不受行政、时期、地域、民族等等的限制而总领其成。由古及今，无论最大最远，无论“现在”、“曾经”，以至于“将来”，好像都可以包含其中。所以我觉得认定“中华”一词更为合适。

在神州大地的这块地方，生民们自然有着不同血缘、亲疏、远近、姻亲、友好、共事等等的关系，自然而然会聚在一起，成为了一个融融相处的大家庭，自然而然地形成了一个各民族融合的大家庭。

这一大家庭，综合一体，统一起来就是我们的“中华民族”。

生活在这一块土地上几千年的时间里，这一大家庭，共同生息，共同往来，共同交流，共同磨合，自然而然地有着共同的风俗，共同的好恶，共同的习惯，共同的追求，

---

* 本文原载《人民政协报》2005年3月5日。

进而形成了我们所适应的“文化”。

我们必须承认：这一套“文化”是我们这个“中华民族”共同凝聚，用智慧与心血创造出来的结晶。好的也罢，不好的也罢，都是事实存在的，既是值得骄傲的，又是不容推诿的。我们的“文化”不是一成不变的，而是从低到高，从不完善到更完善一步一步发展过来的，逐渐把不好的换掉，换成一些好的；当然也可能又有了一些不好的，不过又换上些更好的，总是这样愈来愈好地发展着。我们生活在她的氛围中很幸福，很和谐。而且，我们运用着她，把我们的生活创造得更好，更优越。今后，我们还要由她为我们创造更丰富、更灿烂的生活。

在“中华文化”的界定上，似乎有不甚清晰的地方，我想我们大体梳理一下为好：

“中国固有的文化”应是最核心的部分。“固有”有两方面的意思，一是“本来有的”，而且是“永远有的”，是“核心的”。我们曾经为“国学”作过一个界定，即我们固有的文化学问。应该承认，在早前，我们自己也曾封闭到只限于文史方面，尤其如自然科学方面都很少提及，我小时候读过的一些“国学常识”之类的书，便是如此。一些艺医星数之类的也应该是极有价值，极见高度的一部分，其中也不乏有经典的意义的内容存在，需要我们重新认识，至少现在还没提到应有的高度。

一个必须认真思考的问题是：我们固有的学问与域外学问相接触的过程中，自然而然要有一些碰撞。我们堂堂中华有一个了不起的特点，就是能容统一切。外来的文化，一经筛选，我们便会马上接受过来，稍加磨合，便会融成了和我们亲密无间的一体。除了尽可能保持原有的精华之外，又互相迁就着形成了密不可分，亲不能辨的浑然一体了。有的还可保留着她的原名原出处，而其实已经中华而化之了。

我们常说的“和中国实际相结合”有“中国特色”便是句很朴实、很准确的结语。

这样来认识问题，“中华文化”这个外延就是极其宽泛的概念了。我们“怕”宽泛吗？应该说我们不怕富有，不怕充实。

当然也可能有人说：这是把本来是别人的攫为己有的作法。这样来指责倒也不是毫无根据，但我这样看：世界是会有许多学问先发生在某一点上，然而会被更多的人所发现。比如“万有引力”的确是牛顿开始，发现者由他领衔，“使用”则是世界所共有的了。根据这一原理再作出更多的发明，就不一定非隶属在他的名下不可了。“汽车”的发明权不在我国，但“红旗轿车”却体现着中华文化。“马克思主义”不是我们提出来的，但我们却在这一感召下提出了“毛泽东思想”，这都是中华文化光辉的结晶。我们不是要夺取人家的发明资格，我们对发明者是尊重的、感谢的，但运用起来，却是融会在我们的具体情况下而运行的，能不说是在中华文化的氛围中实现的吗？真正为世界作出贡献的科学家，一定会把持着“使用权”而禁绝于别人吗？人类是一个人类，伟大科学家是人类的科学家。全人类的财富自应为人类所共有。不是自己的硬抢，是强盗；该融入的拒绝，是固鄙；该给公有的不给，是小气；只适合自己硬输给别人是强人所难。大家为了和谐幸福的生活，互相尊敬着、谦和着，共同熔铸着，不分谁的和谁的，自己运用着自己适应的文化，天天向上的生活，天天向上的发展，都向着发明、创造出更好的文化者致敬，都为得到更美的文化而庆幸。事实上：发明创造者是个别的，受益者是广大的，广大的受益者是拥有者、是真正的主人。

如果不作这样看，只把主人局限在发明创造者身上，不把其他的文化财富集中到他身上，试想，他该是多么贫乏，多么贫穷！

所以，“中华文化”之中，有我们固有的文化，也有随着时代的前进而不断丰富起来的新文化，更有随着世界文化的前进涌进来的新的外来文化。我们随时都在敞开融纳的襟怀，不厌其厚、不厌其重地享受着各种文化的滋润。世界上所有的优秀文化，我们都要学过来，构成我们“中华文化”的一部分。本来我们“中华文化”也就是“世界文化”的一个组成部分。

中国文化与书法艺术*

“文化”问题，是一个根源问题——一切问题都必须从这里谈起。这个问题如不明确，就没有了依据，其他问题就没法谈起。尤其，文化是一个国家、一个民族的标志。

文化

什么是文化？词典上讲，是人的社会意识上创造出来的物质财富和精神财富。我想把这句话概括一下，在人类社会上出现的一切现象，没有不是文化的。但是这句话很抽象，不容易理解。因此，我就尽可能地去理解它。我是这样理解文化的。

什么是文？什么是化？需要细致地分析。人类在社会历史上，从有人的时代一步一步发展起来，都是走过了一个什么样的历程？之所以这样绵延下来，是因为他们总想明天比今天更好，明年比今年更好一点儿，这样一点一点

---

* 本文原载《党员和领导干部十九堂艺术修养课》，北京，华文出版社，2010 年。

地追求着生活，希望生活好起来。这就是说，人们是在追求着美好。我想文化这两个字，就应当是美好的含义。从我们的典籍上看，“文，错划也”。这个错划是什么意思？不是说划错了，而是说这些划都是交错地划的。文这个字，也像是个交错地划的形象。

《易经·系辞下》传曰“物相杂，曰为文”。《礼记·乐记》言“五色成文而不乱”，这叫做“文”。“五色成文”也好，“物相杂”，也好，都是说的一个事儿，即这些现象都是美好的。这一个“文”字，它本身的意思，就是美好。当然人们在追求着美好，在追求的同时，会互相碰撞。比方说，这里有一杯水，我们来了三个人，谁喝呢？我要喝，是我追求美好，你要喝，是你追求美好，他要喝，也是追求美好，可就这一杯水，我要喝，您二位就甭喝了；他要喝，咱俩就都别喝了，发生了碰撞。要能够协调一下呢，也许咱们一人喝一口要打起来呢，很可能一杯水谁也喝不成，就泼了。这种碰撞，就会形成不美好，这样的情况发生了，最好是协调。怎么协调？就是弄一个都合适的，双赢、都赢。在人类的活动中，就希望大家和谐，所以我们文化的含义是美好、和谐。“化”就是使这个社会上生活的一切现象都美好和谐，“以文化之”，使大家都走向美好和谐，这就是文化。我想这样来理解文化的话，显得比较直观，可以理解得比较清楚。我是从这里切入的，我知道中外学者对于“文化”两个字，都在想办法把它说得更清楚，有很多说法，我想都抓住了一个要点。我这种说法，是我自己在理解这个问题上的想法。

中华文化

沿着这个思路，我来考虑一下我们的中华文化。应当看到这样一个事实，我们的中华文化源远流长，至今仍然是一个很重要的课题。

它一直在绵延着，为什么能够这样是有根据的、是有原因的。为了说明，我们先把中华文化界定一下。我想这样说，凡是在我们这个中华大地上所发生的、发展的，而且一直是在进行着的，都是我们的中华文化。我界定的是在我们中华的大地上，这是个根，在这儿发生、发展并在进行的这些，都是中华文化。中华文化发展并一直延伸到各方面，许多兄弟国家也有我们的中华文化，这是必然的现象。具体地说，中华文化有三大类，第一类是真正在我们的民族一开始就一步一步走过的，比如先秦文化的经、传，都是我们本来就有的。第二类是随着社会历史的发展，在不同的情况下又发生的许多新的学问，比如魏晋时代，有了玄学；到了宋朝，有了理学；到了清代，有了朴学、仁学等等，这一些都是在历史中，随着时代的需要而发展出的，也是我们的中华文化。第三类就是当我们国家和我们以外的许多国家有了接触之后，从国外传来很多新的学问，这些学问，和我们的文化一经结合，马上就起了变化，为我们所用，我们很好地把它融化过来，比如说逻辑学，在我们中国的古代叫做名学，在《墨经》里有很完备的学说，有很完备的系列的说明，就是逻辑学，那时叫名学，但从明代开始，西方的逻辑来了，我们接受了，印度的逻辑来了，我们也接受了，我们逐渐使我们现代的逻辑学中，既有西方的，又有我们本国的，又有印度的。它和我们国家的情况结合在了一起，很新鲜，很有活力，可是都成了我们的中华文化，我们中国人不怕富有，来者不拒。再比如禅学，是佛学中的一部分，传到中国之后，我们中国人在理解的时候，就给予了它很多新的解释，它的面貌已经不是在印度时候的禅学了，而有了我们新的含义，和我们中国人的思维，和我们中国的具体实践相结合。这一结合，就有了我们中华的特色了。我认为，这一部分也是非常了不起的。因此，我愿意谈中华文化，因为它包容的更宽泛。

下面说一个关于中华文化的核心问题，这些是我自己的理解，在我学习前人的基础上，我想了一下，想这样概括，不知可以不可以：我们的中华文化，一个是“仁”，仁义的仁；一个是“德”，道德的德；一个是“化”，变化的化；一个是“和”，和谐的和。

我觉得中华文化，是从一个人、天人合一的人开始的。以一个人为主，用他来向四周辐射。比如“仁”字，就是人和人的关系，是两个人的关系。“仁”，“亻”旁边一个“二”字，篆字的写法，这个人写作一个“尸首”的“尸”，这样站着，底下一个“二”字。是人人一样的意思，两人相等，站在那儿。它的核心就是人与人应当相伴。我们常把它和“義”字连在一起，这个“義”字，上面是一个“羊”字的变形，下面是一个“我”字，“羊”就是“祥”，“祥”就是合适，要一个人自己所处的位置非常适宜，做的一切事情，应当非常适宜。事之宜也，为之義。两个人就应当互爱，这就是“仁义”的含义。

第二个字是“德”，“德”可以理解为“得”，而这个“得”是个什么“得”呢？是“得到”的“得”，从“得到”引申，就更有意思了。用北京话最好说明，“得”，比如问：“现在就这样吧。”“得!”意思是“行了”、“得了”。“道德”的“德”的原始字是这样的，左边是个“彳”，右边的上面是一个“直”，“直”，是“正直、旺盛、向上”的意思，把“直”字底下这个“目”横过来，下面再加一横，再下面是一个“心”字，“心”指思想，凡是带有“彳”的字，都是带有进行的意思，表示是在活动中、在进行中。在进行的时候，直心为德。即无论是在思想上，还是在行动上，都应该正直、旺盛、向上。当然，古文字学家对于这些字的解释不尽相同，但是意思大多差不离，都在说明着它的意义。这个“德”就是心里面得到的要安适、要相直，是心安理得的，这就是“德”。“得”

在古籍中早有解释，《说文》上讲“物得以生”，一个物质，如果有了这个东西，它就可以生长，它就能成为一个活的，这就是“得”的含义，“得了”。那么“道德”的“德”是什么呢？你要拿出个东西来，拿不出来，没这个东西。拿出个字来解释，也不清楚。可是你可以理解一下，它是存在的，它是这么一种“劲儿”，一种活力。它是一个契机，你这么理解它，它就很有意思了。你说“物得以生”，有了它，就可以生长起来。但怎么有了它，它还不知道是什么呢？怎么个有法儿呢？我们找一下参考资料。大家都知道，有个“冬至”的节气，“冬至”这一天在五行说里叫做“得日”，为什么冬至这一天就叫“得”呢？有个原因，冬至这个气候来了之后，阳气上升，就是说各种草木、各种事物都开始旺盛，都长出来了，冬眠期已经过了，现在时间已经到了，你可以出一种“劲儿”，出来一种可以生长的旺气了。这是一种“旺气”，也就是说，是一种活力。因此，这个“得”，是一种活力，它是一种阳气的萌发，这当然是一种旺盛的活力。这是“得”的原始意思。

我们中华文化很强调这种“德”。一个人，一个事物，都要保持一种旺盛的生命力。这种生命力不在一个和谐的情况下，不在一个美好的情况下，它就不能够形成。它之所以能够形成，就是因为大家都生活得美好和谐。所以我觉得，虽然这个“得”不能够拿出一个具体的物质来，但它这种旺气是我们非常需要的一种契机。所以我觉得，这是中华文化的核心问题。

第三个是“化”，这个“化”字是两个人组成的，从下边看，是一个人，从上边看，也是一个人。这是什么意思呢？就是这个字怎么也倒不了了。它歪不倒，总在那儿立着。你这样看可以，那样看也可以。我们可以这样理解它既可以化合，也可以化解，不管什么情况，它都可以形成使它更合适的局面。“文化”的“化”，意思也就在此。它可以使许多硬碰硬、不能合在一起的东西，它使它们合在一起：它也可以使一个化分开来，变成两个。应该说，这个“化”是很重要的一门学问。我想到我们现在的化学，不就是在使得很多事物在发生化合、或者化解的变化吗？在人世上也正是这样。

第四个是“和”，“和”字的本义，是说的声音上的相和，所以这个字要从字典上看，从部首查，如果查“禾”，是查不到的，它是在“口”部。口里面发出的声音的协调，叫做“和”。但是“合”与“和”不是一个意思。人、一、口这个“合”，是两个并成一个；而这个“和”，两个还是两个，但到了一起。本来是两种，可以走得完全一样：虽然不是一个，但是它还很协调。这样理解这个“和”，在我们的中华文化里极有意义。人类的生活中也需要这样。

我想，由于文化的本质是美好和谐，而我们中华文化的核心就是要完成这样的意思，所以，可以归纳为这样四个字“仁”、“德”、“化”、“和”，这是我们的文化的核心。正是因为有我们这样的核心，所以，我们的文化源远流长。源远，自不待言，之所为流长，将永远旺盛、流传。会逐渐被世界的人们所认识、所理解，所以必然会得到更远的流长。

中华文字

中华的文字标志着社会发展的成熟，标志着中华社会发展的成熟。

字当什么讲？当“乳”讲，“乳”是什么？在《说文》里面谈到，人生了儿子叫做“乳”，尽管以后也有的学者不同意这个说法，但这个说法依然存在。“字”当“乳”讲，当儿子讲。这是什么意思？大家知道，在人类生长、承传的问题上是依靠儿子的，有了儿子，就可以让他把自己的事业放在下一代去。子又生子，子子孙孙，无穷尽也，这是个社会的发展。有了儿子，就可以指使他，就可以让他做许多事情，这是个工具，是个承传、交流的工具。这就是说，一个字，就相当于你的儿子一样，是那样的珍贵。

我沿着这个思路一想，想到画法，所以我们就有了象形文字。画一个事物，是中华文字一个了不起的现象，是把许多“形”集合起来，组成一个字，以一个新的意义去理解。我们常说的“六书”，即象形、指事、形声、会意、转注、假借。我们想想，其中最有意思的，一个是形，一个是意。用形表意，意呢，可以会，可以理解，可以去体会。把两个不同的形象，让他俩说话，就可以组成一个新字。比如止戈为武，人言为信。又比如干涉的涉，其中有象形的成分，把不同的形组合到一块儿，表示了一个字：止是个脚丫，一前一后，放在一块儿，并在那里；如果把它区分开来，一前一后，就成了走道了，是个“步”字，不是一步两步的“步”，而是往前走的“步”，这个步字走在哪儿呢？中间是个水，两个脚丫子，跨过这条河，在水里边过去，就是跋涉的涉。你看这个意思，形与意，一会意，就商量出来了。

中国的许多字，都是从人开始的。好多形象，都是画的人：“大”是一个四仰八叉的人；子也是；兒子的“兒”也是，现在简化成“儿”字；颜色的色上面那个“⺈”，也是一个“人”字。都是从人开始的，然后，再从人身上着眼，口、目、耳、手、足等人身上的各个部件，再发展到人可以看到的一切事物，也都画出个形象。所以，我做个简单的总结，中国的文字，它标志着社会的成熟，特别是其中的象形和会意，说明人发展了抽象的思维，把一些有形的变成了意义深刻的。所以，我有这样一句话：汉字是中华儿女智慧的结晶。

上面讲的是中华文字，我想再谈谈“文”。“文”，连字为文，把字连接起来构成了文；“炼语成文”，把一些语言提炼成文。这个“文”，本身是一些文字连接起来的，是许多文字组合起来的。关于“文”的问题，我当然更是外行，但是我也愿意说一说我的理解。我们古代的“文”里头，有韵文，有散文。为什么韵文成为很重要的方面？是声音的问题，声音里面有个要求，要讲声颂，要讲协调，声音上的协调，这一点很有意思。大家想，在语言中，用这个字接下一个字，中间有的时候加一个虚字，这个虚字的声音，恰好就是前一个字的语尾，这说明了中国人的语言是连贯起来的。而且它是在要求韵上、声音上的和谐。所以在《论语》里也就提到“不学诗无以言”，可见，语言中的韵对于人们来讲有多大意义。

我不懂得语法，便请教了几位老师，一位很有名的老师说，中国的语法，最重要的一个是“序”，“次序”的“序”，你好好想想这个“序”，就什么都懂了。比如说，我打你，你疼，次序是我打你；调过来，从这边念：你打我，那就我疼了；还是这三个字，可是疼的对象变了。要是打你我，咱俩就都疼了；要是你我打呢，就不定谁疼谁不疼了。这就是很简单的“序”的翻来覆去的变化。

还有一个东西，念过古书的人都知道，读过私塾的都知道，叫做“之乎者也亦焉哉，能用得当是秀才”。如果能把“之、乎、者、也、亦、焉、哉”这几个字识好了，什么话都懂，就成了秀才了。这些话看来很简单，含义却很深。所以，我就感受到，我们中国的“文”，太了不起了。

我只说中国的文、字，标志着社会发展的成熟。比如说“诗”，比如说“词”，“言词”的“词”，也就是我们现在说的“题词”的“词”，就是短语，就很了不起。比如说“与时俱进”，意义表明得非常清楚。我记得在瀛台看见过一个词，是“对时育物”，要针对时候、时间、气候，培育万物。这种简语太精练了。

我想总结一句话，就是汉文是最绚丽晶莹的串珠，我们的文是把许多结晶连接起来、把许多字连接起来、有条理地把它们组合到一块儿，把它们串成珠，这是在结晶的基础上形成的串珠。就是这些文字，从开始到现在，一直在发展中、完善中。它们的力量一点儿也不见衰退，而且越来越科学。应当说，它们是在一天一天地使这个结晶更精致、更美好、更和谐。而且具有持续发展的前景和趋势，我们应该这样看待我们的文字，如果说它们逐渐衰退了，是不合适的。

中国书法

我们有可贵的遗产，有文有词，我们怎么让它们的光发挥出来呢？我们中国又有了一个办法，使它们得以展现，就是我们现在常说的书法。书法这个词有一些模糊性，写出来的一张一张的字，能叫书法吗？不能，那叫什么呢？“书”，我们原来的书是一个动词，是写的意思。书出来的结果，也可以用做名词的“书”。好的“书”呢，叫法书，不是书法，是法书。法的意思是什么呢？就是可以供给人们学习、可以做榜样的。这样的字，就叫法书。逐渐，我们把这个事情扩大、把它升华了。说成书法了，是说书的学问叫书法。书法是说的关于书写的学问，而绝不能拿着一张字就叫书法。“书”是件什么事情呢？在清代，乾嘉学派就说了：书是一种小道，不是什么大学问，是一种末技，文人之末技，写写字就完了，是文人的余事。这些说法有一定的道理，在清代，废除了科举后就很少有人说写字了。但是，我们看到一个事实，古代那许多经典，都是用这些人写出来的，所以才能保留下来。应该说，虽然是个小道，但是它却解决了大问题。这些字，能够像儿子一样，都把它写出来。尽管越来越显得代用的方法太多了，现在的印刷、电脑都在起作用，这是社会的进化，是必然的结果。那么这个字也没用了，还写它干什么？我想说这样一句话，印刷、电脑展现字的各种办法很多，它们是代替了书写，方便了，但是原来书写所能起到的作用，它却代替不了。所以，要研究书法的人，想一想看，书没有出路了不是这样。应当说，它更珍贵了。但大面积的需要，大家都写好了，都是书法家，也不大可能。但是在写得好的人的身上，蕴涵着一种了不起的旺气，人们需要用他写的那个东西，展示给人们，把美好、把和谐、把中国文化的“仁、德、化、和”都展现给人们，打动人心，更有意义。越稀少，越可贵。

书写，如果从实际来说，就是从写文字传达实意来说，这是小学、中学可以解决的，可是作为这门学问，它已经源远流长了，它已经从很早以前就有了文字的问题，它需要有它一系列的学问。作为一个学科来说，它涉及的范围很广、很深。所以我们一说到字和文，就知道我们作为一个书学研究者需要牵扯到多少辐射到的知识。那么说，它是一门跨学科的学问，看来是小事情，却是大学问。但是，我们得做得好，我们做这方面的教育工作者，能不能使它满足我们国家现在形势的需要？所以我说过这样一句话：书法是串珠外的一层光环。字是结晶，文是串珠，书法是光环，这是三个点。

我深深感觉到，一个书法工作者肩负的责任是很重的。如何使我们这门学问适应社会的需要，我有四句话：作字行文，文以载道，以书焕采，切时如需。作字是为了行文，文做什么？文是载道的。书干什么？以书焕发它的神采，使它成为一个活动着的、有感染力的形象，让它一定符合时代对它的要求。因此，我们书法工作者担负的责任是比较重的。我们千万不要只落在一个写几个字上，如果那样理解，我们就把问题看小了，就把我们放到小学里去了，就不合适了。

而作为研究，它远远不是这样的过程。往深处说，书要和我们的文化密切结合在一起，如果我们培养出来的学生，不能够为社会作出足够贡献的话，是我们的失职。

文化与书法*

人，从生存开始，总希望这会儿比过去好一些，明天比今天更好一些，追求美好的愿望是人们的一种天性。

人们的生活，一天一天美好起来的一切愿望、行动、结果，都可以涵盖在文化之中。

汉字是中华儿女智慧的结晶。

书法实践，不是一件很难的事，只要想达到一般的水平，是人人可及的。

今天是抱着向各位请教、学习的心情而来的，我希望大家肯于指出我的错误之处，一起来探讨一些问题。在讲中国的书法之前，我想先跟大家谈一谈文化问题。

为什么谈书法要先谈文化呢？文化问题，是一个根源问题——一切问题都必须从这里谈起。这个问题如不明确，就没有了依据，其他问题就没法谈起。尤其，文化是一个国家、一个民族的标志。

* 本文原载《中国大学通识讲座》，北京，北京大学出版社，2009 年。

一、怎样理解文化

人，从生存开始，总希望这会儿比过去好一些，明天比今天更好一些，追求美好的愿望是人们的一种天性。

这种向美好追求的愿望，岂止是人，即使是一般的动物，猴子、猫、兔子、狗，也无不如此。因此，我们说这是物种的一种天性，也就是说这是一种活物生存的必然要求。人们对于美好的追求有很多表达方式，文便是其中一种。在《礼记》里古人对文做过说明，“五色成文而不乱”，这是说多种颜色很有章法地聚合在一起便是一种美好的文。在《易经》里也说过：“物相杂，故曰文。”这是说多种东西聚集在一起，尽管物种很多，集聚一起，各有各的特点，各有各的姿态，多种多样地集聚。“杂”，《说文》说是“五彩相会”，所以纷杂多彩，也应该是一种美好的征象。这种征象用一个“文”字概括起来，很妥帖，也很全面，既很形象又能表现出这种征象的内在含义。

什么是文化呢？就是以“文”“化”之，也可以说就是，使之美好起来。

因此，做出美好的愿望，是文化；做出追求美好的实际行动，也是文化；以美好的愿望出发，经过追求的实际行动，最后做出了美好的结果，也必然是文化的结晶。

如此看来，人们的生活，一天一天美好起来的一切愿望、行动、结果，都可以涵盖在文化之中。所以，辞书中所说的：人类社会历史过程中，所有的物质财富和精神财富都属于文化之中，或者说是物质财富和精神财富的总和。我觉得我这样理解，可能靠一点谱，最少摸到了一点边儿。

说到这里，我还想做一点重要的说明：在美好的后面，还必须加上“和谐”一词。

既然文化是向美好的追求。你也追求，我也追求，他也追求，应该说这是全人类共同的一种追求。既然是全人类共同所有的追求，难免就有互相碰撞的可能；为了大家都能得到美好，就应当做出一个保证大家都能得到美好的行动规范。这个规范必须保证大家都美好，这就要求大家和谐相处，大家都要彼此谦和、容让、包涵、尊重。

譬如，这里有三个苹果，有两个人都想得到美好，都想吃苹果。这里必须先有一个规范：人人平等，公平分吃。不然两个人抢起来，要以抢决定谁分几个，必然引起争斗，不管是谁胜谁负，总不能实现大家都美好的结局。如果有一个公平的原则，就会省却许多矛盾。三个苹果两人分，一人一个而外还有一个。把剩下的一个分为两半也可；根据实际需要一个人多一些，一个人少一些，都无不可。大家和谐相处，皆大欢喜，该有多么美好！或者商量一下，这一次都给甲吃，下一次都给乙吃，只要大家都高兴就好。

所以，我认为美好和谐是文化的核心要求。像这样公平、和谐地相处，达到全人类的美好和谐，没有一个共同的约定，订出一个共同的规范，是很难达到的。我们的先贤对这个问题早有认识，他们提出了一个“德”字。早在《庄子》这部书里就提到过德，以为德就是得，“物得”以生谓之德。德是一种特殊的力量。它虽然不是一种东西，但是是一种很不一般的内在的有能量的力量。这种力量会使东西生长，会使事情成功。可见它是一种可以增强生命的力量，可以推动成功的力量。我们怎么样来说明这种力量呢？我体会它是一种劲儿，说是一种契机似乎更容易被理解。

“德”这个字的构成也颇有意思，中国字中，凡带有“彳”偏旁的，都表示是一种“进行”中的意味。“悳”分开来看是“直”和“心”两部分。

“㥁”原是一个“直”字，可能是表意又表声的。从会意的角度来说，“从直从心，直心为德”。所谓“直心”的意思可以理解为心中坦直平和的意思，就是说：它是一种“坦直平和”的契机，它自身如此，希望一切也都如此。

在老百姓的语言中，尤其是北京话中，有一种说法：“得咧”的“得”，有时化简为“得”，就是在说，行啦，一切都成功了，都达到了非常合适的状况。这种说法正好就是“得”的真正含义。还必须说明，这个“得”不是仅指一方面的，而是指所有方面，无论从哪方面都合适的“得”，才是得的要求。为了保证全面的“得”，各方面又必须遵循一定的原则，这就落在了这个“德”的身上。

为了保证全面的美好和谐的要求，人们必须有一个德的契机，这才是文化中的一个核心。美好的文如何得到和谐，要通过“德”这个契机；如何达到全面的化，也必须依“德”这个契机。所以中华文化能有如此的生命力、凝聚力，与这一个“德”字，分离不开，也可以说：德是中华文化中的一个本质性的核心。

在我国的历史上有许多有趣的故事，如怀素习字，告诉我们学书法要有刻苦精神。

中国的书法艺术不是独立存在的，它与中国的其他文艺形式，乃至自然风光紧密地结合在一起。泰山的书法石刻就是这样的典范。

二、文的依据是理

文为什么是一种美好和谐的展现？为什么它展现出来的征象就是美好和谐？这是有依据的。自然天地间的各种事物是一种自然的、客观的现象。它们的生成出现有其客观规律。所谓“客观”，就是不依人们的意志的转移而转移；所谓“客观”，就是它有自己的必然。为什么它是必然的？因为它是合理的。

理在自然界、人类社会中，是一个无处不在，无处不遵的必然。

地球上高低不平，有山有谷，有水有河，有草有树，有人有兽；人们的性别族类各异，有这族那族，有这国那国，又都有男有女，有老有少……又都各自成了自己的风俗传统，不同的组合中又都有了自己的规范。——这都是自然而然的必然，这就是理。

文的出现是由于理的必然而形成的。

譬如人面部的分布。人有两只眼睛，横着靠上长在左右两边，人的视野上下之间空间不需要太大，而左右之间正非常开阔。两眼的里侧不如外侧开合方便，所以两眼外侧活动的幅度较大，而且它们的外侧很自然地有了所谓“鱼尾纹”。纹是具体形象的引申，原就是文。所以说文是以理为依据而形成的必然反映。

一个鼻子，如果横着长，将闻哪边呢？当然得竖着长，而且鼻孔向下，不然，下雨就灌汤了。

鼻、耳下面是嘴，也必然扭转一下方位，横了过来。不然，吃东西就要漏掉了。为了嘴要开合，在鼻子两侧，一直延伸下来，有了两道腾蛇纹。这也是使嘴的活动得到方便，顺势而形成的一个可以松动的灵活地带。有了这个腾蛇纹，嘴的上下开合，便灵便了起来。可见，文的出现，是有理为依据的。自然、社会都有各自之理，文是要遵从这些理的基本规范的。

三、怎样理解中华文化

大家都知道中华文化博大精深，那是因为我们的历史悠久，人口众多，有我们的智慧，在神州大地上，在不断的进步中自然而然地凝结成了一套适合于我们自己的文化特色。应该毫不客气地说，我们中华儿女自己就有足够的能力一步一步地去追求美好、和谐！我们漫长的历史证明了这一点。在漫长的历史进程中，中华文化随着社会的发展，逐渐积累了起来。从先秦而下，它没有停止过新内容的增长。无论汉魏六朝，隋唐元明清，以至近代当代，都有一些新鲜的学问不断地增长。这就是说，在原来固有的文化之外又随着时代的前进而增加了一大部分文化的积累。特别是在明以后，域外而来的洋文化不断涌入，又使我们增添了一部分外来文化。应该这样来理解：域外文化的涌入，是我们所欢迎的事，它使我们长期发展着的文化又增加了新的内容，中国人在文化上也同样是不怕富有的。

更重要的一点是“化”。中国人不拒绝外来财富，先引进，再结合，进而化之，最后就再也不易分得清楚。譬如，佛学中有一个“禅”字。当然它有着其独有的含义，但传到中国以后，到了苏东坡那里它就有了他的诠释，到了黄庭坚那里又有他的诠释，都和释氏的原义有了显著不同。正因为我们有着这样一种引进、结合、融化的“三部曲”，就使得我们中华文化成了一个有自己特色、随时在发展、善于融合的生命力量。所以，我们的文化就成了一个无所不容、博大精深、无可限约的文化。

有人说我们的文化发展还不够快，也不够先进，是这样吗？我觉得中华文化进步绝不慢！火药是中国人发明的，在当时也是最先进的，可是后来我们就没有再发展下去。这是因为中国人不聪明吗？我想不能这么说，因为我们中国人根本就不想制造一种杀伤力强大的武器。中华文化追求的是避免征战、避免不幸，更稳妥地向前发展。所以我觉得中华文化是紧紧地抓住了美好、和谐向前发展的，宁肯慢走一步，少走一步，也不愿意在那些不妥当的路上去走。

因此说，中华民族形成了自己固有的文化，它是一套很完整的体系。虽然它随着历史的进程不断地在发展、在扩大，虽然它随着世界的发展不断地汲取融化，虽然它日益丰富、新颖、厚实、庞大起来，但有一条贯穿中心、毫不偏倚的总方向是决不改变的，那就是它的内核——美好和谐，摒除邪恶，期望全人类一起走向最理想的美好和谐之中。

四、文化的发展

人生活在社会上，生活在自然中，一代一代地传承下去，形成历史；人们生活在不同的地方，但又在同一个地球上，相互间一定有所沟通。这样文化就必须具备两点：一个条件是记录，一种能力是交流。因为文化是历史的又是全人类共有的，所以必须看到它的历史传承关系，必须看到它向四周的交流关系。如果没有历史的发展，人们不是一代一代地往下传承的话，我们这个社会就根本谈不到进化的问题；如果没有交流，我们的许多活动就不会共同走到美好与和谐的境界。所以我觉得人们的共同生活，由于它的历史性和全人类性，就会有历史记录和共同交流这两种能力。这是“文化”发展的两个必要的条件。我想东方也好，西方也罢，概莫能外，大家都是一个共同的愿望，追求美好与和谐，创造灿烂的明天。这就是文化的要求。

总之，历史需要记录，人们之间需要交流，如果没有这两个条件，人类就不容易进步。正因为有了这两个条件，历史就得到不断演化与进步；全人类的文化有了彼此交流，就变得更加丰富与辉煌。

用来记录和交流的最简单的工具是语言，语言是最直接的现实。但正因为它方便，随之而来的就是转瞬即逝，来得容易去得快。它既有时间的限制，又有空间的限制，不能久也不能远。

人是万物之灵，人们在生活实践中就创造出来了可以超越时空限制的文字。

用文字来进行记录和交流，不管东方和西方，大家都想到了一块。思路虽然不尽相同，或者直接记录语言的声音，或者用符号代替语言，或者以形体直接记录事物形象，或者各种方式兼用，务以表达其意为能事。应当承认，各国的文字，都在日臻完善地展示着它们的功用，充分地展示着记录与交流的功效，为它们的文化发展起着无可替代的作用。

五、汉字与汉文

汉字是中华儿女智慧的结晶。

中国的汉字是世界上最古老的文字之一，但一直流传并使用到今天。它之所以具有这么大的生命力，就是因为它一开始就抓住了文字的本质，尽管在历史的发展中，在形体上有很大的变化，而在基本原则上只是愈来愈完善愈精密而已。从迄今发现的最古老的、系统比较完备的甲骨文来看，以形状物、合形会意、象形为本的成字要领，很早就成了汉字最根本的原则，这就使它超越了诸多的限制而发挥出可传至久远的功能。所以我们说，汉字是中华儿女智慧的结晶。

譬如“又”，是手的象形。两个手同向左，一上一下，则是朋友的“友”；如果两个人出手相对，则成了“鬥”(斗)。

再如“人”，两个人同向左，则是从；同向右，则成了比；如一左一右，则成了“北”；如一正一反，就成了“化”。

另外，还有直接做符号专指某处的指事、一形一声的形声、辗转相注的转注，以及借字代用的假借等等，合起来称为“六书”。

应该承认，这种为了解决长远的交流传播的实际问题，创造出了把形、音、义集中为一体的汉字，这确实有着无可替代的科学先进性。我们不敢做更远的展望，想到那遥远的人类语言都达到了统一的将来，仅从已经过来的历史或者比较近的将来来看，它的先进科学性是无可怀疑的。我们这样说，绝不意味着它不有待于向更高处发展，更不意味着它已十全十美，它当然在科学性上还需做更缜密的研究改进。

再说说汉文。由于汉字在锲刻以至于书写上，都有一个麻烦的过程，在展现中需要简单直接，因此，在行文上自然要求简约，比直接记音成文的办法要简而无误。于是，我们的祖先便发挥了极大的思维智慧，创造总结出来了一种结字成文的文字规范，使它逐渐通行于神州大地上。这套系统不是古代人们的口头所用，主要是书面的一套体系，所以称之曰“汉文”更确切一些。

汉文是在汉字的基础上，充分发挥每个字的作用，集结而成的文字规范。古文中的名篇、名句一直流传到现在，为人们所喜闻乐道。这充分说明我们的古文并没有过时，它有着它了不起的生命力。

我总这样认定，汉字是中华儿女智慧的结晶，汉文是汉字晶体连接而成的闪闪发光的串珠。这是中华文化中的一组亮点，也许正由于它们的存在与发展，中华文化有了它得以展现的方便舞台。

借鉴前人的经验，是学习书法的重要途径。王羲之被看做中国书法史上的“书圣”，他的书法风格深深影响着后世。他的《何如帖》、《奉橘帖》就是其代表作品。

六、关于书法的理解

“书法”一词的意思，一直不十分明确。很早的时候它是说写文章的一种笔法，以后转而成为书写汉字的一种规范。在漫长的流传过程中，甚至以为如果只局限在书写法度之内，就会降低书法艺术的高度。甚至有人认为一幅字就是一张书法了。应当说，不管高看一眼，或低看一眼，都无关紧要，无论怎样它都与书写的问题有关。但规范、法度、过程、成果，应有所区别，这些本不是一回事情，笼而统之，不太合适。

如果把书法概括起来，无论规范、方法、书迹、评论、分析、鉴赏、考订，甚至文字学、用具等，都积聚梳理在一起，说这是一门学问，倒是很合适的。尤其我们不要把“法”简单地说成方法，而理解为“佛法无边”的“法”，则可以说得过去，不至于产生糊涂观念，也再不致只拿着一张写成的字幅叫做书法了。

七、书法是一门有关书写的学问

书写的内容是文字，文字的功能是必须解决实际问题的。如果写出来不能让人认识，就失去了它实际存在的意义，因此它必须写的是字。写出来的字还应该尽可能地好看，否则就会大大降低了它存在而动人的力量。因此，写出来的字必须正确、美观。

怎样才能把字写得正确美观，这就需要从许多方面进行综合考虑。比如字的形体、字意的组合、词意的合时合体。字的形体是非常重要的一项书写内容，在历史上有成功的规范，历史上早已经有了定评，我们对于这些都不能粗疏任意地处理。

写的字到底美不美，不由我们随便来定，历史的眼光不能忽视，发展的眼光不能迷惘，人类社会必然有明晰的看法。

铺开来看，我们现在世界上所存在的学问，一点瓜葛都没有的几乎没有，对于一个文化人来说，这许多的学问，不能是无用的。当然有些是距离近的，有些是更直接的。诸如文字学，文学中的诗、词、曲、联，字体、书体的历史，美学，哲学，品鉴理论，行款格式，称呼仪礼，甚至纸墨、笔砚都有许多讲究，都是些必不可少的知识。

这里还要说到法书，它确实指的是通过书写而形成的书迹情况而说的。过去对比较好的书写作品做出称赞，说这是一件法书，意思是说，这是一件可以作为法式、作为榜样、作为学习范本的作品。这种作品之所以被称做法书，说明它本身已经是一件很有价值的艺术品了。在这种意义上说，书法是关于艺术的一门学问，通过这门学问的研究，要求有所落实，当然要落实到作品之上。因此，应该说这是研究这门学问很重要的最直接的一个落脚点。学问的发展越来越细，越来越深入，表现的侧面越来越多。要求把许许多多的方面都集中到一个人身上，这很不现实，社会在进行着各方面的分工，应该互不偏倚，互相尊重，从不同的方面集中成一门学科的研究，这样才会取得很好的成效。尤其是把理论的研究和实践的实际感受经验结合在一起，一定会在相互印证参照中得到更全面的收获。

八、关于书法实践的问题

我每每说，汉字是中华儿女智慧的结晶，汉文是晶体结成的串珠。现在再说一句，书是串珠之外的绚丽光环。至于如何能使文字得到展现，如何使书法的理论落实到实际中去，则必须要涉及展现的能力问题。

人们常说他在练字，“练”就是自己在实践中摸索成功。自己不断地进行实践，要用工夫去练习，功夫就是由时间的积累而形成的。一个人的生命不是无限的，做了这个，就占用了其他的，充其量能有多少呢？再说每个人的时间都差不多，工夫岂不大家一样，成就应该是差之不多。但事实上，的确优差之间距离极大，所以我不太同意下工夫去练。练不得法，很可能是重复自己的错误。当然，必要的时间是必不可少的，但用的时间越少而取得的成绩越大，才是最合算的“生意”。“学”则是把人家已经公认为成功的东西拿到自己手中来，不必自己去摸索，费事的不要，错误的不要，专拣好的拿，这是多么“合算”的事！当然，首先要能辨认好不好。辨认好不好肯定一开始自己是无能为力的，必须听一听社会历史的意见，不需要独特的偏见，而是要听公允的社会历史的共识。“取法乎上”，是便宜的路程。认定目标之后，就要一点不差地把对象完全拿过来，就是纹丝不改惟妙惟肖地学到自己手上来。这样，第一，练好了你的眼睛；第二，练好了你的手，看得既准，看到了就能写得出，你的书写能力就了不起了。可能要写好一个字是很困难的，但只要能写这第一个字，第二个字就容易多了。能会了两个字，以后的第三、第四，就步步容易多了，会上十来个字，差不多许多字就都会了。这种先精而后深的规律，是给能够抓住第一个字的人准备的，与那种从来都是一摸就过的人无缘。这种学的方法，大家可以试试看，如果真能写好了四五个字，结果其他都不会了，可以推倒这种学法。不妨上一回“当”，试试再说。总的说来，不学光练不行，太费工夫，学而学不死，结果一定是不死不活。所以学必须有实效，死抓一个，越抓越多，学得虽少而会得多：这是学中最便宜、最合算的方法。

书法的学习与实践，不是一件很难的事，只是要想达到一般的水平，是人人可及的。

以上这些只是我一些很幼稚的肤浅看法，说出来请专家朋友们指正。我希望书法这一学科，能够从各种学科中汲取丰富的营养，并能够为各学科提供一定的方便，在社会的发展中焕发出它应有的光彩！

二、艺 术

“艺术”是什么？*

“艺术”这个词语，我们常常提到，好像习见习闻，好像都已经不言而喻了。其实，这个词语所指的那个“概念”，却不见得谁都说得清楚。当然有能说得清楚的，但也确有整天在嘴头上，然而却是糊里糊涂的。不敢说别人，我就是一个。我不是说一无所知，而是说不明白。

上世纪30年代初，我开始上小学，有“图画”课，以后年级高了，改成了“美术”课，其内容一样，都是学画画儿。上“美术”课学着画的画儿，被评了好分，我听到有人说“你真艺术”，“他(指我)有‘艺术’天才”。我知道这是在夸我。但夸的是什么，我不懂得，只悟到了一点——是由于画儿画得不错所以换了个“有艺术天才”。那么，美术和艺术有关。

以后，在照相馆的门口看到过招揽生意的宣传，说这里有“艺术照相”。我很好奇，很想知道个究竟，便去问了一下。人家说：“这里用艺术的方法，照出像的艺术。”我问

* 本文原载《传记文学》2006年第4期。

怎么个“艺术”法呢？人家说照出的像比原来本人漂亮了。如果比我本人漂亮，不就不是我而是别人了吗？人家说：“不会，一定还是你，只是在你原来的模子上更艺术了。”我没敢去照，因为价钱贵多了，且不说，照出来还不知道将是个什么样，是不是我还在两可哩，算了吧，免得上当。

有一年我给苦禅先生介绍了一个学生，苦禅先生见这学生很老诚，很憨厚，说道：我看你很好，是忠厚人，但是我要告诉你，为人必须老诚厚道，可搞艺术就不行了，搞艺术就是要会造谣言，比如李白，他秉性豪放不羁，非常愿意和朋友们兴致勃勃地欢宴醉饮，而不喜欢孤寂。有一天晚上，竟然只剩下了自己一人，只能自斟自饮。这样的冷清，李白怎么能忍受得了，正所谓“寡酒难饮”。好个能闹的李白，他竟一人闹了起来，对着天上的月亮和地下自己的影子，连同自己，竟成了三人。一会儿举杯让让，一会儿喝口，一会儿跳了起来，一会儿舞了起来，自己、月亮、影子，互相配合得很好，喝得很高兴，直搅了半宿……最后得出了一首“月下独酌”的好诗。

这是哪里的事，完全是一篇骗人的鬼话，谁都知道，完全没有的事。但是又都觉得很好玩儿，很有意思，闹腾了一夜，颇有情趣。应该说这是艺术的真谛之所在。是谣言，但是大家都愿意听的谣言。不但不算可恨，倒蛮有情趣。是啊，照出了一张艺术的像，虽说不全是自己了，但无论如何也不是别人，而且比原来的自己美了，更体面了，怎么能不承认是自己呢？因此，即便不是“真”的，而是“美”的，这是艺术之被承认，被欢迎，被追求的不可否认的根据。

说来说去，在我的思想里便构成了这样一种认识：艺术是追求“美”的一种“方式方法”了。

我是一个不务正业的人，小时读书便没有准谱，今天喜欢这个，明天喜欢那个，直到高中结束也没有拿准主意将来搞什么。上大学为了涵盖多一些，便学了“哲学”。在“哲学系”，为了学得更抽象一些，又上了“逻辑”专业。工作后，由于客观条件，给了我一个机会，又搞数学，又搞语文，又搞体育，又搞美术，以至于搞点化学……这倒要使我成了“无业可归”的“混混儿”。从小便爱玩，喜欢唱戏，从九岁便登台，又有缘拜了名家奚啸伯先生为师，又曾向张伯驹先生、刘曾复先生问艺。喜欢画画，又有缘相识了名画家齐白石、齐子如、李苦禅。爱打球，当过“校队”。爱跑跳，在运动场上也起过哄。爱写字，得过武严法师开蒙，更师事于吴玉如先生。爱写诗遂得到崔复瑗、顾六吉先生的教授，学词也得到丛碧老的指点，学曲也在顾随先生处受教……有的是“有日无间”，有的是“蜻蜓点水”。不管我是如何不用功，但总也受过些“熏陶”。于是也得到了一顶桂冠，说是“多才多艺”。“滥竽充数”竟被“错划”成了“艺术家”。我很惭愧，也更“冤枉”，从来也没有过这样的“梦想”。也许因为我不务正业，又唱又写又画的缘故，我就划入了艺术的行列，其实，我哪里够得上，只不过从具体活动上沾了点边儿，在理性上还根本谈不上认识，更谈不上有什么研究了。

不管是自觉也罢，自发也罢，近十五年来，我转向到以写字为重点。为了工作需要，也只好看了点书，想了一些问题，这才勉强凑合了一个“门内”的“外行”。重新把自己所牵涉过的一些问题，好好地想了想。现在我就把所考虑到的一些想法，拉杂地写出来，向前辈及道长们提出请教，希望得到救正，以免传染了我的同好。

什么是美呢?

有一门“美学”是专门研究“美”的。在学校读书的时候没有修这门课。我毕业了好几年后，听说有人搞起了这门学问。我那时正在教数学，和美学距离很远，无暇旁涉到 。以后从宏观上也偶然有一点接触，但总觉得这是一门大学问，应当是和“哲学”、“文学”之类相并列、不能随随便便就拉扯上的，不是只要有点关乎到“美”的问题便冠以“美学”的庸俗化的学问。正因为这样一种理解，倒使我“望而却步”，不敢轻易问津了。所以我客观地说我没有资格谈“美学”的问题。

在学校读书时，我学的是哲学系中的逻辑专业，搞的是像数学一样枯燥的形式，和“美学”应该是“格格不入”的。可现在我却搞起了“艺术”，硬要和原来不懂的东西发生瓜葛了，我很为难。拿出点力量来，去读名家的著作，再去深入地思索，不行了，身体不给我时间了，两个眼睛的右侧都看不见了，两个 0.5 的目力，定不到一个焦点上了，总之，来不及了。这样，关于“美”问题，我只能“不学而思”了。《论语》上说：“思而不学则殆。”我现在就正是落在了这种状况之上，不过，我想为大家提供一个“殆者”思索，做一个“反面教材”，也许可以引为警戒。

“美”是什么呢？我想：她首先应当是一种“感受”，是一种“一见钟情”，或者“渐渐倾心”，但“不能离去”，“愈来愈深”，“思之益坚”的感受。

原来以为“美”就是好看，逐渐发现可看的是“好看”，可听的是“好听”，可嗅的是“好闻”，可喝的是“好喝”，可吃的是“好吃”，可想的是“好的意境”，可体会的是“心里舒服”……举不胜举，总之是一种“好”的感受。有的有形有色，有的无形无色，不一而足，不可胜数，把这种“好”的感受，用一个使它更深入、更加强、更入微、更扩大、更概括、更抽象的字眼来说，我们便集中到了一个“美”字上。

为什么会有了“美”的感受？当然首先是对象有“美”的素质、“美”的条件。否则，对象本身没有让人感受“美”的素质，这对象就没有让人得到“美”的感受的条件。这就是说“美”有着客观的条件。

然而，每个人的感受可能有截然不同的结果。你认为这个人很美，我却认为很丑。当然也可能不这样绝对，有的说不美也不丑，也有的说虽不很美，但也还不丑，基本属于美一类的……这又表明“美”是根据每个人的主观来决定的。

这能说“美”是主观的吗？当然一个人说了不算，还有个社会的标准。根据社会的多种因素综合起来看，这种标准应当说还是很客观的，绝不是由一个人的主观决定的。

当然有些事情，是纯粹属于个人的事，如对妻子，每个人都认为自己的妻子最美，这是完全由个人的主观来决定的，别人没有来参与的资格。个人的事个人决定，社会的事社会决定。在这里，我们必须分别对待，不能混为一谈。正因为如此，才会取得每个人的平衡与满足。

然而，我们现在来谈“艺术”的“美”。这是通过某种“方式方法”来展出“美”，而不是天然的“美”。这种展现“美”的“方式方法”是什么样的呢？你所用的“方式方法”，大家同意吗？如果不同意，就自己一人欣赏了。人家不买账，活该，反正我自己欣赏，别人管不着，自得其乐，孤芳自赏，未必不可。不过太孤独，没有知音，未免寂寞不堪……

我想，个人寻求“美”，怎么都行，自己说了算数；如果想有同好、知音，则必须和大家一样，与大家共识，和社会同步方可。这是我的艺术观。

“艺术”是创造“美”的“方式方法”。至于采取什么方式，什么方法，怎么样从事她，对于“成”与“不成”，应当怎样理解，作为一个艺术工作者来说是不能不好好考虑的。

一般情况，人们都是以生活中一些具体问题开始的。譬如一个人偶然碰到画画的机缘，于是，以后学起了美术；一个人偶然看了次京剧，于是以后喜欢上了京剧。开始之后，也可能后来“见异思迁”了，也可能愈陷愈深、终生不渝了，也可能只知道动手力行，也可能渐求渐入理论，总之道路怎样走，是应该好好推敲的。

我也是这样，我的兴趣很广泛，几乎见什么喜欢什么。一路走来，好像渐渐懂事了，不完全顺从兴趣的“兴之所至”，而开始动脑子。也许上了大学之后，尤其学了哲学、逻辑之后，便开始问“为什么”、“怎么”、“结果怎么”了。所以形成了我一个考虑问题的习惯。一定要从客观的角度好好看一下。比如对“艺术”，就要考虑一下“艺术”这一门类中有哪些学科？一共有多少？我从事的这一科在这一门中占有什么位置？共有多少层次等等。凡此所及都须来一个“心中有数”，这才不至于“盲人瞎马”，昏昏乱撞。

根据我所知道的，“艺术”这一大学科中，目前共有“艺术学”、“音乐学”、“美术学”、“设计艺术学”、“戏剧戏曲学”、“电影学”、“广播电视艺术学”七大二级学科。至于学画“齐派”花卉的，在“艺术”这一科中，只是在“美术学”(二级)中、“绘画艺术”(三级)中、“中国画”(四级)中的一个更小层次的“艺术”门类。

我们应该知道，“艺术”是一个很大很大的海洋，从事其中的一个小题目，真是沧海一粟，在这个海洋中，没有龙王，但任何一粟，都足够历史上一个“家族”人吃的。在这个海洋中，认真执著地游走，准会有广阔无限的范围任你驰骋，只要你有力量，你就是自由的，你的前途是无限的。当然这里面也可能有暗礁、有急流、有死区，那就看自己有没有抉择道路的鉴别力，有没有克服困难的毅力，有没有潜入海底的能力了。

偌大的海域怎能尽游，必须善于选择自己的游向，自己要探取什么珍珠的目的一定要自己定准(当然在探求中有另外的发现而改变目的是可以的，但改变的目的也要定准）。不然，到处乱碰，不知所求何来所得。

为了容易取得效果，不走冤路，多打听为好。要向明白人问路，要向曾经下过海的人问路，别向那些他自己还糊涂而自以为不糊涂的“智者”问路，他自己牺牲不要紧，还拉别人作伴者，这样的情况是有的。所以我们必须密切注意。看起来，我们必须找老师，老师是过来人，他所指出的道路应该不会错。有老师没老师大不相同啊，“圣人无常师”这是古人总结的经验。这意思是要向各方面的老师学习，要从许多老师那里学得他们的好东西。从老师那里寻出自己的游向，要从许多有成就的老师那里学到最高的前锋，要从许多有经验的老师那里学得鉴别认定的辨向能力，掘弃掉那些费力的不通的途径，从而寻求出最捷便、最直接的通途。为了使自己的视野更开阔，使自己能融会更多的艺术道路，要向更多的艺术门类去旁涉。为了避免自己的摸索，不如去请教更多的老师。这种问题，请教老师要比查字典方便多了。问哪儿，他能告诉你哪儿，字典并不能为你所问，有时会答非所问，不能解决自己的问题。所以，“老师”对于一个人的学习、研究太重要了。根据我自己的体会，我的每一点进步都是老师给予的。有的老师在明处，有的老师在暗处，有的是偷老师的。老师无长幼，有古人老师，有年长老师，有同年老师，也有年轻老师。只要从他那里看到了一点，哪怕在他那里是个教训，而在自己这里也有一个极有价值的参考，这不就是“老师”吗？

搞艺术要多接触具体的东西，看得越多越有感性材料，没有感性材料没法上升到理性。当然不从理论上进行熔铸，也难达到可能的高度。这是我个人的感受，深愿告诉给我的同道，请同好审定，也请同好参考。我总结成两句话：搞艺术要有科学的思维，搞科学要有艺术的灵感。

艺术源于生活　艺术合乎科学*

艺术与人类生活息息相关。世间天然的“美”，是“造物者”所为，是朴素的。在追求美的过程中，人类摸索到可以“自为”的办法，由此，“艺术”诞生了。在人们的生活中，对美的追求无处不在。追求者愈盛，得之者愈夥，“风借火，火借风”，自然而然，艺术便进入了人们生活之中。固然，艺术不比吃饭、喝水是生命的必需；然而人生毕竟不止于吃饭喝水。所以在人们的生活中，艺术必然地成了不可稍离的生活“必需”。那么，什么是艺术呢？就是以富有创造性的方法和方式来设想、寄托和表达人类对美的向往。艺术带给人们极大的生活情趣，是人生不可或缺的、人们和外界在接触中得到满足的一种构建。

艺术使人从精神途径触摸到外部世界，加以理解，加以欣赏。因此，艺术是人生离不开的一种自己安慰自己的重要手段。光凭想象，是一种自我安慰，但是无法体现出想象的程度。艺术把它们具体出来，展示出来，画出来可

---

* 本文原载《光明日报》2009 年 1 月 18 日。

以看得见，变成声音就能听得见，艺术把它落实了。艺术活动具有把理想转化为现实的能力，这一点展示出“艺”的功力。甚至说，艺术是人类生活走在前头的东西，引领着人们不断向前。

艺术就是艺术，本身不是科学，但离不开科学。艺术要有灵感。灵感是人们特有的一种能力。这种能力表现在两个方面，一是“感受”，二是“放光”。感受的能力强，这是从客观世界取得更多的一种表现，是多一份幸福的表现。人们唯其能感受世界，才有可能认识世界。“灵感”是有规律可循的，因此体现出艺术的科学性。所以，我们对灵感可以期望，人力不是无所作为的。只要尽人所能作出充分的储入准备，随着人们对客观外在规律性的认识与理解，让灵感“放光”的契机也会随之增多。这就是艺术与科学交融之处。人类历史就是这样一步一步成长起来的，在这个过程中，人们对美的期望在不断地提出，不断地实现。

人们常说“艺海无涯”，既说艺术形式之多，又说艺术魅力之强，也说艺术理论之深。所谓的巧夺天工、神来之笔、神乎其神之类的说法，并不过分。“艺术”之所以能够“夺天”，比“神”更“神”，就是因为人类有“艺”之“术”，已在实践中摸索出了行之有效、可以夺“天”的方法，而且也有了一套有体系、有序列的理论。这就是艺术的科学性。

艺术人才的培养也要有一整套系统的科学设计，来认识、分析、培养、完成、达到。运用科学理论来培养，可以让人们不必大费周章走弯路。以书法为例，东汉赵壹写过一篇《非草书》，批评“效颦者之增丑，学步者之失节”。它说明不掌握科学的方法乱写乱画，会导致莫名其妙的错误。我们要继承和发扬的是优秀的传统，要摒弃糟粕的东西。儿童学习书法，要通过写字来理解人的思维，理解人的生活，如果我们只让他把字写得好看，而没有其他要求，就会偏离教育的本来目的，我们强调的是素质的培养，科学的培养。虽然方法应不断地提高，理念应不断地充实，但从初步的、现有的为基础，才有可能向更高的艺术方法和理论发展。换言之，艺术怎样才能升华呢？这就需要借助于其他学科的支持，就需要更高的理论来启发、指引，需要哲学、美学原则的指引、科学方法的指导、具体科学成就和物质条件的支持，才有可能和其他学科同步地一道向前发展。一句话，对于艺术，我们要用科学的方式来对待。这就是对艺术提出“科学化”要求的必要依据。为此，我们提出“艺术科学化”这样一个课题，希望得到艺术家、教育家及各方面专家的关注。

关于艺术的学习*

——在中国书协书法培训中心首期全国书法与文化高级研修班上的讲课

今天，我给大家讲的内容是关于艺术的学习。

艺术是我们文化中的一个项目，我把人类的学问分成文、理两大类。理是规律，文是规律的痕迹；理是客观的，文既是客观的，也是主观的，所以说文是理的反映。文和理合起来就是我们的文明、文化，我们研究的艺术是文化中的一部分，这一部分笼罩着整个世界、人生。我说个很简单很具体的问题：我们人的脸，长成一个鼻子在中间、底下横着一张嘴、上边分开两个眼睛、两边两个耳朵（而且都对称）这个样子，这是客观规律。在人类进程中，从一开始到现在以至于将来一直还是这个样，这是规律。嘴要说话，要吃饭，就要上下开合。大家是否想过，它为什么是上下开合，而不是左右开合？如果左右开合的话，嘴就成竖的了，喝水就会顺着流下来。嘴要哭要笑，要开合，就要上下动；脸要往两边展，中间合，这都是客观规律。要

---

* 本文原载《中国书法报》2006 年 10 月。

把这个规律反映出来，就留下了它活动的痕迹，也就是鼻子旁边的这两条纹。这两条纹非常科学，上边从鼻洼上部出来，而没有顺着鼻子出，形成一个弯，这叫做“腾蛇纹”，这个纹就是嘴一开一张形成的痕迹。如果没有这个纹，脸就不会动。再如眼的两旁有鱼尾纹，是为了闭眼，为了合眼；抬头有抬头纹，抬头不会出竖纹，也是上下的关系，所以这些纹的反映也都是客观规律的痕迹。

当然这是原始的理和文的形成。那么扩而大来看，人的活动必须遵循规律。凡可以灵活活动的地方，都会留下痕迹，留下反映，这就构成了我们十分渊博，又十分深远的文化。这个文化总的说来，其形成有两个要求：一是要符合理的要求，因此凡事要合理，合理就有它的用处，有意义，有意义就有用处。还有一个要求就是很自然地形成一种美，理和美是一种必然的取向，必然的要求。我们知道，现在已经把美立成一种美学，我们应当承认美是人们生活的需要和要求。在人们的生活中，一方面享受着天然的美，同时又追求着更多更深的美，这个追求是在人们思维中的反映，人们思维中所有的东西就成为了人们的追求，这个追求有着更美的内容。譬如，黄山有黄山的美，泰山有泰山的美，而泰山的美是雄伟，假如人们要想使一座山既有雄美又有秀美，怎么办呢？脑子里就会有一个思考，就想办法使它得以实现，所以在人们生活中，人们不断地在天然赋予我们的美之外制造出思想中所追求的美。

那么，如何来实现人们的理想，如何来把理想勾画出来满足人们对美的追求？人们想出了一种办法，那就是艺术。艺术，就是人为美的制造。我记得有位老艺术家，他在指导学生时说，艺术就是“造谣言”，对于这个“谣言”人们还挺喜欢听，还希望这个谣言不是个谣言，变成真的。乍一听，他这句话好像不是什么艺术理论，可是你真正思考一下，他说到了要害之处。我记得他当时给我举了个例子，他举了李白的《月下独酌》一首诗。我们都知道李白这个人，很豪放，很有文采，常常借酒发挥，喜欢豪饮。有一天晚上他独自一人饮酒，喝着喝着就难过起来，所谓寡酒难饮。突然间，他一抬头，看到天上一个月亮，再一低头，看到地上一个影子，他一动弹，地上这个影子也随之而动，这样他的兴致就来了：他喝酒，他让月亮也喝酒，让这个影儿也喝酒，最后，一个人成了三个，闹腾起来，“对影成三人”了。这样喝了一夜，闹腾得挺热闹，一晚上他也够欢乐。本来，“对影成三人”不一定能成现实，他造了一通“谣言”，造得还挺好，不可能的也就变成可能了。想想也很有趣味。这是首诗，更是个艺术品。所以，艺术就是人们在天然美的基础上制造出来的理想中的美，有些想象就可以成为现实，大概艺术创作就是这样。所以，人们搞艺术，得有科学的思维，即讲究根据；搞科学，也需要有艺术的灵感，要知道这艺术的灵感不知道会创作出什么样的美来，而这种美会给人以更大的欢快，更大的愉悦。我们现在把思想集中到了艺术上了，很好，这是为人们制造美趣，我们的任务就是为人们制造更多更高的美。

美，有美的标准。关于美的标准，我们应当承认一个事实，那就是，美是人类的美，美是人类共同的约定。不能说，我认为美就行了，就强调我的个性，我说了就算，这不行，得听听大家的，大家要说美，那就真美了。个人说美，有时候行，有时候不行。

为什么有时说不行呢？比方人们都说黄山很美，我就说黄山不美，我就认为门口那个小土山美，那人家说我们不与你生气，理都不理你，花钱去黄山旅游去，不看你那个小土山——人家不买你的账。所以，美是共同的，是人类的，经过人类鉴定了的才是准确的，个人说了不算。

为什么又承认个人有的时候说了也算呢？比方找爱人，个人说了就算。这里固然有大家共同认为的美，但在共同美的要求下，还得有追求个性的余地，如果没有这个余地，都看着一个人美，都想找这一个，天下可就大乱了。总的说来，人类共同的要求，是人类共同的愿望，这一点，特别是搞艺术的，必须深刻认识到。在谈到共性和个性的时候，我愿意强调共性，或者说个性得服从于共性。

再一个方面，人类的发展过程包括历史和现在，它有个时间的延长，和地域的扩大。时间的延长，是说历史上就承认，一直到今天仍然承认，这是人类共同的更大的约定。历史的人类和现实的人类都认定了的，比较可靠。

讲到这里，我想讲一个概念，关于传统。这个字眼应当怎么理解？我估计有很多同志这样理解：传统就是旧的，不是现代的。这句话不全面，传统不等于是旧有的。传统是从古时开始，一直到现在还被这样理解的这种认识，到今天，甚至于到明天、到后天，还起作用的，叫传统。历史上有过，但传到现在不实用了，这不叫传统。这里有一个规律，就是代表人类大多数的好的东西，随着时间的流延，就会把它纳入到传统中去。因此，传统是在无限地延长，而不是到今天为止。如果今天真创新出真正好的东西，也会纳入到传统中去，如果入不了传统，那只是一时的昙花一现，没有历史的生命力。历史有过高峰，有过至高点，我们要尽可能地追求历史的高度。我们并不是想用另外一个代替它，即使要代替的话，是在比它更高的时候代替它，如果不能比它更高，就谈不上代替。

新的概念怎么理解？新是标志着过去没有的，但不是说过去没有的就好，而必须是比过去的更高，才叫创新。如果这个新的高度还高不过历史的高度的话，那只是“新”，而不是“高”。因此，我们对美的追求，是要向历史上的最美看齐，甚至超过它。我们哪怕在历史的高峰上增添一寸或一分，都是了不起的贡献。

中国人有了汉字，应当说是中华儿女智慧的结晶，非常了不起。当然，我们不菲薄其他文字，其他文字是把语言、声音记录下来，看到文字也是声音的反映，而我们的汉字不是，我们的语言是声音的特点，我们的文字又是形象的表现，在说明事物上，可以通过有声、有形两个途径传入到人们的认识之中，所以我们的文字可以很方便地走到了艺术的道路上。

书（书法），这些年来为我们作了许多贡献，这个贡献给我们立出一个标准：我们写出的应是字，所以，第一个要求就是能“识”。通过字的形，认识它，理解它，感受它，理解了它的意，也就理解了它的情。再一个也是更重要的，是“仪”。这个仪是任何一个事物立在整个世界上的一个最佳状态。就是说，我们写的字，应该像历史上一样，可以认识，可以理解，感受感情的激发，还可以完全与这个时代、与现在的具体情况相适合、得体，这是我们的文字应当做到的事情。所以说，汉字是中华儿女智慧的结晶，汉文是把这些结晶联合起来形成的串珠，而我们的书法则是让这一行行的串珠焕发出璀璨的光环。因此，对于从事这方面工作的同志来说，努力在书法上发挥它最好的光环，使我们文字的美得到最大的发扬，把文化的光环贡献给世界，为全人类服务，是我们的历史任务和使命。

下面谈一个关于学习的问题。

孔夫子有句话：“学而时习之，不亦说乎?”（“说”音、义都与“悦”同）这是《论语》的第一句话。到底怎么讲呢？有一种讲法，是“学了东西，要经常地去复习，不亦说乎”。如果是这样，我怎么就觉得“说”不起来呢？比方1加2等于3，5加5等于10，我一学就会了，而且从小学就知道，到今天几十年了还让我经常复习，我怎么能“说”得起来？我觉得应当改成“学而时习之，不亦‘苦’乎”。于是，我就回忆我在读书时老师给我讲这句话的情景。当时我跟老师开过玩笑，我说老这么练，太苦了，不行啊。老师说，“你说怎么着?!”后来，我又到另一位老师那儿问，他说：“咱们可以分析一下这个‘习’有没有别的讲法。”果然，找到了。有这样一句话，说某一个人，他“惯习水性”。什么意思？是说他习惯于每天游泳吗？不是，说他很会游泳。这个“习”，就不是“练习”之意，而是熟悉而精通。如果“学而时习之”的“习”当“精通”讲，就是“学而及时地精通了”，一学就会，一学就马上精通，这才对了，这才乐得起来。从这个意义上讲，要“学而时习之”，而不要“学而时练之”。因此，写字要学，而不要死练。当然也不能太绝对了，哪能一点也不练呢？练的时候越少，会的越多越好，这样说大概比较公允。

那么，怎么学呢？学就是把不会的变成会的，不能的变成能的，会的少变成会的多，会的不够好变成会的更好，一句话，就是把别人的变成自己的，这叫学。因此说，学的过程越短少，得到的东西越多，这是学的本意。字怎么样才算好呢？要学好，而不是练好。光练不行，关键在学。学的途径是什么？是循序渐进。这四个字里，我赞成三个。“序”是要“循”，“进”是越来越好，但这个“渐”字不怎么好。大概是说“慢慢来”，为什么要慢慢来，为什么要渐渐地呢？“进”是越快越好，越远越好。怎么才能快呢？途径是什么？我的理解，第一是直登高峰，不用循序渐进，哪儿高就先上哪儿去，就要一步登天。比方说，我们认定王羲之好，就用不着先赵孟頫，再黄庭坚、米芾、文徵明、王大令，然后再一步步到王羲之，不用。王羲之不就《兰亭序》、《圣教序》吗？直接就冲它来，直登高峰。这是我的一个观点。

再一个观点是大处着眼，小处着手。看问题的时候，要从大的地方看起。选定一个目标，认准哪是高峰，这个过程就是大处着眼。小处下手，不是说他所有的字都写，只抓住他一两个，最多五六个就差不多了。如艺术性很强的《圣教序》里，正文第一个“盖”字，如果把这个字写成左右两边完全对称，很简单，也很规范，可王羲之写得就不这么呆板：上面两个角不一样，中间的“王”，第一个横就歪着、斜着，竖下来就拧到一边，弯弯地挺着个肚子，显得很有力气，然后两横又一下子拉过来，再加上下边有个“皿”，一下子就把盖字写活了。这种艺术手法，很有代表性，可以写写它。所以在学习上，越省劲越这么干，谁说学习不能偷懒，要偷懒，用的时间少而得到的多，这就是学的办法，谁会用谁成功早。

在学习方面我有一个感悟，叫“不死不活”。这四个字，前两个可以作为后两个的条件。学习，如果不能死死地学到手，不能达到“死”，就“活”不了。先学死了，就自然“活”了，如果学不死，最后也就真正成了不死不活。

还有几句规律供大家参考：登天有路，不是没有路；入地很方便，随时可入；在登天的道路上，如果半途而废了，太不幸，太可惜。说“登天有路”，要充满信心；说“入地方便”，谁都行；“半途而废”是自暴自弃，与“锲而不舍”是截然不同的两条道路，“艺无止境”，“自强不息”是取得成就的通途。我希望大家都把路走直了，走到我们的里程碑，走到我们预期要达到的目标，取得自己的成果，取得社会上对我们的肯定。

（本文由儒子根据作者讲课录音整理。）

书画艺术在人们生活中的价值*

应该说，我今天冒了一个大不韪，来讲一个我自己也不熟悉的题目，在这个题目里面，好像应当谈到许多方面的问题，中国书画在生活中的价值，是个很值得人们好好思索的问题，我想先从生活的需要谈起。

一、艺术是生活的需要

人们要生产、要生存、要发展，最主要的目的，是要提高物质生活，追求更有价值的衣、食、住、行，这是不能超脱的，是很重要的一个方面。然而我们现在所要考虑的，却不是这个方面，我们所关注的、要研究的，是另一方面的事情，是物质生活之外的思想方面。这个方面在人们的生活中，也是不可或缺、不可能不涉及的。因此说，把物质和精神这两个方面结合在一起，才是人们生活的全部。

---

* 本文原载《中华文化系列讲座乙酉年说》，北京，五洲传播出版社，2006年。

如果说物质第一性，思想第二性，那只是说了谁是第一、谁是第二，但是不可能只有第一，没有第二。所以我认为，我们一定要明确生活的需要，把精神和物质这两方面相结合，既要解决衣、食、住、行，又要解决人们心灵上、精神上的和谐共融。我把这个问题归结起来说，就是对于美的追求，是生活的需要。

二、艺术源于美的追求

在我们的各种学问中，在人们对社会、自然的理解中，必然会导致产生出一门美学来。我对美学不太懂，只是从自己的想法做些思考。美学当然是讲美的，而我对于美的思考是不是符合美学要求，我不敢说，我是这么想的：大概人们都作了这样一个理解，说美是人的一种感受，一种什么样的感受呢？愉悦的感受。“感”是人受到外界的刺激而必有的反应，来自于人体的自身本能，感受是来自于人们身体上的感觉。所以说，美是一种愉悦的感觉。

愉悦可以有两种解释。

一种可以理解为高兴、欣喜。表示喜欢和高兴的词汇很多，为什么我们在这么多文字里面单挑出“愉悦”，而不是说“喜悦”呢？这个“愉”又是什么意思呢？“愉”有两个音，可以念“yú”，还可以念“tōu”，与“偷”同，意思也很有可寻思的余地。“偷”即原本不是自己的东西，但是却可以使用手段拿过来，那样就是拥有了本分之外的东西了，高兴、喜欢是很自然的事情，但这种喜欢是在本分之外的、多增加的喜欢，也就是“喜出望外”的喜欢，因为“望”是在“意料之中”的。一旦“喜出望外”了，这个喜欢可能在分量上就更加增强了一些。所以，这个美的解释，从“愉悦”的角度来阐述就更深了一层。

现在，我们再从美的范畴上作进一步的理解。

美不单纯指好看的东西。好看的、赏心悦目的当然是一种美，好吃好喝的、香甜美味的也是美，好玩的、具有收藏价值的也是美。所以，美是人可以体会的、可以感受的、美的集合。只要是好的、愉悦的都可以说是美的。所以我认为，美是由物发展到思想而“过望”的过程，这是我们要谈的“美”。

人们对美的追求又如何呢？没有美的时候，要追求它到来；到来之后呢，又希望它能供我们享受，并且拥有它。就比方吃一个桃子，没吃到的时候希望能吃到它，桃子到手拿来吃了，是享受它，一旦享受了就想更长时间地拥有它，而越享受就越希望拥有，感受愈加深重。如果没有了，就希望它重新来过，一直于无限。这样的感受才美。我们对美的要求，正是这种希望的感受。

三、艺术的作用

生活有需要，希望着美在追求上的满足，在这种思想基础上，就产生了很特殊的一门学问——艺术。艺术的作用是能够给我们所需求的“美”。

关于艺术是什么？我想起一位仙逝的艺术大师的说法，他说艺术就是造“谣言”。因为艺术没有真的，都是假的。这位大师当时给我举了一个例子，说李白写的大作《月下独酌》，是因为李白爱喝酒，而且是希望和大家一起喝，人越多，喝着越热闹，他就越觉得美。可是那天喝酒只有他一个人，他觉得一个人喝酒没意思，就很不满意，很难受。他端起酒杯来抬头一看，看到了天上的月亮，再低头一看，地上有一个月亮照的影子，这就是他自己。于是，一个人、一个天上的月亮、一个身后的影子，这就是“对影成三人”。李白除了自己喝，也邀邀月亮，月亮对他笑笑，他再看看影子，影子也很好，他一动影子也跟着动，简直太好了！就这样，这三个人推杯换盏，还挺愉快。而这简直就是没有的事情啊。可就是这样没有的事情，让大诗人这么一写，把不存在的事情写得和真的似的。这就说明了一个问题：人在对现实不满足的时候，必然会在现实的基础上提出更高的要求，而不能满足的时候就把渴望寄托成“诗”。这样，不就是造了一篇“谣言”嘛。

再比如，人们在生活中，吃白菜是很习以为常的事情，但是真实的白菜可能不是那么好，也许又有泥土又可能烂心儿。于是人们就画画，用画笔在纸上创造一棵白菜，怎么好看怎么画，怎么干净怎么画。这又是凭空制造“谣言”。画画是造“谣言”，写诗是造“谣言”，演戏也是造“谣言”。所谓造“谣言”，就是在现实生活的基础上，把生活加以提炼、升华、再创造，这就是艺术的作用。

当这位艺术大家给我讲清楚了艺术是造“谣言”的道理之后，我豁然开朗，原来“艺术可以造假”。这位艺术大师还和我谈了艺术造假的可爱，以及产生的快乐。比如画了一张感觉很好的花鸟画，花和鸟都是凭空画出来的，不是真实的，可是画好了，却很令人赏心悦目，很得意。我记得我小时候，平地摔了一跤，大人看见了就说：“快起来，别哭，都是地不好，我们打它，我们跺跺地，给你出气。”我就跺了地两脚，当时就觉得很好，也不哭了。小孩子摔了跤说地不好，还要打它，这明明是大人在骗我、在哄我嘛，但是哄得艺术，有成效，小孩子也很高兴。这就是艺术造假的艺术效果和艺术享受。

艺术给予人的美，虽然看来是“假”，但实际上，却是可以让人像真实存在一样地去感受的，而且能够喜出望外，产生更多的快乐。所以我认为，我们制造一点“谣言”、做一点“假”的东西，从艺术角度讲，是成绩。

历史上最早作“假”的，是“俑”。古代人有一个风俗，如果一个有身份的人死了，就需要让他喜欢的人与他一起死，为他殉葬。如果是他不喜欢的人还能逃一死，越喜欢的越糟糕，必须要死，要作殉葬品。于是，有聪明的人就想到，做一个假人来陪葬，用纸、木头、陶土等做成人型，画个样子随死人一起下葬。这样一来，救活很多人。可是也有一些古人对这种做法十分不满意，认为这是对死者、对上天不尊重的表现，指责做这样事情的人，是“始作俑者，其无后乎”。我们现在仔细想想，这个“始作俑者”，可是给人们(无论是当时人还是后人)立下了很大功劳的。对于当时人来说，是从死里逃生，救活了很多人；对于现在人来说，是研究考证的第一手根据。但是毋庸伪言，这是作假，是艺术的“造假”。从那个时候开始，艺术作假就是一种好的事物，于古于今都是极有益处的。所以说，搞艺术的人，对于真和假的问题，一定要正、反两方面看，要全方位、多角度地看。

单纯从艺术角度看，艺术造假的价值是这样的：第一是有用；第二是适合；第三是方便；第四是有利。

四、艺术的价值在于“有用”

我们古代人在造这个“用”字的时候很有意思，是这样造的：这是个“竖”，这里加上了一点，就是“卜”，算卦的意思，卜中了就是有用。但是不要把“卜”理解成简单的算卦，它是预测，预测准了，在事情还没有发生之前，就提前估计到了，而且估计得还很正确，这就是很有用了。要是这样来理解这个“用”字的话，就很有意思。“卜”、“中”重合起来，就是这个“用”字。被写做楷体的“用”。这个“用”字人们经常使用，比如说“用笔写字”，重点在“写”，而不在“用”，但是“用”字不能少，因为是通过用笔才能写字的。因此，有人曾经提议说把“用”作为动词来解释，应该是第二个动词，对主要的动词起了支持的作用。

所以，我认为艺术的第一个价值，就在于“有用”。不是平白无故去乱写、乱画的，而是用得着的、“有用的”，创造出来之后很适用、很便利。

五、艺术的功用是方便和有利

比如说家里养了一盆菊花，开得非常茂盛、美好，但是几天后它会衰败，再过几天后呢它会枯萎，下一场雨呢会把它淋坏，不小心呢会把它碰坏，各种对花不好的事情都有可能发生。但是画一张画呢，既不用浇水，也不用扫落叶，还不怕风吹日晒、磕碰毁坏，永远都那么新鲜，今天可以看，十天以后还可以看。对人来说，是多么方便啊。我说这个话，不是没有生活基础的。最近人们送礼，常常喜欢送鲜花，有时候送的花在家里已经摆放不下了，可是还有人送，于是就得一盆一盆往外端，每天还要给它们浇水、扫落叶，很是麻烦。这样就不如画一张画，它不用浇水，只要不着火就好。这张画可以一直看下去，看一年、看两年都行，这就是方便、有利。而这个“利”，是我们生活中的一个亮点，是我们很用得着的点。

这就是我对艺术价值在生活中的理解。

原来我对这个问题的理解没有这么深入，是从玩开始，到有了愉悦的感受，后来才逐渐“悟”出了这些道理。在现实生活中，有时感觉创造艺术很困难，有时感觉很方便。就因为这样，所以也喜欢参与到艺术活动中，觉得这样很好。

比如戏剧。我看《三国演义》，觉得诸葛亮料事如神，很了不起，于是乎我自己就也想做个诸葛亮，可是在现实生活中我永远都不可能是诸葛亮。而在戏剧表演艺术中，我却可以扮演诸葛亮，通过我假借的扮演，可以演绎真实的历史。通过表演，我自己当了一回诸葛亮，观众也享受了生活、感受了艺术，用时髦的话说，叫做双赢。

所以，艺术足可以使自己得到陶冶，又可以把陶冶传导出去，使他人感受或享受。艺术的作用，是人类生活中不可以缺少的项目。

六、书画为同源异流的姊妹艺术

谈完上述三个内容之后，我再想过渡到总题目上来——书画进入到我们生活中的价值。书、画的源流是同一个，可是它的走向不同，我谓之以“同源异流”。它们“同”在哪里？“同”的意义是什么？

中国的文字从画开始，都在于“状物”，不但“状物”，还要“状事”。中国人民非常聪明，知道只有画画还不行，只用画来表现事物太复杂，画需要简练，于是就简化成了文字。所以，我常说中华儿女只产生了一个结晶，晶体就是字，汉字是中华儿女智慧的结晶。从一幅描绘比较复杂事物的画，演变成一个字，非常之了不起；再把这些字连接起来，成为一段一段的“文”，这些“文”应当是我们更高一层智慧的晶体，是在字晶体的基础上的“串珠”。至于说到中国的书法，是把中国的“文”表现出来，在外面更加了一个“光环”，这就是“书”的作用。

为什么说书画是“同源”但是又成为“异流”了呢？是因为中国的“文”形成了一个体系，而画在它自己状物、状事的基础上有它自己的高度。所以，我们很自然地就接受了这两笔遗产：一曰书，一曰画。这两者的特点，都是把真实的美融合起来，上升为艺术的美，从而成为我们生活中不可或缺的一部分。我非常赞成社会主义学院成立了花鸟画、山水画两个研修院，它会使我们的生活更加丰富，更加有意义。

七、关于山水画

山水画看起来好像没有什么生活内容，但实际上，我们祖国的山、河是我们生活的环境，而环境里的美是自然的、未经雕琢的，同时也是有限的。如果我们想超越地域的限制，更广泛、更享受地欣赏它，就需要通过艺术的加工，使美的内涵更加丰富多彩。如果说，要把一座现实生活中的山美化了，就需要动用机械、人工，耗费能源和金钱，是一件很大的工程。但是画一幅画，表现山的漂亮、妖娆，做起来却很容易，只需要纸和笔。

五岳之尊的泰山，巍峨宏伟，非常壮观，但是你能亲自踏上山峰看到多少景色呢？人们用肉眼所能看到的只是有限的山峰，转过一个山头，就看不见另一边的情况，更细致的美景就无法欣赏。然而，到了画家的手里，用重叠、折射等手法，就可以把整座山比较完整地呈现在人们面前，甚至可以把一些人们根本不可能看见的东西也展示在人们面前。把山峰的优美一下子集中地摆放在我们面前。所以我认为，看画作比看真山、真水更美、更享受。花鸟画也是这个道理。特别是我看到有许多艺术家，他们在作画的时候，用笔是那样的简洁生动，使人感受到的愉快真是喜出望外的。

我曾经看过齐白石老先生画虾。齐老先生是一个非常沉静的、寡于言词的画家，总是手持画笔在深思着。当我知道他要画画的时候，他并不是拿起笔就画，而是要先把纸摊开，掸一掸，再用手在纸上划一划，让人感觉到他这张纸已经成为一个水面。他把墨调到很淡时候才下笔，在纸上一笔画下去，我没看出是什么东西；两笔画下去，我还是不知道画的是什么；三笔画下去，还是摸不着头脑；就是看见他来回地画了几个笔道。我不敢问。就看见他圈了一笔，又圈了一笔，当画到虾的身子、画到第三节的时候，我才知道是要画虾了。这个时候我知道他是在画虾了，可是他呢，好像漫不经心地画了几笔之后又拐回来，把虾的尾巴拐了回来。这个时候看出是虾的样子了，我看他又画腿，画须，都画完了，可以清楚地意识到他画的是一个虾。而这时的虾是死的，因为他还没有画眼睛。他画眼睛的时候，顿时觉得这只虾要变活了，可是这时看见的，还只是虾有了要活的势头，就在这虾要活还没活的时候，他转过身去，这时我特别想看他是如何让虾活起来的。他用笔蘸了黑颜色，加重了颜色以后，在虾头的地方抹了一笔，我一看，这个地方是滋泥，所以黑了一点，也没看出什么来。这时他又去蘸了一笔更深色的黑墨，他在等着，他不马上画。以后我才知道他是在等墨的水稍微干一点了之后，再画。等纸干得差不多了，他就在上面画了细细的一笔，这一笔画完之后再看，虾活了。就是这细细的一笔，这个虾就活了，眼睛特别有神，身子也好像变得十分立体，就像游动起来了一样。我完全被他的艺术创造力征服了。他接着再画了一条，又画一条，我觉得他在纸上画的虾，就好像是在水里，很自然、很生动地在那里游弋嬉戏。我心里就在想，虾儿们怎么不撞在一起呢，它们游得怎么那么有规律呢，虾活起来总让我心里有一种“动”的感觉。这就是说，齐白石老先生利用艺术的手法，以一个观察者的角度，使他描绘的事物在心里随着他的画笔在“动”。这就是艺术的力量吧！

我说他是拿着一支笔，用一张纸很简简单单地就把一个死的虾变成活的了，让你看到了水里面的生活，这个力量太强了，就好像觉得画的时间很长，但是看着这个虾是怎么样从一个不会动到会动的过程，我都领受了，这就是说，他把我紧紧地拉到水里面去了，甚至在水里面看见那个虾是怎么成长的。这就是艺术的力量。他等于让我随着他的笔，在那个形成过程中随他走了一趟，所以我是深刻地感觉到了艺术家是在真实的基础上，形成了艺术的力量。这个力量把你抓住了。从看过他画画之后，我就养成了一个习惯，看哪一张画都要思索每一笔是从哪里开始，到哪里结束。我就是这样进入到书画中来的。

我也想说这些书画，也就进入到了我们的生活之中，在我们的生活之中，任何地方都有画，任何地方都有书，我到了咱们学校，看到墙上有一张画，有竹子，画着竹子的画，走近一看，是老朋友的画，一下子就看那个竹子了，我看到那张竹子的时候，当告诉我是谁画的时候，我已经理解到了，这张画进入了我们的生活。我也知道他画的这个竹子是什么意思，画出来，他全是用的绿的画的，他是画了它的杆，画了它的叶，就使得这张画成了一个真实的东西，代替那个真实的东西摆在我们的面前，有感受，就是觉得这个画自然有他的特色，他虚心、他有节，节很高，他很旺盛，他画的画的形式和内容都和我贴近了，进入我们的生活了，所以我觉得我们为什么要谈书画问题，这是我们生活中的一个部分，随时都可以看到，随着我们的建筑、随着我们的生活，好像我们中国式的建筑就需要这么些东西来弥补。

当我学书、学画的时候，我学会了一个词，叫做“补壁”。原来看着人家书家、画家写上“补壁”两个字的时候不懂，就打听打听这是什么意思？他说这是补墙的，我说何必用这个补墙啊？原来这是客气话，是把它放在墙上去，去点缀了墙，点缀墙的意思是什么？就是让我们的生活中不是只看到简简单单一面墙，而这个墙上有一个很美好的事件，看一看，果然很好，看一幅字是写我们的生活，看一幅画也是画这生活，一个条幅、一个中堂、一个横批，都是我们生活中需要它来占有这个位置的。

当然，我们不是那么痴迷，挂上一张画，老在那里挂着它，我认识几位朋友，跟我引经据典地说了很多事情，他说：您看，现在我们挂一张画，一挂就是好几年，在宋代的时候不是这样，要天天挂的。一说宋代的风俗，就是每天早晨扫地、挂画，每天都得扫扫地，挂上画。一说宋代的风俗就是这样，这不是麻烦嘛，但我听人讲，不是的，那是大风气，考虑一下，今天哪位客人来，他喜欢花的，还是喜欢山水的，他若喜欢花的，便挂一张花的，若喜欢山水，便挂一张山水，是有所谓的，他是想来干什么的，我挂出我的字去，我让他知道我是干什么的，他缺少什么，我需要挂出一张字去，让他受到启发，都是有所谓的，所以我觉得，我们的书和画就进入我们的生活之中了，是我们生活的一部分。现在如果到一个人家去，如果没有画或字，就觉得好像没有层次，好像有点没有内容，我曾听说一个情况，特别西部，有些人家比较贫寒，吃穿都非常简陋，但是他们还是非常希望有一张画，或者有一幅字挂在自己家里。所以有些书法家支援西部，也都到西部去了。所以我觉得我们的字和画，都进入了我们的生活之中。

我要讲最后一个问题，我说书和画之所以得到大家这样的喜欢，还有一个重要的原因，不只是欣赏者，每一个人不只是欣赏者了，而且也成为了参与者。

现在做毛笔的供应不上，宣纸供应不上，太多的人在使用它。总体说，文化，它们常常对人进行洗礼，艺术对人的感情进行陶冶，而且进行艺术的这种活动，都必然对人的身心健康起了很重要的作用。反过来说，我们人人参与的这些事情，也必然给社会带来了这些好处，使人们得到了享受，使人们在无形之中受到了一个文化环境的洗礼。

所以我总结说，书画在生活中占有的价值是什么：是生活的需要，生活需要它，因为生活需要它，因为它是生活中的一部分，所以它就有特有的价值，我们就应当看到我们生活中有这样一个可以使我们得到愉悦、得到振奋、得到休息、得到前进的这样的内容。我今天所说的题目，是从生活的需要开始说起，生活的需要，需要物质生活，也需要精神生活，一句话，需要美，需要美的追求，怎么样来做的呢？就由艺术来做到这件事情，由艺术为我们创造我们所需要的美。

三、逻 辑

关于特称判断的逻辑意义*

判断按照主词的量来分类，可以分为：全称判断与特称判断。而特称判断的逻辑意义，对初学者来说是不容易一下子就能领会的。问题主要就在主词量项“有些”这个字眼上。

苏联逻辑学家斯特罗果维契在他所著《逻辑》一书的“判断之按照量(外延)的划分”中，对特称判断这样解释道：

> 特称判断是这样的判断，其中宾词所指的只是主词的一部分外延，即不是指主词这一概念所包括的一切对象，而只是指它所包括的某些对象。例如，“有些学生是运动员”。这里的宾词所指的不是主词这一概念的全部外延，而只是它的一部分外延，即不是所有的学生，而只是某些学生。

近来出版的其他逻辑著作，或一些学校的讲义，也都

* 本文原载《光明日报》1957 年 7 月 21 日。

是作这样的解释；实际上这种解释有着极大的毛病。

根据这样的阐述，不能不使人这样来领会：

“有些”即仅是部分，与“所有”正是相对的。再结合上具体例子，“有些故事有趣”(见苏联维诺格拉道夫与库兹明合著《逻辑学》)，的确，并非所有的故事都有趣。“有些运动家不是足球家”(同上书)，的确，并非所有的运动家都不是足球家。这就很自然地形成了：如果说“所有的特务都危害人民”，那就绝不是“有些特务危害人民”，否则，就好像意味着还有些特务不危害人民。这当然是绝对错误的。既是“有些人已吃过了饭”，一定就是“有些人还没吃过饭”，而不能再是“所有的人都已吃过饭”。这样，就把全称判断和特称判断对立了起来。

在学习进程上，进行到“同素材的A、E、I、O四种判断的逻辑对当关系”时，就会很清楚地看到把同质的全称判断与特称判断对立看待是大成问题的了。在同素材的A、E、I、O四种判断的逻辑对当关系中，同质的全称判断与特称判断的关系是这样的：A对，I必也对；A错，I可能错也可能对；I对，A可能对也可能错；I错，A必错。(E、O的关系同此。)这样，我们知道“所有特务都危害人民”，而说“有些特务危害人民”也不算错。我们知道“有些人已吃过了饭”，而“所有的人都已吃过饭”也可能是对的。这就与刚才所说对特称判断的理解有了原则的不同。

毫无问题，在逻辑对当关系中所表现出来的判断的意义，才是该判断的逻辑意义；而上面所谈的对同质的全称判断与特称判断相对立的领会是不对的。

问题的关键是在于“有些”这一字眼的意义上。斯特罗果维契对“有些”这个字眼曾作过一些解释：

……“有些”这个字眼可以有不同的意义。“有些”可以指某些对象的“某一部分”，关于这些对象我们只表明了某种东西，而关于同一类中的其余一切对象则什么也没有说。在这一意义下，我可以说：有些金属是可以融解的，这里所指的是我知道的或者是我所注意到的某一部分金属(铁、黄金)，完全没有涉及其余的任何金属，关于其余的任何金属是否可以融解，我却什么也没有说。当特称判断(I和O)用于逻辑方阵中时，其中的“有些”这一字眼便正是这样被理解的。正因为如此，所以如果“所有的S都是P”是对的，那么“有些S是P”，即叫做S的对象的某一部分是P，也是对的。如果“所有的金属都可以融解”是对的，那么“我现在所注意到的某些金属(铁、黄金)也可以融解”也是对的。可是除了这种理解以外，“有些”这一字眼可以还有另外的意义：可以把“有些”理解为“仅仅某些”、“并非所有的”(我们在谈话中通常就是这样理解的)。因此，如果我说：有些学生考得很好，那么我同时就是说：其余的学生所得到的是另一种较低的评语。如果我说：在我生病的时候我的某些同学来看过我，那么我同时就是说：来看过我的不是我所有的同学，而只是其中的某些，其余的并没有来。

在考察逻辑方阵的上述规则时，不能在后一意义下去理解“有些”这一字眼。……逻辑中的“有些”是指判断中所讲到的一部分对象，而并不指关于同一类中其余对象的什么东西。(见斯特罗果维契著《逻辑》中译本172～173)

这种解释是颇为牵强的。“有些”这一字眼在语言习惯里本就是作为“既非一个，也不是所有，而是在于一加一以上，所有减一以下的一段范围之中”来解释，现在硬说它是只指判断中所讲到的某一部分对象，而并不指关于同一类中其余对象的什么东西。这种硬性规定颇不能令人满意。更重要的，在逻辑对当关系中，这种解释固然对于差等关系是可以解释得通：既是“所有 S 都是 P”，当然具体到某一些 S 的“有些 S 是 P”也一定对。既是“有些(所知道的所注意到的某一些)S 是 P”，也有可能“所有 S 都是 P”，因为不知道或没注意到的那些 S 也有是 P 的可能。然而，在逻辑对当的矛盾关系下，就暴露了这种解释的缺点。例如：“有些 S 是 P”错了，照斯特罗果维契的意思则是说：只是所知道的或所注意到的 S 是 P 不对，至于另外那些 S 是 P 与否呢，则不得而知。这样，就只能从“有些 S 是 P”不对，而推论出“有些 S(正是所知道或所注意到的那些说它是 P 而不对的 S)不是 P”；但却不能推出“所有 S 都不是 P”的结论来。因为：我们假定所知道或所注意到的是 S_1 和 S_2 而 S_3、S_4……中也可能有是 P 的，可能与否并不知道，或没注意到，所以“所有 S 都不是 P”的对并不必然，而是有着对、错各半的可能。然而，根据逻辑对当，I 与 E 之间是矛盾关系，矛盾关系下的两判断，是可以从一方的对推出另一方的错，从一方的错推出另一方的对来的。很显然，斯特罗果维契对“有些”的解释在这里又说不通了。

所以，把“有些”解释为“只是所知道的或所注意到的某一些，而对其他的什么也不说”的说法，不只是不合日常习惯，更重要的是也不符“特称判断的量项”所表示的逻辑意义。实际上只是白绕了一个弯子，要想解决的问题依然存在在那里。

所以，有些人主张把“有些”改为“某些”，如上所说，也是不行的。

也有些人认为把“有些”改说为“许多”（斯特罗果维契似亦同意此说）更好一些。其实，只是看来习惯些罢了；但如“许多学生是优等生”，只是特称判断的一种可能情形，而不能把特称判断的包有好几种可能的情形都体现出来。特称判断的量项所指也可能是“单独的一个”，而“许多”与“一”是难能统一得起来的。所以，“许多”这一字眼也不能尽达特称判断量项的逻辑意义。

那么，特称判断的逻辑意义到底应怎样来理解呢？参看一下数理逻辑中对于特称判断的分析就清楚了。

数理逻辑对于特称肯定判断是这样分析的：所谓“(∃X) FX”，（括弧中的∃X是特称判断主词量项的表示符号），就是“有 X 是 F”；所谓“有 X 是 F”，就是：X_1 或 X_2 或 X_3……，不管是哪个 X，不管是哪些 X，甚或是所有 X，反正总是其中有 X 是 F，而不是没有 X 是 F（特称否定判断意义类此）。

从这里去理解，特称判断的量项就只是一个“有”字。不错，把特称判断的量项理解为“有”，就完全与同素材的 A、E、I、O 四种判断的逻辑对当关系相应；而且也与日常语言习惯相合。

我们看：

“有 X 是 F”(I)是对的，那么，既“有”就不是“无”，自然“没有 X 是 F”(E)是错的；而“有 X 是 F”(I)错了，那么，既不是“有”，自然是“无”，当然“没有 X 是 F”(E)就是对的。反过来，既是“没有 X 是 F”(E)，当然“有 X 是 F”(I)就错了；既不是“所有的 X 都不是 F”(E)，当然就是“有 X 是 F”(I)。这样，E、I 之间就正是逻辑对当的矛盾关系（A、O 之间的关系也正同此）。

“有 X 是 F”(I)是对的，到底有多少 X 是 F 呢？却没有说，可能是有很多 X 是 F，也可能只有 X_1 是 F，也可能所有的 X 都是 F，所以“所有的X都是F”(A)可能是对的，也可能是错的；而“有X是F”(I)错了，自然就是“没有X是F”(E)，那么“所有X都是F”(A)也就必错了。反过来，“所有X都是F”(A)是对的，当然是“有X是F”(I)了；而“所有X都是F”(A)如果不对，那倒也不能一定就说没有X是F，也很可能只是有一部分X是F，所以“有X是F”(I)的对、错不定，是都有可能的。这样，A、I之间就正是逻辑对当的差等关系(E、O之间的关系也正同此)。

“有X是F”(I)是对的，那么，既有可能是“所有的X都是F”(A)，也有可能只是一部分X是F，这样，“有X不是F”(O)的对、错就也不能一定；如果“有X是F”(I)错了，当然就是“有X不是F”(O)。反过来，O之对于I也是如此。这样，I、O之间就正是逻辑对当的次反对关系。

从以上说明很可以看得出：把表示特称判断量项的“有些”改为“有”，是既合乎逻辑意义，又非常自然。

这样，同素材的全称判断与特称判断之间乃是“所有”与“有”的关系。有人为了解决“有些”的难解问题，竟把同质的全称判断与特称判断之间的关系，解释成了“普遍”与“特殊”的关系。须知：“所有的X都是F”与“有X是F”，和“所有的X都是F”与“X_1是F”是性质大不相同的两种关系。把同质的全称判断与特称判断解释为“普遍”与“特殊”的关系，无疑是极不对的。

现在，我们已把特称判断的逻辑意义基本上弄清楚了。既知对这问题形成混乱的主要症结是在于把判断按量分为全称判断与特称判断的解说上，那么就有必要根据它的逻辑意义而对一些叙述欠严格而容易发生问题的解说加以修正。

照我们上面的分析，特称判断在对主词的量上，并不是只指定了主词的部分外延；实际上，对于主词的外延，是全部或是部分，它并没有作出什么指定。同质的全称判断与特称判断之不同，主要是在于：全称判断对于主词是断定了它的全部外延；而特称判断对于主词并没有断定它的全部外延。全称判断对主词的量是有所断定的，是全量的断定；而特称判断对主词的量并没有断定，是不定量的断定。

本此，如果对于特称判断这样叙述是不是就会更好一些：

特称肯定判断是这样的判断，它断定了主词(S)与宾词(P)的肯定关系，而对于主词(S)的量之多寡却未加断定，只是断定了“有”S是P，而不是“无”S是P。例如：“有学生是优等生。”这里只断定了有学生是优等生，至于是所有学生，还是有一部分学生，它却没断定，不过它断定了总是有学生是优等生，至少，哪怕是只有一个学生是优等生，反正总是“有”，而不是“没有学生是优等生”。

特称否定判断是这样的判断，它断定了主词(S)与宾词(P)的否定关系，而对于主词(S)的量之多寡却未加断定，只是断定了“有”S不是P，而不是“无”S不是P。例如：“有运动家不是足球家”。这里只断定了有运动家不是足球家，至于是所有运动家，还是有一部分运动家，它却没断定，不过它断定了总是有运动家不是足球家，至少，哪怕是只有一个运动家不是足球家，反正总是“有”，而不是“没有运动家不是足球家”。

我想，如果这样去解释，或许更能确切地表达出特称判断的逻辑意义，同时也会避免掉一些不必要发生的问题，使读者也可能更易于接受一些。

中国逻辑思想史研究的对象与范围*

一、关于中国逻辑思想史研究的范围

在“中国逻辑思想史”中，“中国”一词的涵义容易有歧义的可能。一般说可以有两种理解：一指“中国人”的逻辑，不包括自唐开始传来的印度“因明”，也不包括自明李之藻译来的西方逻辑，所谓“中国人”的，即指纯粹的“国产”逻辑；再一种指“在中国这块土地上”的逻辑。这样，就不管是“因明”，也不管是亚里士多德、培根、穆勒……只要在中国这块土地上，人民中，曾经流传过的，不管是“国产”的，还是“舶来”的，都包括在内。

关于这个问题，如果不先行廓清，必然会影响到“对象”的确定。事实上也确有同志在这里提出了问题。所以有必要提出来明确一下。

我们知道，文化科学在创建的开始，可能是“专利”的。但一经问世，特别是得到了广泛的运用之后，必然要流传

---

* 本文原载《中国逻辑史研究》，北京，中国社会科学出版社，1982 年。

开来，弥传弥远。传到哪里，它便会在哪里形成影响，得到发展。这是客观的规律。尽管“因明”，或亚里士多德、培根等等的逻辑是“舶来品”，但一经“进口”，便必然产生影响，逐渐成为了我国文化科学中的一部分。

当然，我们一定要把“国产”的，突出地单独提出，与“舶来”的区分开来，把它放在中国逻辑思想史的主体位置。然而，从逻辑历史科学的角度来看，只搞“国产”，而把“进口”排斥在外，显然是太狭隘了，不是科学的态度。

所以，对中国逻辑思想史中的“中国”一词的理解，范围不能太局限了，我们必须以“在中国这块土地上”的意义来理解，即凡在这块土地上发生、发展、流传、形成过影响的逻辑，都应包括在内。即使是“舶来”的，也必然有个输入、接收、流传，甚或有融会以及发展的问题，凡此种种，也都应在我国逻辑思想史的研究范围之中。

二、关于中国逻辑思想史的研究对象

(一)“逻辑”一词所指的内容是什么

一提到“逻辑”，首先想到的是普通的形式逻辑，即亚里士多德所创，又为许多逻辑学家，特别是培根、穆勒等人所丰富起来的那套所谓“普通的形式逻辑”。

把“逻辑”的内容这样一加限定，表面上看来，似乎理所当然。然而，稍一推敲，则会导出一个十分严重的问题。照此理解，明朝李之藻的《明理探》译出之前，中国就没有“逻辑”可言；从唐玄奘而来的印度“因明学”也随之被排斥在了逻辑的范围之外，当然也不是逻辑史所要研究的对象。不需多作论证，这样揭示“逻辑”的概念，显然是不妥当的。

“逻辑”这一概念的正确涵义该是什么呢？请再看另外一种说明如何：凡是对于全人类都普遍有效的那些正确思维的各种规律和形式，都应属于“逻辑”的范围之中。

初一看来，这种说法该是万无一失的了。然而，如果真是这样来揭示“逻辑”的涵义，印度的“因明学”，中国历来的诸子各家，特别是名、墨之流所提出的许多有关思维的学说，都可以纳在了“逻辑”这一概念之中。如果真是这样来揭示“逻辑”的涵义，那么，传统的，以亚里士多德为代表的这套“逻辑”，就显得很不充分了。

由于这样一种说法所形成的困难，不只是要给中国逻辑史的研究提出了一个极为棘手的问题，而且对于所谓的普通逻辑科学也提出了一个咄咄逼人的尖锐的不好回答的难题。尤其对于多年来习俗所形成的一种以亚里士多德逻辑为正统逻辑的思想，无疑是“将了一军”。

所谓“普通逻辑”，当然该是一般的初级的全人类普遍有效的一些规律与形式的一个汇总。既然以亚里士多德逻辑为主的形式逻辑不能尽可能全面地包括这一切，普通逻辑工作者们，是不是应该尽可能地把它们搜集起来，分分队列，排排座次，比比同异，理理系统，搞成一个全面的、系统的“普通逻辑”呢？——这是顺便说及的话。但在我们研究中国逻辑史来说，这些内容，特别是以亚里士多德的逻辑要求套不住的那些逻辑的内容，却是非常必要的，有特殊意义的。因为这些不同于亚里士多德的逻辑，不同于印度“因明”的逻辑，才真正是中国逻辑史中最主要的对象。

(二)关于取材的问题

在我国现存的古籍中，特别秦、汉而后，要找一部逻辑科学的专著，那简直太难了。即在先秦诸子中，虽然有所谓名家、墨辩、刑名等家，但作为逻辑科学的专著也太少了，大多是他们在论述自己的政治观点、伦理观点的时候，顺便提到的。在我国历史上，要找到一部像亚氏的《工具论》、《范畴篇》一类的逻辑专著，那是根本办不到的。——所以有人说中国逻辑科学都是和一些具体问题杂糅在一起的。不错，这的确是中国逻辑科学的一个特点。

因此，我们搞中国逻辑史，有一个“取材”问题，必须在一些具体的内容之中，去把他们的逻辑思想提取出来。

这里一个极为困难的问题是：既然它们是与一些具体问题杂糅在一起的，从事例上说可能很典型，但却根本没从思维形式上作出任何分析研究，对这样的问题应怎样认识？如果说这只是自发的，谈不到科学的总结，这样，也必然会导致中国从来没逻辑的结论。

谈一个具体的例子，《世说新语·言语》篇中载有十岁的孔文举当场奚落大中大夫陈韪的一段小文。陈韪看不起小小年纪的孔融。说他是“小时了了，大未必佳”，孔融当时就回敬了一句“想君小时，必当了了”。弄得个堂堂的大中大夫，当场十分尴尬。

这一小段记载，很有意思。刘义庆把它放在了《言语》篇中，当然立意在表彰孔融之能言善辩。的确，在那样的场合下，如此年幼的孔融，竟能面折陈韪，不能说“不才”。陈韪以“今因”推“来果”，孔融因势利导，乃以“今果”而推“前因”，诚然很有辩说的才能。然而这个推论却很不严密，问题就坏在了“必当”两个字上。在“模态”上说，这里只能是一个“可能”，而不应该得出了“必然”的结论。

我们从逻辑的角度来考虑，应当怎样看待孔融呢？应当怎样分析这个问题呢？孔融能把对方的说难引用来为自己服务，能应用因果关系进行推论，难倒了对方，能说他对逻辑是无知的吗？当然不能。然而，他的推论又是不严密的，所得出的结论没有逻辑的保证。只是遇着了一群笨蛋，陈韪、李元礼以及众宾客们个个草包，因而逞了一时之能。

如果我们细细落实的话，连刘义庆也应算作笨蛋之一，他对逻辑也不怎么懂。还是《后汉书》的作者宋范晔，倒是一位值得称道的精通逻辑的历史学家。元郝经的《续后汉书》也因袭着范晔之说，救正了原来的说法，而使之在逻辑上就严密了起来。它们载，陈韪是这样说："夫人小而聪了，大未必奇。"孔融说的是"观君所言，将不早惠(同慧——作者)乎?"一个"观君所言"显示了他采用的是就对方所论而论的归谬方法。"将不早惠乎"的"将不……乎"，是一种问话。这是一种反问质疑的论断。它不再是"必然"的模态判断，而只是一个"可能"了。在模态上，虽然要比"必当"温和一些，但却躲开了逻辑上的责难，而使自己站在了不败之地。

如果以《后汉书》、《续后汉书》来看，孔融不失是一位有逻辑素养的辩才。然而，范晔倒应该算是一个逻辑学家。如果我们从他的著作中再能够发掘出更多的有关逻辑的材料，那么，在逻辑史上就不能不给他一个应有的位置。

这样看来，我们仅从诸子中着眼，则在取材上失去了不少的阵地。所以，如经、史一类的书，特别是如《春秋》、《左传》、《国语》、《国策》以及其他史籍著作，都应当好好作一个大检查。

汪奠基先生对于中国逻辑史的研究，他有一个观点，即不要把范围压缩得过小了，不要只在中国哲学史的圈子里讨生活，而要扩展开来，要把我国古籍全部翻检一过。固然，这样做的工程太大，困难不小，但却非这样做不可。

(三)对历史上的多次论辩，应在逻辑方面作出总结

在我国历史上，在我国文化思想发展的进程中，曾有过多少次的论辩，尽管这些论辩不一定是有关逻辑理论方面的论辩，可能很多是关于政治、伦理等方面的争论，但他们为了难倒对方，必然向逻辑去讨取制胜论敌的方法。这一部分制胜论敌的方法一类的东西，我觉得应当是属于逻辑的内容，应当是逻辑史对象的一部分。这一部分内容，当然不是中国逻辑史的全部，但作为研究对象的一个不可缺少的组成部分是不容置疑的。

固然，这些问题在一些逻辑史的论著中可能都接触到过，但从逻辑的具体规律和形式方面注意得较少，往往多从它为什么理论服务去分析，或从它立足于什么理论基础之上去分析，而在逻辑的具体内容等方面，谈得太少，把它们放在了可谈可不谈，或是简单地一谈了事的位置，我认为这样做是摆错了位置。逻辑史的对象，首先应是逻辑的具体规律和形式。

例如关于"逻辑矛盾"的问题。在中国逻辑史上是有过讨论的。邓析操"两可"之说，设无穷之辩，他不避"自相矛盾"的嫌疑，不顾"诡辩"的非议，大胆地站在了矛盾之上。他这种矛盾两可之说当然受到了反对矛盾者们的责难，在历史上这两边一直在争执之中。

惠施之"去尊"与"王齐王"，就受到了匡章"何其到也"的质问(见《吕氏春秋》"爱类")。公孙龙也以"两可"之说解答秦王以空雄之约的相"让"(见《吕氏春秋》"淫辞")。惠施、公孙龙都作了"两可"的解答，排除了"自相矛盾"的责难。

韩非在《难一》篇中，在《难势》篇中，都明确地提出了"不可两得"的反对"矛盾"的逻辑理论。显然与邓析之流的"两可"形成了一个尖锐的争论。而且这种争论，特别在百家争鸣的战国时代，是屡见不鲜的。

《百子全书》本《邓析子》弇州山人的序中说，邓析是战国策士之"倪"，诚非虚语。我们打开《战国策》一看，信手拈来，俯仰皆是：

《周策》中，策士颜率与齐王献九鼎之辩，《韩策》中，策士张翠解楚围求救于秦之辩；策士田苓为解赵、魏之攻求救于秦之辩等等，都如邓析之“两可”学说的解除矛盾之辩。

讲究不能“出乎尔，反乎尔”的孟子，他也不止一次地、不得已地站在矛盾之上而来应辩。《公孙丑》章中，一连就有这样两段记载。孟子答公孙丑“昔者辞以病，今日吊”的责难，孟子答陈臻不受齐馈而受于薛的责难，都是承认“两可”的。

可见，“不两可”是公认的逻辑要求，“两可”也并不一定就违反了公认的逻辑。尽管他们都没有明确地提出“两可”“不两可”的逻辑界限，但在运用中，是能够折服对方的，能够使自己立得住脚的，可见其中一定有个不言而喻，不证自明的逻辑道理在内。

关于“两可”“不两可”的问题，直到魏晋时代，仍然在纠缠着。嵇康在《难自然好学论》、《难宅无吉凶摄生论》、《答释难宅无吉凶摄生论》、《答难养生论》中，都曾谈到“两许”之言无法“两济”，必然陷于“矛盾”之中。可见他着意于以矛盾而斥两许。虽然与先秦邓析等人的着意点有所不同，但仍在以此为论题在进行着应用、探讨。

所以，我觉得关于矛盾两可的问题，有争论，有传统，各有所持。把它们理料清楚，总结出各自的要点，给予适当的评价，应当是逻辑史工作的一个重要部分。

再如，“正名实”的问题是贯穿中国逻辑史始终的一个逻辑课题。先秦名辩学派、墨辩、孔丘、孟轲、荀卿、老、庄、管、商、韩，秦汉之际的《吕览》、《淮南》，两汉的董、扬，魏晋的名理，以及唐宋明清各家，直至“五四”之前的章炳麟、刘光汉，都把名实问题作为自己的一个论题，都要求“正名实”。然而他们的不同点到底是什么呢？好像都在于它们的后台之不同，有以唯心论作后台的，有以唯物论作后台的，至于"正名实"的本身却好像没有什么可商量的一样。

宋王安石在《答司马谏议书》中，驳斥论敌司马光时，论前，先树立了一个原则："盖儒者所争，尤在于名实，名实已明，而天下之理得矣"，我想，对于这个原则，司马光也不会反对的，那么，他们之间的分歧就只能在具体的内容上，或在名实的后台哲学观点上了。那么，正名实本身的逻辑内容又是什么呢？在这漫长的历史年代里，它有了什么发展变化呢？

这些问题似乎作为逻辑史论更为合适，都是一些专题论文的题目；但它们的结论则一定要纳在逻辑史的必然范围之中，是逻辑思想史中重要的一部分对象。

邓析“两可”之说试探*

邓析，约与孔子、老子同时，时代较早，而别立一家之言，《汉书·艺文志》“诸子略”把他放在了“名家”的首位，所以，邓析应是我国古代重要学者之一，尤其在我国古代逻辑史上更应占一席重要的地位。

《列子》“力命”篇载：

> 邓析操“两可”之说，设无穷之辞。

《荀子》“不苟”篇，杨倞注引刘向的话：

> 邓析好刑名，操“两可”之说，设无穷之辞。

由此，我们可以知道“两可”之说是邓析一个有名的辩学学说。但先秦遗籍及今本《邓析子》，都没有直接说明的材料，整治起来比较困难，所以只好根据一些间接材料作

* 本文原载《北京财贸学院学报》1980年第2期。

一个试探。私意臆度之处难免，诚望大家给予教正。

“两可”之说的基本内容

晋鲁胜在《墨辩注序》中，对“两可”的意思曾进行过解释。他说：

> 是有不是，可有不可，是名“两可”。

根据这个解释，引申体会，如果以“不是”为“是”，以“不可”为“可”，便会引申出如下两句话：不是有是，不可有可。那么，概括起来说，即：一件事情总有“是”的一方面，也有“不是”的一方面；有“可”的一方面，也有“不可”的一方面。

在人们今天的语言中也常有“事在两可”的话。所谓“事在两可”，就是说：事情有可能“可”，也有可能“不可”。也可以说：相矛盾的两种“可能”，同时并存。这一点倒是古今相通。鲁胜的解释说着了“两可”之说的要义所在。

《吕氏春秋》“离谓”篇载：

> 郑国多相县以书者，子产令无县书，邓析致之；子产令无致书，邓析倚之。令无穷，则邓析应之亦无穷矣。是可、不可无辩也。
>
> 子产治郑，邓析务难之。与民之有狱者约：大狱一衣，小狱襦裤。民之献衣襦裤而学讼者，不可胜数。以非为是，以是为非，是非无度，而可与不可日变，所欲胜因胜，所欲罪因罪。郑国大乱，民口谨哗，子产患之。

前一段说邓析的“辩”给子产树立了一个对立面，使得子产的政治主张在人们心中已不能分辨到底是“可”，还是“不可”。后一段说邓析作讼师，经常把“非”说成“是”，把“是”说成“非”，今天说“可”，明天就说“不可”。从鲁胜对“两可”的解释去理解，《吕氏春秋》所说情况确实不难想知。既然“可”中本来就包含着“不可”，“不可”中本来就包含着“可”，那么，对“可”提出“不可”，对“不可”提出“可”，今天“可”，明天“不可”，当然是完全可以的。

《吕氏春秋》“离谓”篇中还记载了邓析包揽词讼的一段故事：

> 洧水甚大，郑之富人有溺者，人得其死者，富人请赎之，其人求金甚多，以告邓析。邓析曰：“安之，人必莫之卖矣。”得死者患之，以告邓析。邓析曰：“安之，此必无所更买矣。”

仔细寻味这段故事，这是我们要探讨的“两可”之说的一个重要资料，应好好地进行发掘与分析。

就这一案子来看：得死者与富者，一个要发财，一个要省钱。这一方面“可”，那一方面便必“不可”；那一方面“可”，这一方面便必“不可”。利、害矛盾，针锋相对。得死者是无本生意，借尸诈财，自然是胜券在握，占绝对优势。富者天灾人祸，无故丢尸，把柄操在人家之手，当然处于被要挟的劣势。

但当富者去找邓析时，邓析却告诉他：不必着急。你不买，别人谁也不会去买。在这里，邓析从得死者的“奇货可居”中分析出来了“别无买主”的“不可”；而且使富者在严重的要挟下取得了“只我一家买”的具有同样要挟力量的优势条件，由“不可”转成了“可”。

但当得死者也去找邓析时，邓析却又告诉他：你也不必着急。他不买你的，别处没卖的。在这里，邓析又从富者的“唯我是买”中分析出来了“别无卖主”的“不可”；而且使得死者在严重的要挟下又夺回了“只我一家卖”的主动操纵权，由“不可”又转成了“可”。

在这段故事里，我们看到邓析的确能“以非为是，以是为非……可与不可日变，所欲胜因胜，所欲罪因罪”，有让矛盾的双方都获得自己所要求的“可”的能力，的确有很高的辩才。

在这段故事里，我们还看到了邓析使双方都获得“可”的方法。“人必莫之卖矣”与“此必无所更买矣”两句话有一个共同点，即都是从对方着手去做分析。前一句是为富者而分析得死者，后一句是为得死者而分析富者。那么，分析对方的“不可”，从而使自己这一方取得“可”，这就是邓析“两可”之说的分析方法。

我们知道，方法必然有它的理论基础。那么，透过这一分析方法就可以进一步探索到他的理论基础。

既然能从相矛盾的对方的“不可”而取得自己的“可”，当然是以相矛盾的双方的“可”与“不可”存在着必然对应、制约的关系为基础。在这段故事里，我们看到了相矛盾的双方对应关系如下：

此“可”，则彼“不可”；彼“可”，则此“不可”。

此“不可”，则彼“可”；彼“不可”，则此“可”。

在这段故事里，邓析巧妙地使双方都从对方的“不可”中取得了自己的“可”，形成了矛盾双方的“两可”。反过来看，也可以说是双方都“可”的背面都有对方的“不可”。所以，既可以说“两可”，也可以说“两不可”。如此看来，“两可”与“两不可”是紧密联系在一起的。

至此，对邓析的“两可”之说可作一个简单的小结：

> “可”中包含着“不可”，“不可”中包含着“可”，一件事情总有“可”与“不可”两个方面；矛盾双方的“可”与“不可”存在着相对应制约的关系，可以从对方的“不可”而取得自己的“可”；矛盾双方如果都以对方的“不可”来导引自己的“可”，矛盾双方就可以都加肯定，形成“两可”；而“两可”既都来自对方的“不可”，当然“两可”也就意味着“两不可”。

今本《邓析子》“转辞”篇中有“言之术”一段：

> 夫言之术：与智者言，依于情；与情者言，依于辩；与辩者言，依于安；与贵者言，依于势；与富者言，依于豪；与贫者言，依于利；与勇者言，依于敢；与愚者言，依于说，此言之术也。

有人疑惑这段话是拾掇于他书(《鬼谷子》)的，然而它与邓析的“两可”之说很相符合，因而我觉得这很像根据“两可”之说，结合实际，加以具体化了的一些“辩”的法则。即使有论证不是妄自臆断的嫌疑，不能确证就是邓析的原话；但也绝不能说与邓析毫无任何关系，毫不相干。说是他继承人根据他的“两可”之说而作的一些附会，总还是可以的吧。那么，从渊源上来说，还应当归之于邓析。

从“与……者言，依于……”句子形式上看，这是说的智、情、辩、贵、富、贫、勇、愚的对应者，和他们言辩的“术”。我们知道，智、情、辩、贵、富、贫、勇、愚，都是一些相对概念，必然有些非智、非情、非……之类的概念和他们相对应。“与……者言”，既以智者、情者……来称谓，想必“与……者言”者，就是那些非智、非情之者。

非智者与智者相辩，“智”当然是智者的“可”；但“智”却不等于“情”，“智”而非“情”，便是智者的“不可”；那么，非智者如果抓住智者的这一弱点，而以“情”便可以制胜。非情者与情者相辩，“情”当然是情者的“可”；但“情”却不等于“辩”，“情”而非“辩”，便是情者的“不可”；那么，非情者如果抓住情者的这一弱点，而以“辩”便可以制胜。其余可以类推。

再就“洧水甚大”故事来看：邓析为富者出主意对付死者时，说“……人必莫之卖矣”，意思就是，你不买，他就别无卖处，将一无所得。这正是“与贫者言，依于利”。又为得死者想办法对付富者时，说“……此必无所更买矣”，意思就是：除你之外，再没卖的，爱买不买，敬随尊便。这正是“与富者言，依于豪”的制胜之术。

把“言之术”总起来看，它立足的依据，没疑问，就是邓析的“两可”之说。所谓“术”，则正是“两可”之说的分析方法。

我们再翻检一下有关邓析的事迹，他运用这种“两可”之术的情况，是不乏其例的。

“两可”之说的逻辑贡献与主观唯心论的限制

“两可”之说的基本内容既已大致清楚，我们便可发现，其中确实有值得肯定的精华，也有必须严加批判的糟粕。

邓析的“两可”之说，首先它承认矛盾的存在，而且承认矛盾的两个方面是相互对应相互制约的。我们知道，矛盾法则是辩证法规律中一条具有核心意义的法则。而早在公元前6世纪的邓析，就在这一点上有了一定的看法，尽管还是十分简单，但也很足以表明他的思想发展所达到的高度。

邓析不避“自相矛盾”的嫌疑，不顾诡辩的非议，而大胆地承认矛盾，尽管他有着不可克服的缺点，但他承认矛盾，强调对立，无论如何，这一点是应当肯定的。

很明显，这与约当同时的老聃“五千言”中的“祸兮福之所倚，福兮祸之所伏”的辩证思想正遥遥相应。

历来都以邓析包揽的“洧水甚大”的案子是典型的诡辩，其实应当重新考虑。邓析在这个问题上受到“诡辩”责难的主要原因是自相矛盾。但我们仔细分析，这与《韩非子》，“难一”所载“楚人有鬻盾与矛者”的寓言并不一样。楚人的矛与盾的确不能“两可”，如果楚人的矛、盾自相攻，不只不能“两可”，“两不可”也不可能。不是攻得破，便是攻不破，二者之间只能居其一，绝对不能既攻得破又攻不破。关键即在于“自相攻”；如果不是“自相攻”，就不至于陷在了逻辑矛盾的困境之中。而邓析的“两可”之说，则与此根本不同。就这个案子的双方来说，的确都有要挟住对方的有利条件，而且也都有被对方要挟住的不利条件。再从结局上看，固然文献中没有说下去，但我们可以设想，一定是：富者不能不再多出一点钱，得死者也不能不再少要点钱。恐怕这就是这个案子最公平的了断了。那么，以双方原来的如意算盘来说，就是“两不可”，但以双方都以对方的如意算盘不能如愿来说，自己又多少都得到了一定的好处，富者是少出了点钱，得死者是白得了一点钱，这又是“两可”。显然，这与韩非所说的楚人的矛盾性质不同。邓析在这里已走出了逻辑矛盾的范围，当然不会接受逻辑矛盾所提出的责难。

其实，韩非所提出的“矛盾”之说，在逻辑上固然很有意义，但在实际运用中却露出了韩非对逻辑矛盾的意义并没有很好地掌握。韩非以“楚人鬻矛盾”的寓言来攻击儒家的尊尧与崇舜，实际是对逻辑矛盾与客观事物矛盾的性质的一个误解。依韩非的意思：尧既为天子，就应该“使天下无奸”。而舜又亲自去耕地，救正农人的“侵畔”；去捕鱼，救正渔民的“争坻”；去烧陶，救正烧窑的“器苦窳”。那么，舜之“救败”就说明了“尧有失”。那么，“贤舜则去尧之明察，圣尧则去舜之德化，不可两得也。”其实，圣尧贤舜并不矛盾，不必详论，尽管尧为天子，舜去救败，尧仍可以为圣，舜仍可以为贤。这与楚人之鬻矛盾，有着本质的差别。

邓析后二百多年，在逻辑上有一定成就的韩非，尚不能精确析辨逻辑矛盾的意义，而邓析却不顾逻辑矛盾的责难，而提出了“两可”之说，突破了形式逻辑的局限。形而上学反对辩证法，形式逻辑的矛盾律是他们常用的一个法宝。而邓析却正从这一点提出了自己的辩学学说。应当承认，他的确摸索到了一点辩证逻辑的门经，窥测到了一些辩证法的因素，尽管是那么简单，那么朴素，但对逻辑来说，却是很有意义的一点贡献。

然而，邓析这种“两可”之说，还包含着一些甚至使它所包含的辩证因素受到严重损害的一个方面。

不错，邓析认识到了一个事物总包含着“可”与“不可”两个矛盾的方面；然而“可”与“不可”哪一方面是主要的，哪一方面是次要的，这一矛盾依据什么标准来解决呢？在这些问题上，邓析就暴露出来了不可克服的严重缺点。

从各家对他的评论来看：

《吕氏春秋》“离谓”篇说他“……以非为是，以是为非，是非无度，而可与不可曰变，所欲胜因胜，所欲罪因罪……”。“是非无度”就是说他对是非的衡量没有什么一定的标准。“所欲胜因胜，所欲罪因罪”

就是说他是、非，胜、罪的原则只在一个“欲”字。——这就是邓析解决矛盾的标准。

庄子在《齐物论》里也曾经谈到过关于“可”的问题。庄子说“物固有所然，物固有所可”，很明确，庄子以为“可”为“物”所固有，为“物”自身本来所有，而邓析之说与庄子之说就大不相同，邓析以“物”的“可”与“不可”是在一个“欲”字上。一个标准是“物”，一个标准是“欲”。显然，邓析这种凭“心之所欲”决定“可”与“不可”的说法是一种主观的，唯心主义的。因此，我们说邓析的“两可”之说陷在了主观唯心论的泥潭之中。

本来站在矛盾之上，已够使一般人为之惊讶了，再加上这主观唯心论的基础，他那有辩证法因素的“两可”之说，当然就难免“诡辩”的嫌疑了。

“可”与“不可”的标准既然凭心之所“欲”，那不就是愿意“可”就“可”，高兴“不可”就“不可”吗？反正他总会有说辞，总是言之成理、持之有故。这样的辩才固然可以称道；但是非既然无度，以非为是，以是为非，也的确足以“混淆黑白、模糊是非”。《荀子》“非十二子”篇说他好治怪说，玩琦辞，辩而无用，欺惑群众；“儒效”篇说他不恤是非，然不然之情；《吕氏春秋》“离谓”篇把他认为是惑乱是非的典型；《淮南子》“诠言训”篇说他巧辩而乱法：大家这样把他评为“诡辩”的辩者，诚然不是毫无缘由的呀！

但是，我们必须分别清楚，在“两可”之说上所笼罩的“诡辩”色彩，并不是在于它的肯定矛盾；而是由于主观唯心论的作祟。邓析如果和庄子的意思一样，以“物”所固有的“可”为“可”，以“物”所固有的“不可”为“不可”，以唯物观点作为理论基础，对于“诡辩”的物议，便可以完全不予接受。

邓析的"两可"之说，立说既早，从"教民学讼"上看，又曾公开向人传授，在当时一定泛起了相当的影响。

著名的辩者惠施，应是邓析的嫡系传人。在《中国思想通史》中侯、赵、杜三先生已有论证。据《吕氏春秋》"爱类"篇载：

> 匡章谓惠子曰："公之学去尊，今又王齐王，何其到也?"惠子曰："今有人于此，欲击其爱子之头，石可以代之……施取代之。子头所重也，石所轻也。击其所轻，以免其所重，岂不可哉？……今可以王齐王，而寿黔首之命，免民之死，是以石代爱子头也，何为不为?"

惠施这种以"不可""王齐王"中作出"可"的分析，从而肯定了与"去尊"两者都"可"，而破斥了被人视为"何其到也"的逻辑的自相矛盾，就很像邓析"两可"之说的运用。

惠施的好朋友庄子，虽然他曾用"物固有所然，物固有所可"来批评过邓析，但他也谈"可""不可"，也仍然承认"方可方不可，方不可方可"。最少，他们在讨论着同一的论题。

与惠施齐名的辩者公孙龙，也与邓析有承袭关系，谭戒甫先生在《公孙龙子形名发微》"派别"篇中已作了详细论证。《庄子》"秋水"篇载：

> 龙少学先王之道，……合同异，离坚白，然不然，可不可，困百家之知，穷众口之辩，……

可见公孙龙对"两可"之说也是有研究的。

《吕氏春秋》“淫辞”篇载：

> 空雄之遇，秦、赵相与约，约曰：“自今以来，秦之所欲为，赵助之；赵之所欲为，秦助之。”居无几何，秦兴兵攻魏，赵欲救之，秦王不说，使人让赵王曰：“约曰，秦之所欲为，赵助之，赵之所欲为，秦助之。今秦欲攻魏，而赵因欲救之，此非约也。”赵王以告平原君，平原君以告公孙龙。公孙龙曰：“亦可以发使而让秦王，曰，赵欲救之，今秦王独不助赵，此非约也。”

公孙龙这个进策，与“洧水甚大”一狱中邓析为得死者的设谋，多么相像啊！

这种在矛盾着的两方都取其“可”的例子，在诸子中屡见不鲜，如《孟子》“公孙丑”章中的“孟子将朝王”、“陈臻问曰”都与邓析的“两可”之说相类似。特别在战国策士们的策对说辩中，类如邓析“两可”之说的事例更是不胜列举。

《百子全书》本《邓析子》，弇州山人序中说，邓析是战国策士之“倪”，诚然不错。战国策士们负笈远行，到处游说，其目的都是在要求荐身卿相。那么，因事附时，随机应变的论辩本领是不可缺的条件。而邓析的“两可”之说，确有以非为是、以是为非之能，当然会引起他们的兴趣，从而泛起了较大的影响。

当然，以“两可”作为一个论题来看，全面而科学的应答者是墨子。

《墨子》“经上”篇说：“彼，不可。不两可也。”“经说”又跟着说：“彼，凡牛枢非牛。两也无以，非也。”这既说明了正常情况下的普遍规律，不“两可”；又说明了不是同一问题而谈可否，是争辩不起来的，是争不出谁“可”谁“不可”来的，也可能“两可”，也可能“两不可”。这就把逻辑矛盾与辩证的因素作了清楚的析辨。这才是比较科学的、公允的提法。

然而，被置身于“名家”首位的邓析，他那“两可”之说的影响，是不容忽视的；作为较早的思想前导，其历史贡献是应当给予肯定的。

试析孔子"叩两端"的逻辑方法*

《论语·子罕》篇里有这样一段话：

> 子曰：吾有知乎哉？无知也。有鄙夫问于我，空空如也；我叩其两端而竭焉。

对于这段话，旧注只是说到孔子的如何谦逊，对于鄙夫如何的穷尽心力；而至于如何解决鄙夫的问题，则涉及甚少，只是说"终盟本末，上下精粗，无所不尽"而已。

至清焦循，对于这段话作了一番疏证。他在《论语补疏》中说：

> 此两端，即《中庸》舜执其两端，用其中于民之两端也。鄙夫来问，必有所疑。唯有两端，斯有疑也。故先叩发其两端，谓先还问其所疑，而后叩其所疑之两端而穷尽其意，使知所向焉。盖凡事皆有两端，如

* 本文原载《北京师院学报》1986 年第 3 期。

杨朱为我，无君也；乃曾子居武城，寇至则去。墨子兼爱，无父也；乃禹手足胼胝，至于偏枯。一旌善也，行之，则诈伪之风起；不行，又无以使民知劝。一伸枉也，行之，则刁诉之俗甚；不行，又无以使民知惩。一理财也，行之，则头会箕敛之流出；不行，则度支或不足。一议兵也，行之，则生事无功之说进、不行则国威将不振。凡若是，皆两端也。而皆有所宜。得其宜则为中。孔子叩之，叩此也，竭之，竭此也。舜执之，执此也。用之，用此也。处则以此为学。用则以此为治。通变神化之妙，皆自此两端而宜之也。

侯外庐、赵纪彬、杜国庠三位先生在合著的《中国思想通史》中，对于这一问题也作了详尽的训诂、分析和生动形象的今译：

"孔子说：我有知识吗？并没有什么知识。不过，遇见那些不明中庸道理的粗陋人，像煞有介事地来向我问难，我只要用诘问法使他们发见了自己概念的自相矛盾，他们便张口结舌。爽然自失。恍然悟出了中庸道理的不可动摇。"最后，三位先生作了结论说：所谓叩其两端，本质上是一种折衷调和精神中的矛盾解消主义。

此后也有人作了另外一种分析。他们的今译：

"……有鄙夫问我问题，我本来是一点不知道；但是我从他那问题的正反两面去盘问之后，[才能弄明白]然后把问题对他说清楚。"而结论却与侯、赵、杜三位先生所说相反：

"'叩其两端'，听正反两方面的意见。从正反两方面来研究，这是合乎辩证法的。"

对于以上几种疏解，我觉得都是曲解。旧注虽然举了“终始”“本末”“上下”“精粗”几个相对的概念，然后就转眼到了“竭”字的“无所不尽”。并未道出其“所以然”之故。焦循之说则把“两端”硬和《中庸》的舜之所执拉在一起，前边凡事皆有“两端”，以及举出例子。都无大过，但一定要求其“宜”，而“宜”又一定是“中庸”，则勉强它成为了伦理中庸之道的工具。侯、赵、杜三老除了因循中庸之外，把“两端”和“竭”连在一起，解作了“自相矛盾”，于是上升到了哲学上折衷调和的矛盾解消主义。“自相矛盾”能是“辩证法”所讲的“矛盾”吗？难道“自相矛盾”是允许的吗？这是把辩证法和形式逻辑混淆在一起的结果。与此对立的则是扬之弥高。说它是“合乎辩证法的”。难道一提到正反两个方面就必然是辩证法吗？我认为这都是不管人家自己本意强来就我之“范”的做法。

细读这一段文字，就文论文，意思是很清楚的。

首先，孔子自问自答：“吾有知乎哉？无知也。”这已经限定了这里要讨论的内容范围，是“知”的问题。他很客气，说自己又是无知的。后边说到“有鄙夫来问于我”，“我”怎么样呢？“空空如也”。这与上边的意思前后相承，的确是无知的。而且从“空空如也”的结语看，“问”字无论如何不合解作“问难”，否则，既是问难，怎能以“空空”作结？如果是来问难，只用“空空”作结，实际上自己已经彻底败论了，还怎么能“叩其两端而竭焉”？所以，只能把“问于我”理解为“请教”比较妥当。

那么，“叩其两端而竭焉”的意思应怎样理解呢？“叩”可以是“问”，也可以是“敲打”，也可以是“发动”之意，也可以是“郑重恳切”的意思。如朱熹有诗云“别袖不忍分，叩叩陈苦词”，结合起来看，可以理解为恳切地发动认真分析。“其”字有人理解为他，即指来问之人。我觉得应当理解为“它”，即要“叩”的那问题。“两端”即问题的正反两方面，就是很好地认真分析那个问题的两个方面。“竭”字基本上是穷尽的意思。这个“竭”可以指对问题分析的穷尽，也可以指那个“鄙夫”。既然前边是来请教，当然没有必要让人家张口结舌。从正反两方面进行分析，务求这个分析没有什么遗漏，穷尽这问题的各种可能，这才是在回答问题。

这样看来，很明显，“叩其两端而竭”这是一种分析推衍的方法，根本不是什么世界观，谈不到什么折中调和或是辩证法。

我们必须清楚，绝不能一看到正反两方面便认为是辩证法思想。客观事物本来是有正有反的，人们早就认识到了这一点。对正的负的合在一起进行讨论，一点也没有超出形式逻辑的范畴。

在形式逻辑关于“概念”的研究中，我们看到按是否具有某性质来划分，可分为“正”概念和“负”概念。例如：“学生”是正概念，“非学生”是负概念；“正义”是正概念，“非正义”是负概念。如果按概念能否独立存在来划分，可分为绝对概念和相对概念。绝对概念如“桌子”，“国家”。相对概念如“大”“小”，“前”“后”。在形式逻辑上正概念与负概念构成一个论域。相对概念也必然形成一个论域。它们都可以理解为正、反两个方面。这是客观事物的必然，形式逻辑正确地反映了这个事实，进行了科学的总结，提出了这样两组概念，我们说形式逻辑包含着辩证法吗？当然不能。因为这是两回事情，是两个范畴、两个体系的事，不能混为一谈。

其实，在形式逻辑中，从正反两个方面来进行研究的地方还有很多，如对判断的研究，有各种正判断。而各种正判断又都有它的负判断。各种负判断与其正判断又各有其相应的真价值。这种研究能说是辩证思想的体系吗？当然不能。绝不是形而上学在研究问题时总有正的，没有负的。

辩证法是世界观，承认正与反并不见得就是辩证思想。孔子提出了“叩其两端而竭焉”的说法。我觉得从方法上来进行分析，应该承认这种方法是很有逻辑价值的。

孔子到底是怎样“叩两端”而“竭”的来回答别人的问题呢？我们就从《论语》中去找一下例证，可能对他的这一方法会能得到一个比较清楚的轮廓。

在《论语》中记载下来的孔子设教的问题来看，使人自知矛盾而“竭”的，的确不多，而从正、反两方面来进行分析推衍的，却大量存在。《论语》共二十篇，凡四百九十八章。其中明确记载不是孔子所说原话的，置之一旁；只就孔子所说原话者，只需约略一翻，其中明显地从正反两方面进行分析问题的，就有八十多章。现在只举出孔子在回答别人请教问题时的事例来分析一下他“叩两端”的逻辑方法：《论语·为政》记载了孔子关于孝的一段话：

> 孟懿子问孝。子曰：“无违”。樊迟御，子告之曰：“孟孙问孝于我。我对曰无违。”樊迟曰“何谓也？”子曰：“生，事之以礼；死，葬之以礼，祭之以礼。”

孔子对孟懿子关于孝的问题的回答是“无违”。在与樊迟一同坐车出门时又对樊迟作了详尽的解释，他说：父母活着的时候，要依据着“礼”的要求来侍奉他们；父母死了以后，则要依据着“礼”的规定进行安葬，要依据着“礼”的要求来祭祀。在这里他从父母的生与死两种情况作了分析，此外没有什么不妥了，可以说是叩两端而竭了。

同一篇里，还记载了一章“子张学干禄”的情节，孔子在回答如何干禄时也用了从正反两方面分析问题的方法。“子张学干禄。子曰：‘多闻阙疑，慎言其余，则寡尤；多见阙殆，慎行其余，则寡悔。言寡尤，行寡悔，禄在其中矣。’”

在这里孔子把“言”“行”当作了相对应的两个概念，构成了正与反两个方面。两方面都做到了，“言寡尤，行寡悔”了，自然就得到了“禄”。

下一章是哀公问“何为则民服”，孔子也是用了从正反两方面进行分析问题的方法。

> 哀公问曰：“何为则民服?”孔子对曰：“举直错诸枉，则民服；举枉错诸直，则民不服。”

在这里孔子举出了“举直错诸枉”和“举枉错诸直”两种一正一反的办法；下边又指出了两种结果。二者必居其一，可见“叩两端而竭焉”。

《论语·八佾》一篇中，林放问礼一章里有这样一段记载：“林放问礼之本。子曰：‘大哉问！礼，与其奢也，宁俭；丧，与其易也，宁戚。’”在这里孔子举出了在礼仪的问题上，有“奢”与“俭”两个相对应的概念，而且明确表示了他的态度“宁俭”。在丧礼的问题上，孔子举出了“易”和“戚”两个相对应的概念，而且明确地表示了他的态度“宁戚”。其实，所举出的“礼”与“丧”，他也是作为正与反两个方面来举出的。

《论语·先进》篇中有一章季路问事鬼神的事：“季路问事鬼神。子曰：‘未能事人，焉能事鬼?’曰：‘敢问死。’曰：‘未知生，焉知死。’”在这里孔子针对着“鬼”而提出了“人”、针对着“死”而提出了

“生”。两下一加对应，结论自然便在其中了。

同一篇中还有“子贡问”一章：“子贡问：‘师与商也孰贤?’子曰：‘师也过，商也不及。’曰：‘然则师愈与?’曰：‘过犹不及。’”

在这里，子贡提出了师与商两人谁贤的问题，孔子对每人都给了一个评价，一个是“过”，一个是“不及”。这两个评价恰好构成了一正一反的两个方面。而且这里面并不存在着哪个稍好哪个稍次的问题，孔子认为：“过”和“不及”是一样的。

同一篇中还有“子路问”的一章，更为典型：

> 子路问：“闻斯行诸?”子曰：“有父兄在，如之何其闻斯行之?”冉有问：“闻斯行诸?”子曰：“闻斯行之。”公西华曰：“由也问闻斯行诸，子曰有父兄在；求也问闻斯行诸，子曰闻斯行之。赤也惑，敢问。”子曰：“求也退，故进之；由也兼人，故退之。”

孔子在这里对不同的两人，作了不同的分析，他认为冉有平常做事“退”缩，故“进”之。他认为子路平常做事果敢倍人，一鼓即“进”，故“退”之。这正是不同的人不同的特点，采取了不同的分析方法。真是“叩其两端而竭焉”的逻辑方法的具体运用。

《论语·颜渊》中有“颜渊问仁”一章：“颜渊问仁。子曰：‘克己复礼为仁。一日克己复礼，天下归仁焉，为仁由己，而由人乎哉?’颜渊曰：‘请问其目。’子曰：‘非礼勿视，非礼勿听，非礼勿言，非礼勿动。’颜渊曰：‘回虽不敏，请事斯语矣。”孔子对“仁”的回答是“克己复礼”，这里面一是“克己”，一是“复礼”。而且还提出了“为仁由己”，根本不能凭“人”。“己”与“人”又是一对相对应的概念。最后更明确地从反方面对仁做了说明：非礼勿视，非礼勿听，非礼勿言，非礼勿动。这就从正反两方面对礼字作了可以“竭”的分析。

同篇中还有一章“季康子患盗”的记载：“季康子患盗，问于孔子。孔子对曰：‘苟子之不欲，虽赏之不窃。’”“盗”与“不窃”是完全相反的概念，而“不欲”与“欲”自然也是相反的概念。子之“不欲”招至赏之“不窃”，而子之“欲”必然招至“盗”。两两相对，可谓两端俱应，分析的确够详尽的了。

《论语·卫灵公》载在陈绝粮事：“在陈绝粮，从者病，莫能兴。子路愠见曰：‘君子亦有穷乎？’子曰：‘君子固穷，小人穷斯滥矣。’”

孔子在回答问题时，先就“穷”作了正反两方面的分析，一是君子之穷，一是小人之穷，同时指出了两种“穷”的不同。君子对于“穷”是安然处之的，而小人对于“穷”，则是无所不为了。这样一加分析，对比鲜明，从者及子路的一腔怨气便都自然消弭了。

从以上所举有人来请教而从正反两面分析作答的例子上看，孔子的确是常常用这种方法来解答对方所提出的问题。我们给他归纳一下看：

一类是就所问对具体形式作出正反两端的区分，如孟懿子问孝、子张学干禄、颜渊问仁等，这是“两端同立”；

一类是就所问作出了正反两种分析，而在这两端之中有对的也有错的。如哀公问何为则民服、林放问礼之本、季路问事鬼神、季康子患盗等。这是“两端否一”；

一类是就所问作出了正反两种分析，而在这两端之中，须依据具体情况作不同处理。如子路问闻斯行诸。这是“两端各别”；

一类是就所问的两端都不能承认的，如师商孰贤。这是“两端皆否”。

就以上归类看，两端情况不同。细细叩之，不外四类，而这四类已经穷尽了所有的可能。孔子虽然没有作出这样的区分，但从他的言行录所载资料看，他的思想相当缜密。在逻辑上说是可以排列成结构体系的。

更可贵的是他的两端论不是来自他的主观之中。他本来是“空空如也”的，而是就来问的两端而作分析的。这种问题来自对方，就对方所问而作两端分析的逻辑方法，应该承认它给人以聪明，开拓人们的认识，所分析出来的各端会给人以考虑的参考，会为人们的抉择提供依据。

如果把孔子叩两端的方法和现在形式逻辑上所提供的负概念、相对概念等的理论结合起来运用，一定会使我们的思维更加活跃起来，会在初一接触的情况下并不陌生而一若宿能；会在一层一层的分析中做到缜密穷尽，而不致有所遗漏。例如我们去阅读文章，报刊上文章不止一篇，读哪一篇呢？当然要看哪一篇和我们关系较近，远的就搁一搁再说，近的立刻就看。但在未读之前怎样确定哪一篇关系近呢？当然只能凭文题去确定。好的文章一定把文章要义都由文题集中表现出来，在决定读哪一篇文章时，往往我们就要运用文章题目的启示来进行选择。这时如果运用一下叩两端的逻辑方法是会很方便的。

譬如我们看到的题目是《纪念刘和珍君》，运用叩两端的逻辑方法，就要先就文题所示来分析：是应该纪念她呢？还是不应该纪念她呢？既然已经写出来了，那就要看纪念得对不对了，按常理推衍，作者当然认为是对的。对的，就是不应该死而死了。这样文章的展开便必然应该是沿着这个思路写下去的。我们的注意力就必然落到刘和珍君如何的不该死而死了。罪责在哪里呢？这当是文章主题之所在。读过这篇文章的，都知道文章就是这样写的。

再如我们看到了《友邦惊诧论》这个文题。我们从文题上可以知道文章中论的是友邦惊诧。友邦惊诧什么？用叩两端的方法分析，他们惊诧得对不对呀？如果对，还有什么可论的！当然是不应该惊诧，而友帮却惊诧了。那么，友邦的惊诧便是文章中心所要叩住的问题。读过这篇文章的，都知道文章的确是这样写的。

再如我们看到了《荷塘月色》一个文题。我们从文题上可以知道作者写的是荷塘在月色笼罩下的一番情景。用“叩两端”的方法分析，这番情景给人的感受是好的呢？还是不好的？据常理推想应该是好的，否则，作者写的是一片肃杀之气，怎么还会那么惬意？“月色”一词是多么恬静！怎么能形成那令人可怕的情景？读过这篇文章的，都知道文章的确是以恬然抒情为主题的。

从以上对文题的分析，可以看出孔子“叩两端”的逻辑方法是可以在接触具体问题之前便可使我们在事先作出分析来的。这种事先作出可信的逻辑分析的方法，无疑对人们的认识是大有意义的。另外，我们如果随时对一些相对概念从论域入手，我们运用“叩两端”的逻辑方法去开拓知识的领域，会比死记硬背强得多。例如我们要会听老师讲课，譬如老师讲到写在一本书前边的叫“序”。会听课的人便会注意到写在书后边的叫什么呢？譬如老师讲到“实词”时，会听课的人就应当想到必有和实词对应的“虚词”存在。

能够进行思维，当然是人的特点之一。谁的思维能力强，谁就是强者。所以现在大家在研究人们的进步时都注意到了思维能力的提高。根据一定的依据，导出新的结论来，当然是可贵的。而只靠方法便可摸到了问题的趋向，这当然就更为可贵。俗话说：“有钱难买先知道”，而我们如果很好地运用“叩两端”的这种逻辑方法，再加以现在形式逻辑的精密分析，就可以在一定程度上能知未然，应当说这是一件好事。当然我们不能把它看做是万能的，而是有限度的。但即使在这个限度之内也是很有价值的。

四、语　文

一个语文教改方案的设想*

一、问题的提出

语文这个学科，在小学、中学里都是一门重点课程。不管是十年制，十二年制，语文课每年都学，每周学的课时也最多。然而，效果如何呢？高中毕业升大学的考试是对语文教学效果的一个检验。在考试的各科中，语文成绩大概是最不理想的一科。语文成绩在各科成绩的平均中，总是往下拉分。据大专院校教师的反映，学生学习专业课有困难，写不好实验报告、调查报告、毕业论文等等，其中学生语文水平差是一个重要的原因。为此，大学文科又增设语文，再学一年。据了解现在已有不少大学理科也增设了语文课。

从需要上看，从所用课时上看，语文课确是重点，而且也真的作为重点来对待了。然而成绩如何呢？回答是很不理想，成绩不高。时间长而效果低，这是一个悬殊的"反

* 本文原载《首都师范大学学报》1983 年第 2 期。

比”，它严重地摆在了语文教学工作者的面前。

语文课之所以是一门重点课，不是因为它最能进行思想教育，不是因为它能创作出各种文艺作品，以飨广大群众的欢迎，而因为它是一门“工具”课。其他各科的教学都要通过语言、文字来进行，都要以它为工具去掌握其他各科的知识。但时间长而掌握不了这个工具，当然影响到了其他各科的进展。为了学好各科，向各门科学进军，为了发挥交流思想的作用，也为了更好更有效地发挥教育作用，我们要求必须把这个工具很好地掌握起来。

按理说，掌握工具应当是尽快的事。譬如电子计算机是一个计算的方便工具，但如果为了学会使用它，须花出十年的时间才行，那么这个工具就很成问题，需要重新考虑设计。语文这个工具，十多年的寒窗竟然学不好，这就成了需要研究的问题。当然不能像对电子计算机一样，可以重新考虑设计，不能废掉现在的汉族语文而另搞一套；解决的办法只能从“如何学”“如何教”上进行考虑。

“如何教”是语文教学工作者的问题，而“如何学”看来好像应该是学生的问题，其实，“如何学”是应当由教师来教的，所以教师必须把“如何学”的问题纳入在“如何教”的问题之中一块来考虑。强调一点说，“如何教”的问题必须立足在“如何学”的基础之上，否则，一切“教法”都失去了依据。

二、问题的症结

我认为“文选”教学的路子是导致悬殊“反比”的主要原因。

大约，从本世纪之初，所谓“国文”课便采取了这个路数。到现在为止，虽然有过几个“时代”的更变，但这个路数没变，变的只不过是所选的具体文章，有个“应时”与否的选择而已。解放以来，我们在语文课的教学上，总的说并没有离开这个路子。

如果再往前追溯，南北朝萧统的《昭明文选》当是其先河，唐宋以来更不乏其书。宋吕祖谦的《古文关键》，康熙间的《古文观止》，乾隆间的《古文辞类纂》，其他如《古文释义》、《古文津梁》等等，甚至如《儒林外史》“马二先生”之流在坊间搞的那些“制艺”文集之类，都是这个路子的导源。

而我们之优于过去的地方，不外是思想内容健康革命了，白话文与古文的比重变了，讲求文体的单元组合了，有意地由浅入深了，夹杂一些语法、修辞、逻辑之类的知识短文了，等等。应当说，是在有意地要把语文组成系统而形成体系了。然而，事实上却没有做到。只不过粗具了一个貌似体系的格局，而仍然范围无限，深浅无序，重叠反复，烟海茫茫。

为什么说是“范围无限”呢？可从下列的事实来考虑：以汉民族语文为主的中国语言文字，到底得会多少才叫及格？得读会多少文章才能及格？初一看来，觉得这是不成问题的问题，有教学大纲在，不是明明白白的吗？然而从应付高考的补课看，都已早在大纲之外了。不少老师提高质量水平的经验不是扩大阅读量吗？那么应当扩大到多少呢？好像目前还提不出一个公允的篇数来。

为什么说是“深浅无序”呢？我们现在很难说得清楚一篇高中课文比一篇初中课文深在哪里，大学里所选的文章就一定比高中的课文深多少，这是说不准的。从我们的选编看，不是有的某篇课文既在初中课本中出现过，也在高中课本中见到过吗？这都说明我们的选文，孰深孰浅，我们排不出这个顺序来。

为什么说是“重叠反复”呢？一个学生学习现行文选教材，第二篇比第一篇有多少东西是新的呢？可以肯定，一定是有的；但比重多大呢？往往是不多的。能有多少生字？能有多少新词？能有多少新句式？能有多少新内容？……往往是少量的新东西淹没在极大多数的旧知识里面。极大多数内容的重复，已使学生倒了胃口，即使见到了新的东西，也唤不起他的兴趣，往往被忽略过去了。我深深感到：重复固然可以是巩固记忆的一个办法，但有很多时候，不但达不到巩固的效果，反而会引起学生的厌烦，甚至起了“反感”，倒形成了拒绝的力量。试以中学五年制算，每学期以二十五篇至三十篇计，二三百篇文章，究竟有多少新内容教给学生？学生的大量时间耗费在旧知识的重叠之中，有多少是无效的劳动？学生如此，老师当然也是如此。所以，在课堂上我们常常看到，老师一篇一篇地讲，讲得未尝不是津津有味，而学生却很不耐烦。为什么效果不好呢？一个重要原因是老师讲的太多了，要求学生学的太多了。正是因为讲给学生的太多了，所以学生学会的反而少了。——恐怕这也是一个教学上的辩证法问题。

为什么说是“烟海茫茫”呢？我们国家的文化传统悠久而丰富，所谓“浩如烟海”，这是我们的骄傲，然而丰富固好，而“茫茫”则无边无际了。再说，名家名篇，多不胜数。而且名家名篇的创作原本不是专为教学而写，人家自有人家的设想与要求，与中学生课堂上的要求，相差极远。把两种不同的思路糅合到一起，自然只能增加混乱，把想要构成规模的一套知识完全搞乱了，学生自然坠在了这一烟海之中，理不出头绪来。

总的来说，我们是处在一个无“底”无“序”的状况之中。因此，语文一直只是一个学科，严格地说，迄今为止，还没有成为一门科学。

要想解决这个悬殊的“反比”，必须使语文这个学科走向科学化的道路，形成一门有规范有系统成体系的科学。

三、关于语文教改的一些想法

教改的着眼点，如果只着眼于教学方法的研究，必然只是小修小补。从小学、中学到大学的十几年里，即使达到最理想的效果，解决了学多会少的悬殊“反比”，取得学多会多的成绩，也只是一个“一比一”，不赔不赚的收支平衡。我觉得在学习上，合适的经营应该是学少会多。这样才符合历史的要求，科学发展的要求。尤其作为工具的语文课，更应该是这样。应该尽可能地缩短时间。如果说为其他学科让路不太合适，就应该说尽早地为学好其他学科打好文字基础。

怎样才能达到这样的要求呢?

首先要把我国汉族语言文字的“底”数摸清了。到底需要多少字，多少词，多少句子，多少种文章，……把它们都理料出来。然后把它们排一排队，分出哪是基本的，哪是衍生的，哪个浅，哪个深，哪个能代替哪个，哪个能带动哪个，等等，这就是说，要把它们理出一个顺“序”来。一个“底”，一个“序”，我们没有这两个数，我们的教程便没法安排，就谈不到科学化的问题。

我们汉族的语言文字，以及一般的文字内容，虽说大海浩瀚，但也不是不能统计的。“底”数大概并不难搞清楚，难的是“序”的安排。这里不只是一个现成材料的排队，而有一个跳跃的问题。我的意思是说，比如我们的“底”数是十，如果我们只排出一二三四五……的顺序来，是不难的。理想的教程安排应是从“一”一步跳到“三”，再从“三”一步跳到“六”，再一步跳到“十”。这样四步跳到十的行程就比逐一而跳，十步才可跳完的行程近了。唯其“近”了，才能“快”了。当然跨度越大越快。我说要跨的意思，是从一到三，从三到六，虽然是跨了，但二、四、五的东西却都自然而然地全会了。就像几何学的公理系统一样，在定理与定理之间，带动着许多练习。而这些练习正是在定理之间的那些跨越的内容。如果我们的语文教程也能像几何学那样的全面而成体系，那样的严整而简捷，语文的教学便达到了科学化的要求。这应该是我们教改的方向与前景。

以我个人的理解，根据现行小、中、大学的语文的讲授内容，完成“工具”任务的实际需要，小学六年或五年所接触到的一些浅近的知识基础，现在我们把大学、中学的语文内容压缩到三个学年里，我觉得是完全可以的。这个三年的时间，恰好放在初中的阶段为最好。

初中学生，从年岁上说大约在十二至十五岁之间。这时他们的精力旺盛，才智正在发展，可以说是一个打基础的最佳时期。我觉得，把语文的主要学习时间放在初中的三个年头里面是合适的。过去我们常常提到“量力性”原则。我们在教学中往往是把学生估计得太低了。总怕他们听不懂，所以就不厌其烦地重复。总怕他们学不进去，所以就掰开揉碎地讲个没完没了，结果使学生听烦了学腻了为止。

其实，我们应该充分地相信学生这时的潜在能力。不要怕讲深了，不要怕学生学不会，不要怕学生没兴趣。青少年学生们的兴趣，不只在于情节的有趣，一些数学题何等枯燥，可是有的学生会钻进去废寝忘食。也不在于像打滑梯那样轻松的玩艺儿上。而是在于对新知识的追求，与自己新能力的形成上，不带一点险的事儿他不喜欢，不带一点难度的事儿他没兴趣。险的、难的，需要他付出一定的劳力才能取得的事儿，他倒极有兴致的。

根据语文的内容，根据学生的年龄智力兴趣，我觉得在初中的三年里头是可以完成语文学习的要求的。

培养学生的目标应该是明确的。语文课上要培养学生的语文能力，为学好其他各科提供掌握运用工具的能力，而不是着重要培养文学家。当然有的学生将来要向搞文学方面发展，不应反对；但就初中阶段而言，却要培养学生具有可向各种学科发展的基本能力。

这个方向目标明确了，选材问题也解决了。

对于基本知识的学习，我觉得我们应当尊重各门学科在科研方面所取得的成果。它们都有规律可循，都是科学的东西。固然科研成果与教科书不同，编写也不相同。我们应当以科研的成果为依据，把它们有选择地有顺序地安排在我们的教材之中。例如文字学、语法、修辞、逻辑等等的内容，它们都各有各自的体系，有自己的范畴，而我们应当运用它们去解决我们的问题，去形成学生们的能力。

至于文章，是否还以“名篇”为教材呢？当然最理想的是希望名家们专门为我们的要求写一些东西。一时来不及，可以从我们的要求出发，征得作者的同意去改写、剪裁一些文章。实在不行，也可以组织力量专门写一些完全符合我们需要的文章。至于开扩眼界，当然名家名作是我们的珍贵财富，关键是我们要以一个什么样的思想把他们组合起来。

为了使学生学起来心明眼亮，有底数，知深浅，循序而进，我想应当对语文一课先组成一个“书架”，架子上以语文基础知识基本能力的体系分出层来，每层再分出格来。要求这个“层”与“格”既囊括了语文一科里面的主要内容，又展示了语文一科的层次系统。学生如果学完了这个“书架”，要求在他的心目中，便形成了总的，而分“门”分“类”的整体知识结构。这一点要求他十分清晰、明确地，自觉地具有这一认识。虽然语文的具体知识浩如烟海，但都统摄在这个基本“书架”之中。以后在学习中会遇到许多新的知识，但那些东西在这个“书架”中早有“户头”，只要按“格”贮入就是。该是字的，收入字“格”之内；该是句子的，收入句“格”之内；……

这样，“书架”形成，就是基本知识已备；再有的东西，只是个逐渐积累的问题，逐渐丰富的问题了。这样，学生来学，随时随地心中都有底数。自己学到了哪里，自己心里明白。所谓“学问之道，贵在能知深浅”。能知深浅了，便不至再像现在这样浮游在知识的汪洋大海之中，已走了多少路程，不计其数；彼岸前途还有多远，茫茫一片，无边无际了。随时再来的新知识，按格贮入，有条不紊，易掌握，也易记忆。这个设想是不错的，关键就在这个“书架”设计得科学与否了。

四、一个方案的设想

“人生识字糊涂始”，可见识字是个重要问题。一个学生在字的学习上，如果学得不扎实，的确会影响后来的学习。这是由于我国文字的特点所规定的。

小学所学过的两千七百多字，是不是都学会了呢？经验证明——不一定，这就有待巩固。应当认定初中阶段的学习是完成重要的常识部分的时期。小学学的知识待巩固，而那些散乱的知识更有待总结上升到理论，如用以在解决生字的问题。所以我认为初一开始先解决文字问题。

要充分运用我国表意汉字的特点，从六书入手，掌握重要部首，总结出部首在表意中的作用，掌握各部首所表示的意义上的可能变化，进而可以总结出来在一部之中总不外三四种讲法而已。这样，我们便可形成一种就部首分析，结合语境而推知一个字含义的能力。

固然，我国文字迭经演化，从六书不一定全能解决得了。但毕竟六书还是汉字的重要法则。我们不是在作古文字的探源研究，而是需把它理出识字规律，理出教程。尽管不能全部解决问题，如能解决百分之七八十，则为识字的问题功德无量了。它对在没字典的情况下识字，对错别字的消除，对文言文的学习，……都将有望外的收益。

初一上的后一半，从文字推进到词法。我们把词性、词类、组词、词义、词彩、成语，解词及遣词等的基本知识摆开，使学生学会有关词的掌握和运用的能力，培养学生开始着手于社会词汇的积累与整理。

关于词法，如果学得扎实，必将为语言文字的掌握与运用奠定了基础。甚至一些语法的问题都相应地得到了解决。所以关于这一部分的学习要强调“用词”的训练。

初一下学期，又要从词法推进到语法。语法是语言科学的总结，无疑它对于学生的语言学习有重要的意义。不学语法也不至于不会说话，也能写出很好的文章。这是事实，但不应该由此而推出不学语法的结论。学语法不但可以培养正确运用语言的能力，还会培养抽象的认识能力，可以达到以简驭繁的学习目的。关键问题是怎样引导学生进行学习。

语言科学家们为我们开辟了规范道路，人家务尽其详地作了科学研究；而我们则需从如何再教给学生的教程方面作一些必要的研究。绝不能教学生只会作语法书上的典型例句就算完事，而必须教给学生能解决实际问题才好。尽管各家之间有些不统一的地方，但基本内容是没有问题的。我们不要陷在术语概念的纠缠里，务期在培养解决问题的能力上着眼，一定要培养学生对各种文章作全面分析的能力。

学习语法之后，再学形式逻辑。

目前，大学文科不少系里开了逻辑课。在中学的语文课里穿插了一些关于逻辑的知识短文。因为是穿插进行，所以并不能形成逐渐“渗透”，反而把知识支解，因而破碎零散了。我觉得学习一门知识，第一个印象极为重要。如果最初的印象构不成系统，点点滴滴而已，以后收拾起来，费时费力，极不容易归拢形成一套。所以“君子之学贵慎始”，一次就比较清楚，则以后是心中了然的。如此，我想对逻辑部分的教学，尽管是不能过长，大约四周为限，但必须是个全貌。要避免术语概念，务求解决问题。逻辑学是关于思维的学问，希望通过逻辑学的教学，引导学生学会“思索”。学生如果学会了“寻求根据，组织理由，有条理地、合理地进行推导，进而去探求结论”，就算基本上完成了逻辑的教学任务，达到了预期的目的。

初一下学期的最后再学修辞。一谈到修辞，最容易想到的是“修辞格”，而我却把这一部分放在了次要的问题上。我认为重点应放在遣词造句上。在这里必须好好组织练习，不要像一般地做一做就算完事，而要认真地在文字的推敲锤炼上多下一番工夫。

这样，在初中的一年里，把有关语文的基础知识都“过”了，当然希望这个基础要砸得结实牢固。

初中二年级上学期，在基础知识的基础上，再从综合的知识上进行提高，先学“文体概论”。在这里尽可能地把有关文体都作一个涉猎。既要显示语言文字综合运用的各种方式，又要学会攻读这些文体的基本能力。在这里要使学生学会审题，随读随解，抓住重点，进行分析，综合归纳等的读书方法与途径。

到此为止，前边所谈语文知识的“书架”已基本形成。在学生的心目中，语文的知识结构也形成了。说这是基本的，即概括了有关语文的各种基础知识。从“门”“类”上讲，此外已没有什么重要遗漏。当然深度还远远不够，但究竟粗具规模了。为将来的深入学习引出了门径。将来的学习，学生便可以不断地丰富，随时把新的知识按“格”贮入。

初二上学期的后半，集中注意学议论文与抒情散文。我认为论文是一个文体中的重点。首先，交流思想中，它是一种最重要的文体。我们接受新成果要靠论文，表示新的成果也是靠论文。从学习上说，通过论文可以培养学生表述自己观点，进行合乎逻辑的论证能力，可以培养学生思维的条理性层次性。这对于其他各种文体都有意义，我觉得一个学生论文写作的水平高了，其他文体不用深入地学也不至于写得太坏。比如记叙文便似乎可以不学也差不多会个十之七八。因此我选定论文为最基本的文体。

在学论文写论文的教学中，要给学生以"模式"。所谓"模式"，即指论文的典型形式。从逻辑上看，论文的结构是可以大概归纳出几种的。尽管可能是不全面的，粗糙的，但只要掌握了一个类型，学生心中便有了"底"。如果有了两个类型，他稍加变化，收获便不止是有两种，他自会进行综合与发挥，恐怕他有可能会写出三四种类型来。如果学上五种类型，他可能的变化发挥更多了。其实，一个人一生能掌握多少个论文类型呢？很可能有人最初便只有一种模式，但在实际中由于内容的需要，他自己就变化发挥了。果真能有三五种模式，不得了了，像"万花筒"一样，随便一转便会形成一种新的图案。

在这里我有一个想法："不死便不活"。即学东西，基本的学不死，不牢固，便不可能学得会灵活发挥。学习之道也如同滚雪球，最初的小球一定要捏得结实。否则，一滚一散，终究也滚不成大雪球；如果最初的小球捏得结实，滚到哪里，它就会把哪里的雪粘了过来，越滚越大。对于论文，我要搞"模式"的意义就本于此。

从论文的学习转向抒情散文的学习。光学论文容易枯燥，往往会造成写文章如同数学公式一样的科学而乏味。补正的办法是增以"文采"。我们知道抒情散文内容既丰富，而词汇、手法都会富有文学色彩。学一些之后可以补正论文的枯燥，使之增加文笔上的缛丽，板滞的模式会增添上滋润与光泽，会使它有了活力。

从内容上说，抒情散文的编选，既可有文言文，更要有白话“时文”；既要注意文采，更要注意思想内容情趣气息的健康。

学了些抒情散文之后，还要把论文与抒情散文结合起来。这样的范文虽然不是太多，但总是有的。我们把重点要放在引导同学们去习作。

关于这两种文章的学习，我还要强调一些典型的，具有模式意义的文章，必须滚瓜烂熟地背下来。背诵原本是一种语文基本功的培训方法，而且是一种行之有效的方法。熟背不只有记忆的意义，更重要的是能养成文气，即容易形成文章思路的连贯顺畅，章法的严谨缜密，语势的铿锵倾泻，气脉的充沛生动。背个滚瓜烂熟，这是个硬功夫。不该用的功，绝不要浪费时间；而必须用的死功，则一点不能亏欠。我见到一些老师要求学生背诵，只要不看着书，勉强地结结巴巴地念出来便叫背过了，我以为这是个严重地浪费。当时是强记了，转身就会忘掉。五分一到手，一出教室门，再背就不会了。那么念时所用的时间实际上是虚掷了。如果一下子就背个滚瓜烂熟。时间久了也可能会忘，但养气的作用已经起到了。这是一点儿也不糟践的。否则，如上所述，则是全部的浪费。与其如此，还不如不要求背，那倒还没有费那么多力气。背诵的方法也要指导。千万不要让学生念上两遍就闭上书试着背，运用多方面的思考去硬背。这绝不如不计功程，一直念下去，念得嘴顺如流时，再用思维稍加通顺理料，便可一气呵成了。一篇如此，第二篇就快多了，篇篇下去，背诵的能力便逐篇大增。

怎样讲授，有一个引导方法的问题。我们用惯了的一种方法是：

尽可能地扫清障碍，提供线索，启发提问，导之而前。具体做起来，不外是：时代背景，作者生平，分析课文……分析课文则是启发提问，老师提出几个问题，由学生照本回答。这一程式，运用得好，老师学生呼应融洽，表面上看来，颇见效果。但实际上研究起来，这一套程式，与一个人独立阅读的进程却大不相同。比如时代背景、作者生平之类，我们在实际中所见的文章，绝少前边加上这一套的。启发提问，在独立阅读时是没人提问的。老师所代做的那些过程恰好正是独立阅读中的难点。老师的包办代替，必然导成了学生能力的欠缺。对于这一点，我们好像没有给予足够的重视。应当看到，这种启发式的目的性是很不明确的。根据这个认识，我觉得，我们对文章的讲授进程，一定与一个学生独立阅读的进程统一起来才好。

学生独立阅读，会有难点，疑点。难点要教给他克服的办法，疑点要放手让他们去自己处理，当然难免误入歧径，来个迷径知返，其后总结出之岔路口的抉择，从举足起步处便分析出了歧路与大道，这种事前先知的能力正是显示水平的地方。所以，我理解，引导只是第一道的事，以后，大量的应是以督导为主，才有助于独立能力的培养。

还有一个重要的工作，即要真的以语文为工具，运用它深入到各科去，语文课要去解决其他各科由于语言文字而形成的困难。这样与其他各科相配合，各科是高兴的。显示了语言文字的工具作用，为各科的学习提供了方便。

至此为止，语文书架不但已经连成，而且在运用上发挥了作用。

以后的工作便是如何丰富学生知识，如何开阔学生眼界的问题了。为了继承我们的传统。为了进行爱国主义的教育，为了使学生能够具有向各科发展的能力，我们不想把学生只拉向文科，我们想不是只学文学史，而是要学有关文化的发展沿革，所以初二下学期便开始学文化史。

文化史学习，我们从远古学起，可以追溯到神话传说时代，以及文化科学的发展各个阶段，如先秦、汉魏两晋南北朝、隋唐五代、宋元明清以及近现代，诸如《墨经》、《九章算术》、《氾胜之书》、《黄帝内经》、《伤寒论》等科学著作，都须纳在教材之内。

初三下学期，对外国文学名著稍微作一个简介，这是为了使学生的视野更宽阔一些。

学完之后，要拿出半个学期的时间来一个总复习，并引向实用。

关于文化史的学习，我们是着重在史的评述上，原著的阅读，只是论述的引例。当然通过引例的学习而要培养能力。这样做会不会把学生引向"厚古薄今"呢？不会。因为我们是以评述为主。在学习中对一些具体文章的分析研究也都是用现在的观点与文字来表述的。

第三学年的容量是相当大的。试想这一来，在学生的头脑里，对祖国的文化，对世界的文学，应该形成了一个肤浅的认识。这个认识既能标志着一定的文化水平，又有了足够的应付一般的实际问题的能力。

所谓一定的水平，应付一般的实际问题的能力，即是说可以达到目前高中毕业生的水平，以至于大学一年级的语文水平。也就是说，如果对这套教材学到了及格的水平，初中毕业转入其他中专去学习，或初中毕业后弃读就业，估计语文的读、写能力便不至大成问题了。如果接着读高中，我觉得好像可以不必再学语文了。腾出些时间来，用于别的科目吧。当然高中三年不学语文唯恐要有许多知识"回生"，我想这是可能的。如果还需再少学一点，那么每周上两节欣赏课足矣。

当然这个设想是极幼稚的，恐怕离目前的情况远了些。但我觉得最少它把我国的语言文字做了一个兜底排队的工作，力图对我国语文的“底”和“序”作一个试验性的探讨。深望专家同志不吝赐教是幸。

* * * *

以上这些思想，是从50年代开始，直到70年代末期，逐渐形成的，经过了点点滴滴的一些积累，都是在自己的教学实践中得到了一些启发与验证的。现在把它总地整理如上。这一设想方案，自1980年暑假开始，在北京171中学进行了实验。经过81年到82年的试验，学生已经是三年级了。82年暑假之前，学生正是二年级结束的时候，参加了一下北京东城区升高中的单科入学考试，四个班的平均分数是80.22，171中三年级的毕业生当然也参加了这个考试，而成绩是78。相形之下，显然实验班虽然学习时间还差一年，而成绩却略高了一点，初步的看到了一些效果。

应当说明一下，这些学生读的是实验教材，对于统编教材只是在考试之前，粗粗地过了一下，老师不讲，只要学生自己去看，有问题时提出，老师辅导一下而已。对于在统编教材中，要求背诵死记的那些内容，只好放弃。这样，考的全是这些学生的“能力”。从这里可以看出：学生的能力是提高了，有些文章似乎也不必费那么大的力气去读，精读一遍可以胜过泛读数遍。

因为她们已经取得了一定的成绩，所以82年暑假开始，初一年级的四个班又开始了实验。同时，北京东城分司厅中学的李玉兰老师(北京师院毕业生)也在区局、区教研室、校领导的帮助下开始了实验。分司厅中学是个非重点的普通校，它更有普遍意义。在今年暑期的承德会上，我听到许多普通校语文老师的反映，深切感到这个实验在普通校的意义将更显著。根据情况估计，重点校学生入高校，文化尖端自然由这些人去做。而社会非专业的工作则需要大批大批的力量，恐怕力量的来源正出在这些非重点校的学生之中，这就是说二十年左右的时间，目前普通校的这批学生，在那时的社会上，在“面”上来说，将成为社会的栋梁。想到这里，我们今天不作出我们应作的努力，不把文化的种子播撒在他们身上，明天我们就把这个“班”交到他们手上，后果将是怎样呢？所以我深深感到普通校的责任之重。

目前，实验的老师反映学生的提高自不必说，而老师自己的提高是极显著的，有的老师说，这等于又读了一次大学。学生的反映更是感人的、鼓舞人的。因非本文重点而从略。

这套教材已初具轮廓，但因都是“急就”，尚没来得及斟酌推敲，错误疏漏之处极多，尤其印刷条件差，出现了一些不应该出现的错误。当然还需要有较大的改动与修葺。个人深感水平之有限，能力之不足。渴望着领导与同志们的帮助与批评。

“语文”散谈*

“语文”是目前我国学校教育中一门必修的课程。很早以前，小学里叫做“国语”，中学以后叫做“国文”，现在合在一起叫“语文”了。之所以合在一起，不分中小学，可能是因为不易分，或者不必分。

我想：可以分，也应该分。

学英语，有所谓“口语”课，学日语，也有所谓“口语”课。按说我国也会有“口语”和“文语”吧。

有声的话、用文字记载下来的话，固然可以含混地说成是“语文”，但较起真来，语是语，文是文。

“口语”和“白话”挨得很近。“口语”和“文言”就距离比较远了。

“口语”可以说得快，可以说得慢，可以说得简捷，可以说得啰唆，可以“口吃”，可以重复……用文字来写，不管说得快或慢，不管你口吃重复，必然把那些不必要的、可以省掉的，都通通去掉，只能简而明地写出来。口语有

* 本文原载《语文建设》2002年第11期。

时间的要求，有时意思还没想好，时间已经到了，只好填上点“这个”“那个”“嗯”“啊”“反正”之类看来不影响内容的“零碎”，补上时间的空白。在文字上那就绝对不能允许了。

我们提倡写白话文，不是要求写口语。但口语却是谁也离不了的。如果也设上一门“口语”课，尤其小学一、二年级，训练他们敢说，不腼腆，口齿清楚，简捷，有层次，重点突出，有感情，有语气，有姿态地侃侃而谈，这不也是“语言”能力的一个重要侧面吗？特别在推广普通话上，这也是一个重要的课堂。

我想，我们不应该把“语言”的学习只局限在字面上，而忽略了口头的要求。

我想，“文言”不是那时人们的口语，古人口语不会就是那样简约而深奥，那应该是经过了文人的加工，把啰唆的语言译作了字少而明的文字写下来的。如《尚书》里面有“时日曷丧，予及汝偕亡”，这是记录了老百姓对夏桀愤恨的话，在老百姓的口语中能是这样斯文典雅吗？恐怕这是文字加工之后的“文言”吧。十年浩劫中人们都会说“是可忍，孰不可忍”，大概这也不是古时老百姓的“口语”。然而，这样的文言是非常好懂好说的。

这种好说好懂的文言词、语，应该还有很多活在人们的文字中，甚至是口头上。这样的文言不但不陈腐，而且应该说还很精粹，很珍贵。多一点好，还是没有好或少一点好呢？我想多一点“简而明”总会比“啰唆而不清”好。这样说来，我们还是应该多学一点“文”的好。

“语文”中的“语”和“文”，结合得越亲密越好。从导向上说，“语”应多向“文”靠一点，而不是“文”向“语”靠，或者完全倒向了“语”。

当然我们不是要让那些别扭难懂固不可解的古文复活，我们只是想使不甚简明的“口语”“文”一点，加工得精粹一些。

“白话”不等于自然状态的“口语”，也是有锤炼、加工、升华的。朴素的口语有可贵的一面，但究竟不“文”，成熟的精粹的语言应该是高度文化的结晶。所以，即使是“白话”，也不是自然状态的口语记录。

离开语文教学已有多年，在好多方面都可能很陈腐了，说了些外行话，敬请老师们给予指正。

关于汉字的憧憬*

汉字是中华儿女向世界人民奉献出的一份珍重厚礼。

人们感受客观世界最直接的是眼和耳。耳解决声音，眼解决形象。形象是客观的，有外界的标准物；声音是约定的、有限的。眼耳同时兼施，自然互补，在人们认识客观世界时，当然会相得益彰。

为了"记忆"，为了"交流"，为了"传衍"，人们有了"语言"，随之有了"文"。"文字"超越了"语言"的"时"、"空"限制，特别在"传衍"上对人类有了极大的意义。

"文字"的开始，大家都从形象入手，三大古国都有了"象形"的文字。但"语言"的直接方便，自然得到了充分的发展，而且直接记录下声音就是最简捷的"文字"，所以直接记录声音的"文字"得到了发展。而"象形"的"文字"，随着时间、实践的推移而被"淡漠"了，以至"停止"了。

为什么"象形"的"文字"没有得到发展呢？客观世界的"事物"不是都以简单的"形象"所能记述得尽的。一些"活

* 本文原载《首都师范大学学报》2008 年第 5 期。

动”性的事情，或者一些抽象的事物，便不能简单地描画得出来。

中国地域广大、交通险阻，各地语音不同，只从语音上考虑形成文字，极为困难。而中国语言上又有一个特点，即语音的显现形象都是以“单音节”作为一个单位出现，这是一个便于处理的特点。中华儿女便顺势而下，从“象形”的角度开始了自己“文字”的发展。

可以直接描述其“形”的，则直接画出，如“山”、“水”、“日”、“月”，等等。

有的所要表示的意念只是该事物上的某一特点，而且这一特点离开了事物的整体就无从说明，于是出现了在事物的整体上用符号标出那一特点的方法，以示出所指，如“上”、“下”、“刃”、“本”，等等。

最令人震撼者是我们的祖先竟能把一些没法描画的“性质”、“活动”、“抽象”的意念，用两个或更多的“象形”会合一起，表示出它们之间所能显现出的意义。如：“信”、“武”、“德”、“繁”，等等。

应该认识到这种以几个“形”的会合，把复杂而不易描画的意念在协调中表现出来的“会意”是中华儿女在创造“文字”问题上的一个“质”的“飞跃”。这是“文化史”上“开天辟地”性的贡献。这一点，域外的人们没有认识到；我们自己也没给予足够的重视。

以“声”表意，固然有些限制，因为音、义之间原本没有必然的联系，但在人类的生活中，某些发音又必然形成一种习惯性相对稳定的客观性质，因此在表意上又有一定的“固定”意义。把“形”、“声”两种因素合并起来，一定又使“使用范围”得到了大幅度的扩展。“形声”作为造字“六书”中的一种方法，大大地增加了汉字的数量，当然又是汉文字得到方便发展的契机。

“象形”、“指事”、“会意”、“形声”已经足以使汉字的体系相当完备，我们的先民又创造出来了“假借”和“转注”的办法，巧妙地、迂回地丰满了一个全面无懈的体系，从开始直到现在，有着强盛兴旺的生命活力。在显现的体势上，随着时代的推移更替有过“日益接近生活”的发展，有“增益”，有“改进”，有的保持了下来，有的“时过而逝”，但总的“大局”没有大变，自然形成了我们“文字”的“传统”。

虽然有的学者指出，许多国家、民族的早期文字，也都可以用“六书”来加以分析，似乎也都若合符节。但客观的情况是，其他的许多文字后来都转向了声音的显现，而我们的“文字”则独特地形成了绵延不断的传统，至今仍然生机勃勃。这说明，我们的文字和语言之间必定有其特别相适应的方面，比如方块形与单音节；汉字的构成系统和显现方式也必定有其特殊的方面，比如指事和会意的发达。

应当感谢我们先民们的智慧，我们的这套“文字体系”，是中华儿女向全世界贡献的一份厚礼。但是，我们决不“固步自封”，由于种种原因，在她身上也还有一些不尽如“历史”与“发展”之意的地方，使她更加完备、更加“科学”的“馀地”也还是“大有可为”的。

“形”、“意”可以沟通全人类；以“单音节”可以方便通达。这种“文字”的意义会逐渐被更加广泛地认识到的。

汉字是中华文化的显著标志之一*

对于语言文字的学问，我是一个门外汉。近来在学习中有所涉及，也有了一些想法，想提出来，请专家们给予教正。

在人类文化史上，语言和文字是认识、交流、记录中一项至关重要的环节。正是因为如此，我们的几千年就可以写得明明白白，也可以把将来的美好设想变成大家共识的信念，大家互相共勉着，并向更远大美好的憧憬走去。语言是思维的直接现实，但她有时间、空间的限制，便将这个重担转手委之于“文字”了，所以说“文字”是直接、牢靠、久远的“文化标志”。

中华文化的标志是“汉字”。

当然，中华文化的标志很多，各方面都能体现出中华文化的博大精深。但是，汉字是最简练、最方便、最直接的标志载体。历史上所有出现的思想上的东西都有赖于汉字的记录，她在沟通人类思想上简便又易行。

---

* 本文原载《书法》2009年第12期。

为了记录，为了交流，为了传衍，人们有了语言，随之有了“文”。文字超越了语言的时空限制，特别在传衍文化上对人类有了极大的意义。

汉字没有采取以语言声音记录的办法，因为我国地域广大，古代交通不便，用“约定”的声音远不能取得共识；而客观事物的形象却是人人感受相通的。湖南人眼里的山、水，和东北人眼里的山、水是一样的。所以，“象形”的办法是最方便的。

当然，客观的具体事物，用“象形”简便易行，但对一些“抽象”的，不得见其形的事物，或是行动中的意态，就不好“以图象其形”了。应当承认我们的祖先了不起，竟想出来用两形的关系而表其意的办法“以会其意”，把死的变成了活的。如一个人，可象其形，两个人同向“左”()，就表示了“跟从”的意思；同向“右”()，就表示了“比邻”的意思；一向“左”一向“右”()，就表示了“背离”的意思；一正立一倒立(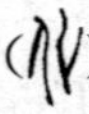)，就表示了“相变化”的意思。

这种以几个“形”的会合，把复杂而不易描画的意念，在协调中表现出来的“会意”，应该认识到这是中华儿女在创造文字问题上的一个质的飞跃。这是文化史上开天辟地性的贡献。

还有更了不起的是：汉字的归“类”。汉字分成了好多部，如，“言”字边、“木”字边、“草”字头、“山”字头等等，而这个“部”正是事物的类别。这既说明了人们对事物的认识，也说明了对事物的描述，既可以相互交流，又可以做出记录。

象形、会意、分类，这三个汉字的特点，足以表明她在人们的认识、交流、记录上的巨大意义。根据这个意义，不但是大家聚在一起的地方可用，即使大家相离很远的地方也可用，以至于在不同的国家、在不同语言的地方、不同时期的历史也都可用。应该想到她所潜在的意义将是更为巨大的。

“象形”、“指事”、“会意”、“形声”已经足以使汉字的体系达到相当完备，我们的先民又创造出“假借”和“转注”的办法，巧妙地、迂回地丰满了一个全面无懈的体系，从开始直到现在，有着强盛兴旺的生命活力。在显现的体势上，随着时代的推移更替有过“日益接近生活”的发展，有“增益”，有“改进”，有的保持了下来，有的“时过而逝”，但总的“大局”没有大变，自然形成了我们“文字”的“传统”。

我们的这套“文字体系”，应当感谢先民们的智慧，但我们决不“固步自封”，汉字也不应该是“保守”的，我们应该使更多的人理解她。

我们不否认，我们的汉字还有一些不尽如人意的内容，这是在漫长的历史长河中积淀下来的。应该说我们没有及时整顿，没有把这件事情给予足够的重视，应该说这是中华儿女们的一个历史使命。

在如何看待“象形”，如何理解“会意”，如何划分“部类”，还有许多“启蒙”性的工作，也亟待我们好好解读，以使更大范围的朋友们更方便地取得沟通，还有许多“可为”的工作，使汉字更加科学化，更加纯洁优美，更加焕发光彩，这也需要我们当作一个重大的“项目”来对待。

如果我们在这方面好好调整调整，使不懂的人们把握起来更为方便，很可能扩散成为共同运用的思维载体，这也无疑是中华儿女向世界人类奉献的一份厚礼。

五、书　法

我对“书学”的思考*

——在“研究生书学学术周”上的报告

我的发言不能说是一个学术报告，我只是想和老朋友、新朋友、老领导、新领导一起谈一谈关于书学问题的一些想法。

一、关于“研究生书学学术周”

我要说的第一点，是“研究生书学学术周”的成功。这个学术周的召开本身意味着我们的学生在成长、成长得很好，让我们有了信心，懂得了学生身上所存有的力量远远地超过了我们。所以我这几天来一直很激动！许多想法涌上心头，不知道怎样地高兴！在学术周的开幕式上，大家提出了许多新的课题。新课题的出现，表明着这个学科的蓬勃发展，所以在我的想法里头，这个学术周的召开本身就是一个成功的开始，这不是套话。更重要的是，这个学术周把我们的同道、同好、同志、朋友们都聚集在了一起，

* 本文原载《中国书法》2004 年第 4 期。

这就是一个新的高度，所以我很想在这里向大家汇报一下我的想法，看看哪个不合适、哪个合适，希望听到大家的反应。无论工作还是学术思想，有的地方我还固执着，有的地方也随着大家的进步在往前移动着。

二、对书法学科建设的思考

第二个问题，我想说说对这个学科建设上的一些想法。

我想，我们的工作应当落实到"书"上，但是绝不只是一个"书"字就把我们的工作都概括了。"书"是重要的一面，但是它的背后更重要。我在从事这件工作之初，曾经提出"书面文心"，要落到纸上，落到"书"上，但是它后面出现的是我们的文化思想。我这样提出了，但是孰轻孰重呢？哪个是重点，哪个是更重点？——始终在摇摆之中！为什么这样说？我记得一开始的时候，很强调手，许多同学在手上有了进展，但是"文心"方面发挥得不足。随着时间的发展、层次的要求，从大专到大本、到硕士、到博士、到博士后，我更理解到、更感觉到文心是更重要的！所以在这个时候，我说"作字行文，文以载道，以书焕采，赋以生机"，这是在多年的实践和思考中得出来的一个认识。最后我又把它浓缩到八个字上，叫作"积学升华，书文结晶"。就是指把学来的东西积累起来，不只是积累，而且要让它升华出来，"书"和"文"让它出来结晶！"升华"和"结晶"，都不是文学的术语，应当说，它有着更深刻的内涵！

为什么我的思想有这样的变化呢？这轻重会随时摇摆呢？有一个事例，前一个钟头我还在想文化的问题，可在半个钟头之后，有一所大学想接受我们的博士生去任教，但强调要会写字、治印，最好还要会画。就在我将要认定文化更重要的想法的时候，这个信息使我不能不再思考一步了！

有一些朋友说我们注重文化多了一些，而手忽略了一些。我也顺便在这里表明一下我对待这些批评的态度。这些年来书界的朋友多起来了，从各方面对书学进行探讨的路子更多了，有很多想法是我们原来所没有碰到过的，我自己也曾经坚持过某一方面的观点。但是，事实教育我懂得了学问怎么做，社会怎么样在发展。大家的思维受着多方面的影响，产生很新的看法，我不能说哪一些行、哪一些不行。都是新课题，都有自己的理论根据，所以我持这样一种态度：哪一种思维、哪一种新流派、哪一种新书风我都尊重！我相信大家走在一条道路上，什么走法都有其合理性！给我们作评判员的，将是历史！我不敢自是，当然也不愿意轻易地自非！但是我承认现实，我想别人的想法正是我的不足、是我自己看不到的事情，我从来都愿意多听听大家的想法。所以当我们的同学提出要举行这样的学术周，广泛地邀请各方面的同道来表达各种各样的观点，我非常赞成！希望我们的朋友不吝指教，提出来我们一起研究，即使是彼此矛盾、吵他个面红耳赤，仍然是朋友、最亲近不过的真正战友！

最近，我连续参加了两个会。一个是中国美术学院建院四十周年庆典。我说了两句话：假祝贺之名，行学习之实。国美四十年前由潘天寿先生提出建立书法专业，陆维钊先生、沙孟海先生以及其后的诸位先生都在这方面做出了很了不起的成绩。另一个是北京大学书法研究所的成立大会。我看到了一个事实，就是在世界上都出名的重要学府也把这个题目作为一个新的课题展开了，这本身就是一件很了不起的举措！我也相信北大的老师、我的老同学们有他们的思路，他们会带着非常新鲜的观点进入我们的书界里面来。

北京师范大学、中国美术学院以及其他很多学校都成立了书法系，我们还没有。为什么没有？落后的主要是我。一方面我觉得没把握，另一方面是有些落后的想法在作祟！我在思考这个学科到底应当怎么建设，在社会生活中、在学术的场合它处于一个什么位置。在杭州的讨论会中，大家提出一个问题：它应当是属于艺术学科呢，还是属于文学？可见，大家都意识到了它既有艺术的内容，也有文学的内容。不管哪个重哪个轻，谁也没有忽视另一面，有分歧正表明它是丰富的。我们学校的书法专业在教育系开始，后来到中文系，然而从学科构成上说却在艺术学里面，那么我们这个所应该在哪一学科里头呢？在哪一个里面都觉得有局限、有不足，都需要充实。文学的、艺术的、历史的、哲学的……各种东西都觉得不能缺少。还有一个现实的问题：我们的学生毕业之后做什么？这个问题，我更是思虑了好几年。就为了有这些想法，我没有敢解决书法系的问题。我们的毕业生应当满足国家的需要，但是我们除了书法还能干什么去呢？尤其现在，“书(记录)”的作用印刷也能解决。所以我总在想，我们应当怎么做，才能满足社会的选择。社会的要求很广，中国书协的队伍每年在增加，似乎用武之地甚多，但是专业工作者都做什么？

我们可以回想一下，前辈们在解放前夕是怎么生活的。他们是书家，但很艰难、艰难到生活都成问题，我们没有这样。但是我们对社会的贡献到底是什么？我虽然冠冕堂皇地说“以书焕采，赋以生机”是“书”的作用，但是社会承认不承认呢？社会需要吗？我们干什么、写什么字啊？

这些题目随时要求我们来回答。当然，我们可以这样回答：社会提出来的就是我们应当满足的。把种种问题都加到一块，那有多大呀?！几乎囊括了所有的学问。不会写诗不行吧?！不会写文章不行吧?！不会造出一个字句来不行吧?！不会造出一个词来都不行！我们的书作“焕”出来的“彩”到底是什么？今天是《滕王阁》，明天是《醉翁亭》，能行吗？我们为社会奉献作品，他们能欣赏多久、怎么看待？一个展览过去后又怎么样？这都是对书法工作者和从事教育的老师提出的重要课题，我们应当怎样回答？我始终在忐忑中。

所以我觉得，书学到底囊括多少、应当怎样建立合理的体系、已有的体系是否完备……时时刻刻我们都应当思考！用我们思考出来的答案回答国家、时代对我们的要求。只要社会给我们提出一个问题来，我们都要考虑，回答这些问题。社会提出要写，我们得会写；提出要做，我们得会做；提出要讲，我们得会讲。这些年我很迟钝，头痛医头，手痛医手，先走着，只能如此！我今天见到不少老朋友都来了，又亲切又惭愧！可以很乐观地设想，我们一起努力，将来总能把这许许多多提出的问题都归拢过来，都作为重点，理出一个头绪来！我们要把“书”的问题依托在文化上面，因为我们深切地认识到，“书”也是文化的结晶，它的真正功用是在文化上。

三、艺术与科学

第三个问题，是一个关于“艺术和科学”的问题。

这两天来我又想得更宽了一些。我上面已经谈到，我们把人文学科都纳入进来，这个想法够吗？我觉得还不够！我记得在二十世纪三十年代清华大学有一个规定，文科的学生必须在理科方面选一门课，选哪一门都可以，但是必修。理科哪些科目可以作为我们选修呢？逻辑学作为理科的代表让文科的学生选择。所以像季羡林先生他们这一代人，他就选了逻辑。当时逻辑教师不够、要求量太大，所以三位先生——金岳霖先生、冯友兰先生、张松年先生都来讲逻辑，三人讲的虽然不大一样，但都是逻辑课。我想把这个意思提给我们的学校，能不能在文科里面加一门理科的课？我刚才说到“积学升华，书文结晶”，结晶也好，升华也好，都是化学名词啊！我们理解的深度怎么样？“结晶”不是结成个硬块就算了，而是有一个提纯的过程。这样的要求我们远不如搞化学的先生们理解得深刻。

我还想提另外一个建议，能不能让理科的同学也选一门文科的课程，文科的课程不妨拿书学做一个代表。它可以使我们的学生受到素质的教育、文化的教育。

我在北大书法研究所成立会上见到很多专家。像金开诚先生，文艺心理学家，他说我们还要加紧地努力啊！我们两个学校有渊源，我们建立博士点，金开诚先生是导师组成员。今天北大成立书法所也要我参加，那是母校！我还见到王选先生，大科学家。他对艺术的爱好比我深得多，无论在收集资料上、还是在鉴赏能力上，都很精深！过去结识的王元先生，大数学家，我们每次在会上，除开会时间之外，他都找我一起研究写字、研究书法，我存留他的作业，几年几份，很了不起！他说他认识书法太晚了，现在正在加紧往前赶。他觉得艺术、文学、科学都同样的美，科学中每一个命题都是美的！这些在科学研究上深有造诣的先生都理解到了科学和艺术的关系。他们是亲身的感受者，他们的话都很真诚！我常说，搞艺术一定要有科学的思维，搞科学也需要艺术的灵感。彼此互相融通、涵盖、交织在一起，一定会相得益彰。朱家溍先生曾对我说：“我们要两不误。”什么叫“两不误”啊？没有误了读书、治学，同时也没有误了唱戏、写字！这些先生，无论是文学家、鉴定家、艺术家、戏曲家，都认识到了文学艺术和“理解”密不可分。你在某一方面真正深入下去了，就会有很深的理解，会理解其他方面的学问。我今天提出来的两个建议就是基于这样的认识。我想我们已有的实践经验和学术理论，都可以证明它的重要性。什么叫做强者？应该说是无所不能。把自己局限在就会写字，或者就会写文章，都是片面的。

四、“学”的问题

最后，我再简单谈谈关于“学”的问题。

什么是“学”？我们都在学，有的看来还取得了好的成绩，但是不是就满足了呢？不一定！“学”的目的应当是“会”。我们得问问自己，是不是真会了？会得多还是少？有学校要我写校训，对老师和学生说两句话，我说“学生应当是为会而学，老师应当是为学而教”。教的目的是让学生便于学，学生的目的也很清楚，就是要学会。我感觉我们的同学写字进步太慢，为什么？没当真学。如果说你当真学了，请给我一个证明。你不能给我证明，那么我就给你一个证明：如果你当真学了，你学了这么多年，难道就学会了这一点吗?！再强调一句，你学会了一个字没有?！我们总问“怎么学”的问题，一句话：学是从一个字开始的。

我想跟大家谈的主要就是这些，不能占用更多的时间了。但我还想听一听大家的意见，请大家提出问题来，我再申辩申辩！

附：欧阳先生对三个现场提问的答复

一、当前书法学科的建设，您觉得有哪些最需要解决的问题？

我想作为一个学科来说，“书”里面要谈的，书史、书论、字体书体的研究，这是最主要的。进一步，我们既可以把史的问题搞成史论，也可以把论的问题搞成论史，这都是“书”本身的。但我觉得还有一个极重要的问题是文化课、文化史应当怎样进行。我们这里有专门研究文化的老师来讲文化课、文化史的课，也有先生专门研究国学。

再有像碑帖学和鉴定的问题，也请图书馆的专家来讲。这些方面都是很必要的。其他方面，我很强调科学方法的研究，它所牵涉到的不只是书学的问题，而是各种学科，今天牵扯数学，明天牵扯化学，后天牵扯物理……无所不及。总之，我们想使各个学科都参与进来，建构一个合理而又全面的体系。

比方说研究到一个地方，不懂地理学就不好办了。我们曾打算去考察河北省的涉县，在邯郸的西边，有摩崖刻石十三万字，在许多书籍上或者没有，或者只是轻轻带过。但是我们不能不考虑：这些刻石为什么出现在那里？时代是什么时候？是不是就是北齐的东西？要把这些问题研究清楚，除了对它本身的考察以外，还要联系到北边的大同、联系到响堂山，再联系到山东的泰山刻石。这许多地方一联系，不懂地理行不行？不懂历史行不行？所以说，任何一个问题的研究，都会扩展起来，扩展得很广。

又比如，我们一个同学研究黄庭坚，里面就牵涉到“文字禅”是个什么？在佛学里面是什么东西？在儒释道的大关系里头怎么定位？这都是课题，不懂历史不行，不懂文化不行。

所以我说，如果把书学只理解成就是一个简简单单的问题，这太局限了！

二、数学系的同学要学书法，应该怎样学？

数学系的同学热爱书法，好！上面我说的好多专家已经走在前面了。我们可以想想，汉字的构图和几何学有什么关系啊？几何学讲的线和图形的许多问题，和汉字、书法作品的点划与构图能够联系起来吗？哪一些精微的计算不是数学问题啊！如果只是简简单单地说怎么写、怎么画都可以，那就不行了！所以没有数学的能力是不行的。有了数学的能力，很多图形的问题，都可以找到认识和解决的好途径，在方法上有自己的优势。再一点，前面提到了王元先生的认识，很了不起！科学中的每一个命题都是美的，这美和书法的美是相通的。重要的是要会"理解"，把它们之间好的东西联系起来理解。那么更深的一些关于书法的问题，也就可以逐渐地领会了。

这一点我再说几句。我觉得接受高等教育前一定要经过小学和中学的训练，太要紧了！各学科不见得全都精，但是要通，不通不行。只要通上一门，就可以通好多门。做学问是个金字塔的比例，下底不宽，没法升高，这是个经久不破的道理。为了使我们的学问做得好，为了使我们的艺术达到高峰，就需要多方面开拓。我们在历史上所见到的许多的书家，有哪一个是专门写字的？都是其他方面有成就的人！所以我们要囊括许多学科共同来思考问题，不要局限自己，不要简简单单地理解。

三、学书法一定要临帖吗？

临帖的问题，像是很简单的事情，其实不是。

我有一个观点：字是练不好的，只能学好！怎么叫只能学好呢？历史上有许多人，比方说王羲之、欧阳询、颜真卿……这许多大家被历史肯定了，是好的。当然我们今天也可以说王羲之不行，可以！怎么设想都可以，但是社会、历史是不是认可呢?！既然历史已经肯定他了，那么我们就应当先把这好的学过来。学过来的办法是什么？就是临帖。

有人担心，临帖是不是会造成历史上所有人都写得一个样呢？我们曾说过"馆阁体"千篇一律，事实是这样吗？你看过十份馆阁体的卷子没有？我相信没看过。不要说都一样，实际是都不一样！各有各的风格。但有一点是相同的，都好！

美在哪里？就在大家的身上。都是在相同中的不同，而不是在不同中的更不同。人有美的，有不美的。但是真美的，绝不是长得和人不一样！都只是两个眼睛，就这么横着一摆，很简单，都差不多，但是角度一变化，有的就美得令人眩目，而有的却不够美。还有没有第二个摆法呢？没有！只能是横着，或是稍微翘点，或是稍微耷拉点，都有美的。就是没有竖起来的，也没有摞起来的。可见“美”只是在相同里面展现了一点儿不同，而不是绝然不同！没有谁的鼻子是倒长着的，没有，不然下雨都灌水了！没有那样的情况。所以我们仔细地理解理解，到底美在哪里，到底怎样是美，值得思考。

临帖解决什么？第一是解决眼，第二是解决手。眼睛看得准不准？手上能不能把看到的东西表现出来？能不能这样：我要临的，却表现不出来，于是就改改，把原来长的改短一点儿、短的改长一点儿，行不行？很遗憾，王羲之死得早，他要还在的话，是不是还得跟你学呢?！那是不可能的事情。

不用担心，临了谁就永远跟谁一样，不是这样的。到目前为止，中国历史上还没有两个人的字完全一样！你还怕创不了新吗？你一定和他不一样，你想和他一样都不可能。不必说你和他不一样，他自己想和他一样都不可能！科学的理论，大家写的都是字，而字与字不同，差一点儿就可以千变万化，所以必须学。只要你的眼睛有了，你的手也有了，那个时候你的自由也就有了，想怎么做就可以怎么做，因为你有理由，你有条件！所以说要写字还得先临，哪怕临一个，看这手有多厉害！我不知道我这些话能不能说明问题！

二〇〇三年十二月十九日于首都师范大学学术报告厅

（任晓明根据录音整理，小标题为整理者所加。）

对书法艺术的理解*

有这样一个机会听一听大家的意见，我很高兴。给我的题目是“书法艺术论”我不敢接受，因为太大了，我也没有这方面的研究，我想改个题目，讲一讲对书法艺术的理解，我个人的理解。

第一个问题，正名，什么是书法

通过刚才的介绍，大家知道我不是学书法的，我什么都没有学好，稀里糊涂半路出家地搞起了这个事情，因此，我的理解很不深刻。

什么是书法，把这两个字拆开，书法的“书”字应该是一个动词，一个动作或动作的方法，简单地理解，应该说是书字，或者叫写字。“写”是个很古的字，在《国语》上面早就有这个字，和那个加三点水的“泻”字是一个意思，《说文》上说，“置物也”，就是把一些什么东西放在那里，写字可能是把字放在那里，可能是这个意思吧。怎么样放在那

* 本文原载《思想的声音》，北京，中国城市出版社，1999年。

里？成个什么样子？大概就是有方法、有规定，有法则、有法度，加在一起都是关于书的那些事情。可不可以说书法这两个字是关于书写的学问？这样说大概能摸到它的意思。怎么样来写，怎么样来书，要求怎么样？要求正确要求美观，因为这是一个要求用视觉来解决的，而说话是要求你用听觉解决的。大概“写”能够补上不用声音就得不到的东西，用一个写出来的东西让人知道，起交流作用。这里面有一个好和坏的问题，应该使它尽可能的美，我们给它加了一个词，叫做“艺术”，所以就成了书法艺术了。我知道这样一个词的时间是近十几年的事情。过去只知道“书”、“写字”，写得好的字，可以拿给别人作为榜样，可以提供给人们学习的叫做“法书”(就是可以作为法的书)，现在我们把它倒过来。如何达到“法书”呢？就是书要有书之法，即“书法”。现在这个词用的很混乱，我常听到有人这样说：“欧阳先生，请您给我写一张书法吧。”这事情我不好办了，我怎写给他一个书法呢？法没法写出来，我不懂。对书法这个问题，我是把它看做一门研究书写汉字的学问来理解的。通过这门学问的学习，掌握一种动作，能够去写出很好的字来，能够形成为艺术品，大概这样稀里糊涂的我们就把它说成是书法艺术。我想把这个概念再压缩一下，我们讲的是书，书什么呢？是书字，就是写字，可不是只写一个字，写出的字是能连缀成文，成一篇文章，成一段话，一个词组也好，当然这不排除还有一个字的可能性。但这不是主要的，比方，写个“龙”字，什么意思呢？不懂。龙这种动物没有，我们就假托着一种想象的龙，如什么“真龙天子”、“龙的传人”等等，可找不着这个东西，屋里挂个龙字，怎么回事？不知道。挂个虎字也不知道什么意思，是威武的很像个老虎，很可怕呀。写个狗就不能挂了，没法挂呀。写什么好像应该有意义，不是个简简单单地写字的问题，应该说要写出一个什么意思或什么思想或什么感情，你不应该什么都不写，就在上面画个道，这不知道在干什么。

所以我认为，“书”需要写出一些什么，而写得不得劲，写得文不对题都不合适。前几天，有一家电视台，为了过中秋节，希望我写个东西，写个“但愿人长久，千里共婵娟”。怎么让我写这个呢？他们说：“八月十五啊，屏幕上要出现的。”出现干什么？“表示祝贺。”我总觉得这句话放在这里不怎么太吉祥，怎么不吉祥？“这是名言啊、名诗啊。”我知道，可这不行。比方说，我和朋友见了面很高兴，“但愿人长久”，也可以祝愿，可“千里共婵娟”——非要分手，刚结婚就要分手，千里之外，一块看月亮，这个事不对啊。我们难免有“千里共婵娟”的时候，当面不能“共”，只好千里“共”，但如能当面“共”，何必要千里呀？因此不通，最后还是改了，没有写“千里共婵娟”，但是在播放的时候解说员还是说了“今天真好，千里共婵娟”。如果让我写，我是说什么也不敢呀，若要写了，不知道会有多少新婚夫妇来找我算账，你干嘛要把我们都拆开呀。所以，我们写字应该能够表达我们的意思，表达我们的感情。怎么样才能表达得好呢？当然有些方法问题，有些形式问题，比方说，怎么样用笔，怎么样结字，怎么样成行，怎么样成章，我想应该有这一套，应该有这些事情，这都是属于书法范围里的事，这是我想说的第一点。

第二个问题，汉字问题

我们学校（北大）有许多我的老师，各位都是我的学长，当然，论文字学各位都有很深造诣。我想从书法这个角度来说一说汉字。我觉得，我们中国有了汉字是我们的骄傲，我们过去曾经说过，我国有四大发明，但是这四大发明都已经过时了，应该说我们还有一个特大的发明，是汉字。我是这样理解的，我们的汉字有它的理性，它的科学性。我们现在常常谈到，文字是表达语言的工具，——因为我没有读过中文系，我不懂文字，我说点外行话。——我理解，文字不是表达语言的，我可能说完以后要挨老师的板子的，姑妄言之。我要问，那么语言是表达什么的呢？表达概念，你说书和写，我不说，我直接写和直接书，我这个书或者写是表达书的声音，还是表达我这个动作？我想是不是应该这么说，客观事物构成一个认识上的概念，这个概念用语言的方式，用声音表达它；可文字呢？用形体来表达它，一个是语，一个是文，两个一块充当作表现，是不是更直接一些？所以我愿意说文字是表达认识的。因为外国人他就是用另外的声音表达的，用别的语文表达，和我们用字完全是两回事。我还认识到，我们的汉字所以了不起，它和世界语言走的是两条路，没有用声音(拼音)，它用了形体，沿着过去图画那个道路发展了下来，它就是抽象的画，用许多形象，很清楚地表达了那些事情，所以我觉得这种认识能力是很了不起的。而且我最近感觉到，中国人把中国的汉字分成若干个部，每一个部找出个代表，叫部首，这个部，本身就是对事物的分类，属于金属的带金字边，属于液体的带三点水，属于地上长的植物带木字旁，是花草的都带草字头，是嘴说的都加言字旁，这一些本身就是一个分类，把许多事物、许多动作，把许多性质都作各种各样的字的描述。我觉得这个发明，至今不衰，它的代表性已经有若干年了，到目前，马上把它改掉是不可能的，它还要绵延下去。它已经为我们的历史立下了不可代替的功劳，而且将来它的功劳，更显示它的充沛，它的力量，很深远。中国有了汉字我是很自豪的，为我们的民族而骄傲，更有意义的是我们这个汉字本身就有它的艺术性，它是一个艺术的产物，而我们中国人的“艺术头脑”偏偏和“科学头脑”长成了一个，既符合理性的要求，又符合艺术性的要求。所以我觉得，这个结晶是智慧的结晶。我经常讲，“汉字”理性中有艺术性，艺术性中有理性，既是科学的又是艺术的。

第三个问题，汉字的书体和书写

我国汉字绵延了几千年，从甲骨文到金文、篆书、隶书、楷书、行书、草书这么多书，还有一些说不清楚的书，多的很。怎么理解？我们可以用虚无主义的态度来看，太混乱了。但是，我们也可以通过它来认识和理解我们人文智慧的丰富，也表明了我们艺术的丰富。我们都知道，当初我们所找到的甲骨文是我们现在发现最早的我们中国的汉字书体的字体。怎么都在甲骨、牛骨、兽骨上呢？不会在别处吗？是不是古代那时候龟很多啊？不会的，可为什么都在那上面呢？我们想，那时候没有纸，有一个平面供给我们在上面弄上字的东西，如果说有的话，比方说树叶、树皮，到现在也早腐烂了，没有了。不是说那时候，只会在甲骨上写，别处不会写，只能在甲骨上刻，不能在别处刻，不会的，既然能刻甲骨，那个刀能不快吗？能刻得动甲骨，也能刻得了树皮，这些都是很自然地可以想象出来的。那时候东西可能很多，而保留下来的，在地下埋藏的，我们现在发现的是这些。我们在甲骨上面找到的，给它个名字叫甲骨文吧，就甲骨文了；在青铜器上找到了许多字，我们叫它金文或者钟鼎文。那时候纸肯定是没有，布也没了，都腐烂掉了，所以刻在竹子上叫竹简，刻在木头上叫木牍。我们也很聪明，只把甲骨上的字叫甲骨文，青铜器上的叫金文，而不说竹书、木书、纸书，那不是文字上的区别，只是载体上的区别了。

字体这么多年发展下来，我们简单地说，太麻烦。我相信秦那个时代大概看到了许多金文上的东西，但只能搞成小篆，看小篆，到了汉代他们就看隶书。到了我们今天，该算算历史的账目了，发现我们古代太丰富了，什么都有，有甲骨文，还有金文，都有了，我们是高兴还是不高兴呢？有人认为太麻烦了，还得认这么多字。我认为，我们应当感谢我们的先民们为我们创造了这么多供我们欣赏的艺术宝物。而今天我们看来，哪一个国家，哪一个民族有像我们这样丰富的文字？归根起来，我们这么多书体，表明了什么？表明我们的历史一直沿着实用艺术的道路走了下来，我们的先民们在历史的长河中给我们创造许许多多的条件，给我们制造了这么多的文字，这么多的字体，给我们遗留下来，供给我们理解那个时候的历史，理解那个时候的文化，留给了我们这样一个书法宝库。

我再说一下关于汉字的书写

应当说我们的书写是有法度的，先贤们给我们创造了一个极好的规范，这个规范经久不衰。他们在研究汉字的书写上，尽了他们的努力，取得了成绩，积累了经验。这些经验，如果我们不接受过来，恐怕我们很空，积累了那么多年的经验，我们不吸收，要去创造新的经验，这是非常划不来的。应该承认我们的先民，我们的先贤在这方面的积累很了不起。

应当说历朝历代在历史上都有过高峰，走出高峰之后，第二代又超过了这个高峰，形成了一个新的历史高峰，这是在历史长河中的必然现象。我们也承认我们这个时代在向前进的时候，也总是有时代的前锋。这个历史的高峰和时代的前锋，不是一回事，前指的是前后的问题，高指的是高低的问题，历史上都是按高度来算的，但这两个不一样，不是一回事。我们想想它两个是一回事情好还是两回事情好，如我们把历史的高峰保持着，历史的前锋正好就是它的高峰，一个山的峰，一个金属的锋，这两个锋(峰)要是一个的话，大概是最高的理想。如果说历史的高峰是高的，咱们时代的前锋是前的，老够不着那个高的，历史永远跟不上咱们时代的前锋，这个事情既是麻烦的。因此，我想我们作为一个人，作为一个读书人，能不能既有一个历史的眼睛，也有一个时代的眼睛，把这两个峰(锋)结合起来。你不想合是不对的。我们绝对不能盲目地、一味地信任，比方说：行书字王羲之写得最好，王羲之是历史的高峰，我们永远追不上他了，我不这样看，也许我们今天或者在历史上早就有人达到了他这个高度，也许哪一个字，哪一批字上达到了他的高度，超过了他的高度，也许可能将来也会有更多的人超过他，我们相信。

但是他走过的路程，我们不要走，而要超过他，就稍微难一些。实践论认为，一切来源于实践，我想这是作为人类的认识来讲的，并不是讲每个具体的人的每个认识都来自亲身实践，并不排斥他应当接受前人的经验。比方说，火是烫的，早就实践过了，我不相信，还要实践一遍，摸一摸它究竟烫不烫，这是不可取的，作为我们最好能够少实践多经验，我们就最便宜。我们去走王羲之走过的道路，直接去学习王羲之，做第一道贩子，不做第二道贩子，这是不是更方便。我是一个不务正业的人，不大爱读书，不大爱用功在学习上，尽想“贪便宜”的人。我想，“贪便宜”不一定是坏事，如果我们能够不用功夫就把它学会的话，就不应该再用那个功夫。我听他告诉我那关键就行了，我何必再去绕那个弯呢？因此，我们应该接受别人的意见，接受他们的经验。

如何接受别人的意见？那就是学。对学这件事我是这么理解的，学就是“善假于物”：善于从别人那里得到，不是直接的拿，要从已经知道的人那里学来，不一定非要自己动手。比方写字，我不愿意用那个“死”功，别人写字的时候我不写，我看着他写，我怎么想呢？他替我写了，用他的纸，用他的手，用他的笔代我写，他的手一弄一个黑疙瘩，真笨！我写的时候绝不会这样写，看他写完了，我再写。噢，他那个地方拐不过弯去，我知道了，到这里会拐不过弯去，我回家一想，他们的亏我都不吃，这很便宜啊。这个方法要方便得多，沾光，我尝了甜头。应该向别人学习。你想从别人那里拿东西，人家不干，拿钱人家也不干，拿本事，他没法反对，而我们就从他那里学本事，这不是很好吗？这不就是学习方法吗？孔夫子讲“学而时习之，不亦说乎”，列宁讲“学习学习再学习”，所以人总是要学习，活到老学到老。这个话不错，都是好话，可是我们要细致地研究一下。

我有一个伙伴，我们一块念书的时候，他是一个大哥哥，高我五个年级。过了一年他高我四个年级，再过一年他高我三个年级，最后他和我一块小学毕业。我问他：“你怎么和我们一块走啊？”他说：“挺累的，这多好。”他可真做到了学习学习再学习。要是这样理解的话，学习是不是就是降班，降班很愉快，不累，这应该是不对的。所以沿着这个思路，我想“学而时习之”不应该是学习学习再学习。我认为那个“习”字还有另外一个讲法。我举另外一句话说，这个人了不起，游泳特别好，我们给他一个词，叫惯习水性，那个“习”就不是学习的“习”了吧，它是会的意思，深通的意思，“学而时习之”的习是不是应该当做通字讲，会字讲？“学而时习之，不亦乐乎”就是一学及时的就学会，很高兴。反之，学习不会，再学习还不会，越学习越不会，不会高兴极了，应该是一学就会，这是高兴的。刚才说了，有朋自远方来，不是有人来找我就高兴；是知道我学会了，他来找我一块研究，很高兴；他不来，“人不知而不愠，不亦君子乎？”他不来找我，没关系，不能急的慌，憋不住，这么大学问不来找我赶紧找他们去吧，不能那样。学而时习之，高兴，有朋自远方来，一起研究也高兴，没人知道，也很高兴，也无所谓，也不恼火，这就是君子。我想这样讲更合理些。所以我希望，我们不要把学占据中心，要学会才是关键，学了就会，学不会我非得学会不行，我要和它玩命了，玩命也会不了，就不玩命想一个办法会它。

写字看来很难，其实不难，就是你肯不肯学，你肯不肯把那个好的变成你的。你不是王羲之吗，我“吃了你”，我这个手是抓着王羲之的，抓完了王羲之，我还要抓欧阳询，当我抓完了王羲之、欧阳询，这个手就不得了啦，王羲之过过我的手，欧阳询过过我的手哪。一个你不行，因为我会他们“八”个，这可是不得了啊。我们应该在这个写字的问题上想好了，我肯于学他。他怎么写，你怎么写，这一遍不行，改一改办法再来，一笔一笔地学，一个字一个字地写，我相信你能学会一个字，就能学会两个字，学会两个字就能学会 10 个字，学会 100 个字，所有的字都会了，有人则不然，今天学王、明天学赵，后来又去学柳，学来学去，写了 10 年字才弄明白一个事，我学我自己最像，什么王羲之、李羲之都不成，还是学我最合适。比如，写颜吧，不大合适，写欧呢？还是不得劲？那你学谁得劲，没有得劲的。用完一阵子“功”之后，得出一个结论来，原来天底下所有的字都有缺点，都不如我这个字顺手。我这个字从哪儿学来的，跟“姥姥”学的，原来怎么样就怎么样，不学了。我今天写王羲之的《圣教序》，他那个教字真好，我以后非要写他，用他的字写封信，随便哪个字都跟他一样，这就快行了。但是，有些人，往往不这么想，总觉得它不合我的适，所以最后还是学自己最好。

还有一条很了不起的“理论”：“要创新啊”，“模仿别人的字是没有出息的艺术家”，“善于创新才行”，等等。我说，你创吧，我看你创，你能创出什么来，没得可创啊。一共就一道创什么？你只要学会一家就不得了，必须对自己有评价。笔笔有来历，字字有出处，叫做高手，叫懂书的人。以后我们又出来一句话，一个人的字好不好，要看“从何处来，到何处去”，从哪儿继承来的，又发挥到哪儿去了，有来处有去处，够了。只怕没来处，有去处，没来处是学谁也不是，有去处是就像我自己，这就不行。我想，把这门艺术，能不能先来一个先学后创。我发现个规律，喊创新的人老也创不出来，老喊保守的人，可他怎么也保守不住，这是一个怪事。为什么创新创不出来呢？我想写字这个问题，虽然是艺术，我也愿意定量定性分析。我们知道，化学里，把两种东西放在一块，就会出现第三种，出不来第四种。

写字，也同样写完这个再写那个，也出不来第四种。这个到底加点什么，去点什么都一致。因为我总愿意搞艺术的时候要有科学的思维，要搞科学的时候不妨加一些艺术的灵感——好多科学上的发现，很可能都有艺术灵感起作用。搞艺术没有科学的思维搞不成的，不会分析不会综合，甚至也不会模仿那是不成的。

应当说书法艺术说白了，就是个写字问题，要不承认它是个写字问题，只承认它是个很高雅的了不起的艺术不行。我自己是个读书不成、搞艺术也不用功的人，所以没有什么给大家说的，我只是想说这么一句话：对于历史上或者现实中许多问题，我们要分析，要比较，分析、比较它的什么呢？要分析、比较它的源渊、结晶，比较它的不同，寻求它的相同。为什么说要比较？我们要在比较中知道它的不同和相同。我觉得，我们的历史，我们的社会，还都在不同中追寻着相同，我为什么有这样一句话呢？我要说我们这个社会是有共同标准的，比方说，一个具体的尺子，秤砣、秤。它都是干什么的？因为用一个共同的东西，一个尺子，去量那所有的不同，量谁长谁短；用一个秤去称它，谁轻谁重。尺子量长短，秤砣量轻重，这是有标准的，能不能把这个标准取消呢？现在艺术上谈“多元化”，在实际上就取消了标准，太可怕了。没有尺子，你说谁长谁短，没有秤，怎么知谁多谁少？都不行，这是不成的，必须有个共同的尺子。艺术是个人的事，但是有个共同的社会要求。我想，还是尊重历史，尊重社会，多向别人学习，把别人的长处都集中到自己身上来，大概就是长的、高的，就是重的。

关于书写上一些具体问题我不想多谈了，总的一句话：写字真想写好，就要见贤思齐，谁好跟谁学。认准了王羲之好，就学王羲之，这样的决定是对的，谁也离不开这个道理，不要想自己创，学一阵子之后再创，学的越多，创的就越好，这是必然的。

我想给大家汇报一个东西，请各位学长指教。80 年代我们国家就有了对书法这门艺术学习的系列，就已经有了硕士这个学位。这是从 80 年代到 1993 年，我们知道日本有博士学位(书法艺术)，法国有博士学位(书法)，美国也可以写书法的论文得博士学位，我们不行。这个事情很惭愧，没法向历史汇报，我们在前辈的努力下，正式向国家提出要求，提出建议，国家同意了这样一个安排，就在 1993 年批准了书法艺术的博士学位点，它属于美术学，大的范围属于艺术学。艺术学这个范围里，一级学科是艺术学，二级学科是音乐学、美术学。书法属于美术学范围。大家都知道，在搞写字上，在搞画上，最高到硕士，必须进入理论的研究然后才能到博士学位。咱们国家就决定大家一起来研究一下，怎么样使这门独特的艺术达到高层次的研究，不是说普遍开花，大家都来搞这个研究，要少数的，我们应当集中一些人，把这个事情搞清楚。这里边无非是字体、书体的研究，古史的研究，书论的研究，中国文化的研究，国家的研究，我总是说要把中国的书法放在中国大文化背景中来看待它，才能看得清楚；它不只是一个简简单单的艺术问题，它是个学术问题。它不从历史的角度研究不行；它不把历史变成论、史论来研究不行，只从书论研究不行，不把书论变成历史的研究也不行。

所以说要把这门学问树立起来，建立一个比较完备的学科，还需要各方面的人来关注。我希望，特别是我们北大的各位学长们，共同投入力量，来研究书法艺术。我这样说不是毫无意义的谦虚，从这个门里出来的都是同学，虽然年龄有大有小，时间有先有后，学问之道也有高低，可以年长而道低，可以年幼而道高，所以过去就称呼道兄道长(学长)。

今天有这么个机会，给我的各位学长们汇报一下情况，汇报一下我脑子所想到的，我们理解到的关于书法艺术的情况，我把它看成是一个学问的问题，希望得到学长们的指正。我说完了。

庚辰论书*

书本小道，自古已然，而今人竟以为艺术大道，大势所趋，余亦被裹劫而来，不得不随波逐流耳。

审而视之，却也不无道理在焉。是而置身其中矣，花甲后四年竟走出博士学位点；七十又一又走出博士后项目。于学程而言之，可谓已至极矣！

道不当为小矣，而究其实，更须竭力而为之矣！

书一事，析之为三：书艺、书学、书道。

艺者，法也。诸如指腕臂之使转，笔毫锋颖之起落操纵，墨之浓淡枯润之调和，青檀生熟之掌握，砚池石眼之讲求，笔画之形质、神姿、健媚、顾盼，字型之体势，结字之偏旁避就，字距之穿插，行间之贯气，交错之萦带，连断之节奏，章法之起承转合，以至于整体之品味，等等，皆须处处细究。

既须俨然如理，又须情韵和畅。质言之，即技无不能，

---

* 本文原载《中国美术馆当代大家邀请展作品集——欧阳中石》，石家庄，河北教育出版社，2005 年，转载于《中国书画报》2007 年 2 月 26 日。

法无不合，情无不谐也。

技之为艺，必眼会心，手会心，皆须能得于人，能出于己，能将千古置于左右，必待无所不能，始可游刃其中也。

书之为大学问，必应知其所以然也。

书者，书字也，汉字也。古者如何，今者如何，如何变来，皆有所自。

所存字迹如何，作者为谁，资料文献如何辗转，如何传递，师承薪火，汇集梳理，寻其因果，则治之为史也。

史学者，有迹有论，言之、记之、论之成理，有体系，有资料，有佐证，即可信也。

书论者，论求书之优劣高下。如何而优劣，如何而高下也，以至于定其标准、尺度耳。

前人论书备矣，而今人则更有一番新论，而且人自不同，其理安在，公允之见如何……凡此等等，正是学习必知之者。否则去从失据，不知其可，如之何则可也。

至若如何鉴定，如何认定其真伪，当然亦在论例之中。尤其遗迹既夥，真赝杂具，优劣纷沓，讹误众多，头绪零乱，自然也成一门学问。

我国地大，埋藏丰富，年代久远，转徙多变，散佚飘落，必须多见多闻者，方能识其消息，理其绪脉。

甚至刻石到处，拓片何代，亦大有考究余地，亦应单独列作一学。

而今各地博物收藏，多已公开所秘，出土亦渐新渐广，不能即时蒐求，恐守株而卑矣。

尤其散乱于国外者，更应账目清楚，否则家珍无数，则不肖之极也。

所谓书道者，或谓之书德，皆可，但绝非日人之谓也。

道者是其本质，德者是其所守之本分也。

字词示其概念，连字为文以陈事论道，简言之，文化之事也。从史论之，书以承传文化者也。历史功劳固不必言矣，即使以后，书之意义亦恐绝无可代之者。盖书之可增其光芒、色彩、力度、声音、节奏、旋律、感情、灵动、舞蹈、跳跃诸能也，是故原虽小道，而成为大器矣。

此正文所载之道，所抱之德能也。

大凡所成之文字，莫不可以胜其任。尤其如诗、词、曲、赋、联、辞、诔、铭，更是习见习用之常事，故必为常，则不可稍有怠忽也。

至如各体使用时款式、格局、称谓、纪时之礼俗诸种杂识，虽似末微小节，亦足为人齿冷，使人目以不文也。

是故余力求置之文化，以期成一充实广阔而渊深之学科，与其他诸科并列，为诸科扬出些许的光彩，庶几纳书一事于当途也。

中石蒐毫于庚辰端月初七日

关于书法的事*

——欧阳中石先生书法报告会记录

今天我想谈我对书法的一些想法，什么叫书法，书法是汉字书写的一门学问。这个意思很明确，但是和一些字眼碰撞起来，还必须要解释，如“书”和“写”，“写”这个字在历史上出现的时候，并不见得比“书”这个字眼更晚，总的是一个字体一个字，显现的一个活动，是个动词，我们称它为“书”或者是“写”。写什么呢，写汉字，我这几年的理解觉得我们的汉字了不起。我们曾经说过四大发明，而且那四大发明都在随着时代在变化着，而汉字的这一大发明没有随着时代而减轻了它的责任，贬低了它的光辉，好像是越来越重地、鲜明地展示了它的贡献。

在哲学上康德把世界的事物分成了十大范畴，门捷列夫曾经把元素作为一个周期表，这一种分类应该说对世界是一个了不起的贡献，可我们的汉字没有这样，我们做的工作还不够，比方说：汉字分成若干部，每部里边举个代

---

* 本文原载《北京书法》2003 年 3 月 20 日。

表(部首)这就 200 多个部首，就是 200 多个类，而这些类就是对客观世界许多类的反映。我们古文字的研究贡献很大，把许多不能认识的、不能理解的都解释出来，很了不起。可是，我们从宏观上作一些类别的划分，目前还没有开始，我觉得，这些类是人们对于客观世界认识上的划分，这个类到目前为止，还没有超出这些类之外，尽管随着历史建了许多新鲜的事物，但是还都在这个类中。比如说：化学元素出现了一些新的，带金字边的，往上加吧，加什么都可以，发现了什么气体，带个气字头，大概所有的气都在其中，没有出现更新的许多类。想从这一点上说，字有多少，就等于我们发现了多少事物，从有汉字开始，不断地丰富，一直到现在，还包容在这些字之内，所以我觉得，这是我们的一个重要的贡献，这贡献我们尊重它，是不是还可以更加尊重些，我为什么谈到这一些？我觉得这是我们的基础。关于书法的问题就是围绕着这些汉字而产生出来的一门学问。

书是写，写得好的可以提供别人学习和模仿的，叫“法书”，把它汇集起来成为学问的叫“书法”。就好像艺术加个艺字，艺的什么？艺的是术。其他法也是同样，如日本叫书道，也有这样含义的，如佛法无边等。有好多法都是这样意思，这样简单一说，区分开“书”、“法”、“书法”这几个概念有个好处，知道我们是干什么的。比方有人专搞书法理论，我们说他是搞“书法”的，他专心在写字，我们说他是搞“书”的，说他是搞“书法”就不一定确切。比如，拿出一张字来，说这是一张“书法”，就很不妥当，我们说一张字为一张“书”可以，说“书法”不妥，但是在口头上还这么说。

我想了想，我们现在搞的这个事情是一个什么事呢？我想这样说：“作字行文，文以载道。”写字是什么？是为了行文、作字，行文是为了什么？是文以载道，这就把我们作字这个问题提高到了一个应有的高度，不是随便乱写，是为道而服务，另外展示字的除了书写的办法之外，逐渐随着社会的发展，有了印刷，现在更有了电脑，它们也可以作字，更可以文以载道，那么我们的书还有多大的意义呢？有时接到许多朋友的来信问，现在电脑时代啦，写字那么慢，又没有价值。应该说社会在发展，科学在进步，对于我们一个简单的写，是起到一些冲击作用，但是我觉得它自有它自己那一份工作。我后边两句是："以书焕采，赋以生机"，用"书"这个办法我们要载哪个道？行哪个文？焕发出它的哪个光彩？使它比印刷的、电脑的光彩更加鲜明些，但是也有不鲜明或写得更不好的，我们希望的是能够焕发新的光彩，能赋予它很好的生机，能不能这样？完全能够这样。所以我写这四句话"作字行文，文以载道，以书焕采，赋以生机"是我这几年来写字的认识，我不想把"书"的问题提高到没有它不可的高度，我也不想把它贬低到没有作用和耽误事的位置。我觉得它有它的贡献，它可以使许多文字上的东西焕发出光彩，没有神采的焕发神采，没有节奏的有了节奏，它可以使那个字更加鲜明，展现出它的生机，这个"书"的作用还是有的。在这一点上，回想起我们的古代，在春秋时期曾经搞过一个活动，叫"悬书"。"悬书"的意思是说，一个县城里边突然出现一件事情，怎么办呢？就把它写成大字，挂在城门上让大家都看，叫"悬书"，郑国特别兴这个事情。这样的好处是什么？不单有记录的作用、交流的作用，更重要的是广而告之，让大家都能够看到，这在我们书的历史上成了一个保留节目。建筑离不开它，现在保留的许多中堂、楹联，都是由这样而来的，都是在没有说话之前，来个先声夺人，把我们要作的事情，把我们保持的身份和高度，希望别人得到的东西，一下子展现出来，还没有让你进到屋里面去，就让你从楹联一看就知道家里是个什么境况，你走到屋里面，看到中堂，就说明了主人是什么人家，到现在出现更多新的建筑，新的形式，无处不用文字，这些确实显示了我们的文字随着我们文化、生活，在人群之中的作用，是生活的一个部分，是很重要的部分。把刚才的话分析一下是两件事情，一个是学问，一个是艺术，把话说的执著一点是，一个是学问怎么作的问题，一个是字怎么写的问题。

我在工作中紧紧地抓住这两项，从大专生到大本再到硕士生，一直到博士、博士后，使得这门学问深下去。我很希望我们这个学科和其他的学科一样，是学科中的一门特有的学问。这是我给大家汇报的一个问题，书法是汉字书写的一门学问。

下面我谈一下我在教学上的问题，我的教学要求是学问怎么作的问题，紧紧地把中国的文化，各个方面的文化概括起来熔铸在“书”的下面，作为“书”的基础，从字开始，一直到文、到诗都概括在里面，所以一直读到博士了，还有读不完的学问，也应该说除了从字到文还要从传统到发展。

对传统我自己有个理解，传统是开始有了一直到现在还在承传着的，还在起着作用的，这叫传统；如果说传了半截就停止了，不传了，这就不叫传统。比如说，裹小脚，裹了一阵不裹了，曾经传过，曾经是历史上的一个现象，没有成为我们的统，很快就结束了，这个就不是传统，在我们的思维中，总认为传统是过去的，我们理解的传统是传来了，但是不是过去的还不敢说，也许到明年、再过 10 年、再过 20 年，它依然存在，还起着作用，它仍然是传统的。概括地说，包括传统也包括发展，我们不是到现在为止而是往后要看的更远，所以我要求学生不但要懂得古代的，也要懂现代的。不但要懂得中国的，还要懂得外国的，到博士学位的时候，全心全意要会两门外语，在学问这一点上我们是把中国的文化，特别是国学这一部分，都作为必读，认真学习，只是在里面作了简单的划分。

我们的古人很了不起，他把所有的书，一部分叫做经、一部分叫做传，分成了不同的理解，现在的书确实比过去多的太多啦，如果理不出经、传的话，就要费很多时间。所以，在作学问的时候要抓住经这一部分，对学生的要求必须达到一个“会”字。比如诗词，他们不但会读，而且要会作，因此，我们的标准是在学问上要求会，在艺术上要求能，能的达到我强调学，不强调练。我感觉字是练不好的，可以学，看着谁好，把别人的拿过来，变成自己的，把别人的能力变成自己的能力，变人为己，这是艺术能力的培养。什么叫能者？是以无所不能者为能者。把别人的会变成自己的会和把自己的变成别人的不一样，把自己的变成别人的不就这么一点，顺手推出去就是了，管你会不会，方便的很，可是要把别人那么多的都要集中到自己这儿来，是很苦的。所以说，做学生苦极了，让学生达到这一点，他不会，你更苦，在我教学的这几年大概博士生都有不能按时毕业的，学问作不来不行，字写不来也不行。

我还不能回避地再谈一个艺术创作的问题，我原来不懂得什么叫做创作，不就写张字吗？怎么叫创作呢？我现在逐渐懂啦。应当说，在写字的问题上也确实有艺术上的创作问题，目前，大家的想法很多，社会在发展，人们的思维在变化，以至到了非常活跃的地步，思想更解放了，于是就出现了许许多多的想法，许许多多的理论。在许多理论的指导之下，出现了许许多多的艺术创作，我怎么看待，我不想作批评，好坏我不想说，我只懂得一点，需要确定标准，不确定标准，就没法衡量。为这个事情，我写过一首诗：“度步知长短，称衡决重轻，弃权折规矩，各自任纵横。”意思是走一走步子，简单说就是用尺子量一量就可以知道长短，用秤来称一称就知道哪个重，哪个轻，这两句话应该是天经地义。要想知道长短，就得量，要想知道轻重就得称。因为它是标准，就这么简单。后来是把秤砣扔了，尺子也不要了，给它折断，你愿意怎么办就怎么办吧，也没法量了，也没法称了，谁轻谁重也不知道了，长和短谁也不明白了。我写了这四句把该说的话都说了，头两句说有标准，后两句说不要标准，哪个对啊，我没说。在我的思想里边，无所谓对错，在我们的艺术创作中，也无所谓高低，谁愿意怎么办就怎么办，字谁愿意怎么写就怎么写，不就是这样吗？谈不上行与不行的问题，我为什么这样说呢？我们作为一个艺术工作者，应当尊重每一个人的选择，他一定有自己的奉献，他把他的艺术生命投入进去，得出的结果，你能够轻意否定掉吗？否定不掉，他有他的想法，他有他的艺术思想，应当尊重他。我也相信我们每一个人也绝不肯自己往低处走，也都在往上追求，天天向上，这一点没问题。但我也知道另外一条规律，也不可能都得天天向上，也有向左的，也有向右的，也有向下的，如果不是这样的话，都想着天天向上，也确实有人在向上，可不一定是都向上，如果都向上，这个天早就冲破了，它为什么没破呢？就是有人他没有向上，每个人有每个人的想法，每个人有每个人的标准，谁也不能强加于谁，他是想把他自己的想法都体现出来的，他自认为的方向是向上的，但是不是向上那是另外一个问题。所以，有些事情也不必见怪。

当然，还有一个事情，我们也非常乐观，从历史上看是不是每一个时代都在更替着，也是五花八门地向前走着争着天天向上，而这个时代过去了，有人来作总结(顺着历史潮流来作总结)，有的被历史承认，有的被社会承认，有的被否定，那是身后的事情，自己说了不算的，自己的想法也不算的。因此说每个人可以没有标准，可以展开思想的翅膀飞翔。但是，有人会给我们作个总结的，这个总结不以我们的意志为转移，有当时的问题，有历史的问题，有前进的问题。所以我想任何一种实践，我们都应当对我们的艺术创作充分地发挥自己的想法。

把我说的问题分开层次来说，各人的理解是一个问题，教学的需要又是一个问题，包括社会认可这是三个不同的方面，不能用一个标准要求下来。因此，我对比赛就不大感兴趣，不希望在校学生参与社会上的比赛活动，自己也不想参与到被评判的位置上去。所以我这许多年来凡处在一个置身其外，但思想又一直在其中，虚心地思考着，关于“书”的问题和“书”的一些现象，我没有想否定过任何一种说法，我只是想把某一种说法放在它应有的位置上就对了。大家说你的思想太保守了，我听着不反驳，但我心里不承认。总起来说历史是个标准，社会是个标准，它们都很无情，但也非常公平。我们谁也逃不了被历史评判。

在教学上我要求学生要无所不能，除了打圆心，还会打非圆心，除了会打各种的非圆心，更会打圆心，如果能达到这个高度，他应该能跟得上这个时间往前走，能够与时共进。这是我这些年来在教学上和我自己的作法上的一些体会和认识，向书协的老朋友、新朋友、各级领导作一个汇报，是不是我这样做能够符合要求，我很希望大家的指正，耽误大家很多时间，对不起！

（温彦国根据录音整理。）

关于书学研究问题*

关于“书法”的问题，我想从汉字开始说起。我和我所见到的外国朋友，他们都对我们的汉字进行过高度的赞扬，我深深地感到汉字是中华文化的结晶。我们回想一下，在上古的时代，我们人之所以区别于动物，一个重要原因是语言，语言是我们的祖先在实践中创造成熟起来的，方便了交流，但是也有一个困难，话出如风，说完了就没了，这就是说非得写出来才能远距离交流。而正是这些文字把中国文化记录了下来，我们都能看得懂、理解，我们对于它们的含义今天还很清楚。虽然我们已经废弃古文，但是这些文字的含义我们还是理解的。我愿意把“文”和“语”区分开来，而且“文”有“语”所不能达到的作用。就是因为基于汉字的“文”，我们的文化才得以流传，使得我们还能和两千年前的古人交流谈心，还能理解他。这都是靠汉字，这是我们祖先留给我们的宝贵财富。而这些财富的表现就要靠“写”。我说，汉字是中华文化的结晶，而书法艺术则

* 本文原载《中国书法》2004年第11期。

是结晶的光环，即使在电脑普及的今天，我们汉字的书写并没有显得衰微，反而更显示了它的重要意义，它展示了我们的时代的精神。它将随着我们时代和文化的发展而越来越成熟。总结历史，我们把这些东西整理出来成为一门学问，叫“书学”，或者说“书法学”。就是把关于书写的问题都涵盖在内的一门综合的学问。在历史上，许多书家的创作给我们提供了值得研究的经验，在理论上，也有许多颇有建树的理论家。我们学习书法既要学习他人的经验，又要知道书法理论。其次，还有许多的常识——一些书法理论之外的常识对我们的学习也会有很大的帮助。比如说关于笔墨等用具的常识，古人的书写习惯等。这些知识都构成了“书学”这门学问。再次，一个人素质的培养，“书”起了一定的作用，中国古代有“六艺”——礼、乐、射、御、书、数，其中就有“书”。我们小学时候的写字课，要求我们写得横平竖直，其实就是在培养我们尊重事物本身的性质来完成事情的素质。我们如果看到了历史，看到了未来的挑战，看到了书法培养一个人素质的作用，我们就不能不把它看做一门学问去研究。然后，我想谈书写的内容问题。想要知道书写的内容问题，需要多方面的知识，文学、历史、美学甚至包括科学。我总结了我的写字经验：“作字行文，文以载道；以书焕彩，切时如需。”“文以载道”就是讲书写的内容问题，书写的内容应该有所表达。表达什么？就是要“切时如需”。就是说，我们的文化要切合社会和时代的要求，这也是我们书写者的任务。我相信，社会是需要我们的，时代是需要我们的，只要我们做到了上述的四点，书法在新的时代是充满活力和生存空间的。

（张远晴根据录音整理。）

书法在生活中的意义*

我今天来到这个学校，感到非常亲切。因为淄博也是我的故地。算来在七十年之前，我曾经在博山的两个小学都读过书。一个是西冶街，一个是考院。所以我来到这里有回到故地的亲切。尤其是我来到理工大学与大家见面，在一个一般的综合性的或者说是一个文科学校来讲现在的问题，可能很平常。如果在一个理工大学里来讲一讲艺术的问题，就很有意义了。我觉得这是给了我一个学习的机会。我当着众多的理工研究者，说一说艺术的问题。如果能够得到大家的认可，就是做对了；如果能听到大家的意见，那就是我得到了学习的机会。所以，我很高兴来到这里向大家汇报我的认识。

今天想谈一下我对书写的艺术这个问题的认识。书法是一门艺术，而艺术在各门学科中占着一个什么位置。我是这样理解许多学科间的关系的：在我的认识中，我们的

---

* 本文是2006年10月22日在山东理工大学的讲座，原载《中石先生情系淄博教育》，中国出版社，2007年。

学问有两大类：一类是文，一类是理。而理是规律的发现，文是对规律发现中理解到的轨迹的表现。这两项应该是学科中最主要的。我们常说，一个人生活在天地间。天和地本来是自然的事物，它们之间有固定的理论和规律在。比方说人长的这张脸，有鼻子、有嘴、有眼睛。鼻子管闻，竖着长；眼睛在上面，横着长；下面一张嘴，也是横着长，就没竖着长。如果竖着长，说话的问题不谈，吃东西、喝水就成了问题。一张嘴水就顺着流下来了，东西也就掉了，很困难。偏偏这张嘴是横的。眼睛分在鼻子的两边，可以左右看，耳朵左右听，这是自然的。它们之间可以活动，活动形成一些痕迹。嘴上下开，还向腮帮子两边开展，这需要有个活动的余地，于是就形成了两条纹。这两条纹长的很有规律，在鼻凹的上方，向下弯，到嘴边又扩展了一点。就因为这两条纹，嘴可以上下开合，脸可以两边开展，这是自然反应。所以理和文是规律、是规律的轨迹。眼睛闭闭张张，两边出来了鱼尾纹，抬头又出现了抬头纹。这都是活动的结果。所以我说，理是规律，文是规律所形成的轨迹，完全把他们从理论上归纳起来的是哲学，把理论给以实践的是工程，把文加以美化的是艺术。因此学科之间有的是根本的规律，有的是展现的轨迹。所以今天能和理工大学的朋友来谈一谈关于艺术的问题很有意义！我说的如果不对，就希望大家指教。

前几年，有一个事实很值得我们思考。北京有一个工艺美院，还有一个清华大学。清华大学是偏重理工的综合性大学，工艺美院原来属于轻工业部。前几年我们的教育制度有一个规定，除了教育部有条件办学之外，别的部都不要办学校。这样分布了一下，凡是带中央的“央”字的都归教育部，所以中央美院归了教育部。凡是带“国”字的归地方，中国美院就归浙江。工艺怎么办？于是找了一个地方，很自然的清华大学收录了工艺美院。可见是把理、工、艺术和在了一块。所以今天在理工大学来谈艺术的问题，这是很合适的，是按照应当发展的规律的一个很必然的举措。

现在我来谈一谈关于汉字书写的问题。我觉得汉字是中华儿女的智慧的结晶。汉文就是把字集中起来表达文意的，就是把这些结晶组合起来形成的串珠，而书写有它独特的意义。它是在这一串一串的串珠外面加上的一层光环。在人们的交流中语言是原始的，我们可以把语言的声音记录下来，直接成为声音的交流，传达意义，既方便又真实。但是，它有个时间的持续问题，有个空间的听觉感受问题，要很长的延长是不能的。我们社会在发展，我们把这个加以科学研究，可以录制下来让它持久，可以广播出去传达很远。但是在古代的时候没有这么方便，我们中华的祖先就很了不起地创造了我们的汉字，把它的形象给记载了下来，让很远的人能够看到这个形象，理解了意义。在这一点上，我们感谢我们的先民，他们真了不起。着重地以形体来交流思想，所以就以书写的办法形成了汉字。我们的汉字以形为主，就演化地发展了起来，在历史上经过多年的磨合，逐渐地使我们的字体越来越贴近生活，越来越让我们使用得方便。从古代的甲骨、大篆、小篆、隶书就这样地发展了下来。汉字汉文的问题，我们不是自我骄傲，不是夸张，不是要比过别人。我们最低限度可以认可我们的民族一点也不落后，而且很了不起地创造了汉字汉文。我们的汉文在记录语言上是那么的简练，我们现在读的古文，不是当时人们语言的记录，而是人们语言的一种加工的浓缩。我常爱举一个例子，那种古文言非常难懂，但是不说便罢，只要说出来，大家都欣然接受，就像我所讲。我记得在“文化大革命”里时兴的一句话，比方说我不同意你的观点，你的观点简直让人难以接受，就说这样一句话“是可忍孰不可忍”。这句话是文言文，谁也没经过老师去教导，也没有人解释过，可是在人们的口头上，在大字报上就屡见不鲜，谁都能懂这句话。“如果这样一种东西可以忍受的话，还有什么不能忍受”就成了人们的口头禅。这就充分展示了所谓古文中的语言的力量。所以我很强调我们的汉字、古文。

随着我们的文化的发展，自然而然的就要把他们记录下来、表示下来。为了一步步表现得方便，而且还美，我们中国就兴起了书写的艺术。书写的痕迹是书的作品，怎么样能写得好是书写的理论。正如从古代到现代遗留下来的许多遗产来看，从已经遗留下来的许多理论来看，书写这门艺术已经成为了一种很完备很深厚的一门学问，我们把这门学问笼统地称之为“书法”。原来这个字眼是书就是书，写就是写。我们现在手写的这个“写”和旁边加上三点水那个“泻”意思是一样呢。过去我们要想表达一个意思、表达一个概念、表达一个判断，我们要把它拿出来。要告诉你是头牛，你不好把一个实物牛拉到这儿来，为了表示你拿来这个牛，就把它放在这个地方。古代人就想了个办法，用泻，把一个东西泻在这个地方，就是摆在这儿。就是泻的一种形状、一个形象就是一个字，写成那么一个牛就摆在桌子上了，大家就可以看了。

书和写都是为了对字的表现。一个字它本身怎么表现，我们的先民有办法，用形象代意。牛的正面摆上一个牛头、牛身，要来一个马就不好表现了，就需要马侧过来。(幻灯片)我们可以……这牛……要画一个马，那就只好这样了……看侧面就可以看出个马来，画个鸟就可以画个……你可以画个鸟……用画就可以表现概念，这种办法用形意来表达我们的意思，这是我们中华儿女的创造，真了不起。这一步步地转化字体，最后转化成今天的样子是有一段历史过程的。这段历史过程走得很平稳、走的很平妥，大家都认可都接受，而且在里头也要求画出这个形象，变成一个灵活的、有生命的，这就有了艺术的手法。

我这个字写得不好，我们的艺术家、我们的书法家们就可以把它写得很有生机，这是我们了不起的一面。把一个字这样写出来，把一段文字结合起来写出来，把一段文字写出来，这就是我们的艺术。艺术，主要的一点就得求美，美在人们的生活中是不可离开的，必须时时刻刻生活在一个美好的环境中，追求着一个美好的未来。让自然的美充分地发挥，自然达不到的美，也在人们的思维中使它升华，这就是艺术的办法。

有的专家说艺术怎么讲。有一位也是咱们山东的老乡，就是艺术家李苦禅先生，有一天他说："我想起这个艺术是什么，搞了一辈子还不是很清楚，好好地一琢磨才懂得，艺术就是造谣言。"为什么艺术是造谣言呢？艺术上都是假的。但是却是以假为真、以假求真、以假超过真，明知是假理解为真，人们愿意听这个假。我想想他说得太有道理了。画张画，画张山水，不是真山不是真水；画朵花，不是真花，可能比真花还美；画个人，画个女同志，很美。他就想，见到的人有的眼美，有的嘴美，有的鼻子美，他把它们画在一块就凑合了一个真正的美，画大家都承认的一个美，这是艺术的手法。艺术的手法是把真的用假的表现出来，而胜过真的美，使人们满足美的要求。所以我也就想到，我们理工的朋友，为了把理论实现，用工的办法，而工的办法还需要更抽象一些，就采取了艺术的办法。所以在理工的学校里面渗透艺术课这是理所当然的。这一举措是极其英明的，我相信，过多少年，我们一定会把艺术上的东西通过工程的实践，展现的变成现实、真实美。

当时，李苦禅先生还特别举了一个例子，举了《月下独酌》这首诗。李白这个人喜欢喝酒，而且还喜欢豪饮，喜欢大家一块儿喝才高兴。但是，这天晚上没有朋友，只有自己，把酒摆在那儿就想喝。觉得很孤单，他一抬头看到天上的月亮，一低头地下有个影子，所以就成了对月成三人。明明是一个人，却变成了三个。他一向他让酒，他也向他一让酒，照那个影儿，你怎么比划他就怎么表演，结果他看很有意思，他们三个人就喝了起来了，一喝就喝了一夜，把自己哄得挺高兴。大家看这首诗也很高兴，这些是谣言，可是很有趣味，所以苦禅先生说艺术是造谣言，造得很好的谣言，大家都喜欢听的谣言没坏处，很好。逐渐地，在人们的思维里面，把真的、假的，在艺术问题上不是犯错误，而是非常好玩，成了大家可以生活得更幸福的一种做法。比方说，我们看一张画画得很好看，说："你画的画多好啊！和真的似的。"什么叫好画，得像真的才是好画。"哎呀！你看这个山水多漂亮啊！和画一样。"真的要像假的好看，假的要像真的好看。到底是谁真，到底是谁好看、谁不好看，两头就互相说的有理，这就是真实与艺术之间的很巧妙的结合。

我深刻地认识到，我们先民们创造了字、创造了文、创造了书这些艺术，就成了在我们生活中一直伴随着我们发展的一整套艺术。而且这门艺术经过了历史的考验，经过了历史的筛选，选的许多内容是它肯定的，也是曾经被抛弃过的一些，这就是自然的。中华历史的长河给我们明明白白摆开了一条全部遗产中的优秀遗产，供给我们选择。我们的人们在历史上约定一条，哪个是好，哪个是不好，是共同认定的美。如果说我们这套美的认识是一个传统的话，一直传到今天，我们对美的理解有过许多变化，有过许多理解的不同。但是，从总的方面讲，没有原则上的不同。先民们在先秦时代认为美的到今天我们也认为美，经过了历史的考验，一直流传了下来，这就是我们的传统。

我在这里也想说明一个概念，传统不等于旧的。传统是从古时候就有，一直流传到今天也存在的，这叫传统。我们日常语言中常常有这样的说法，“我是喜欢传统的”。这意思就是把传统和现代的区分开了。我个人觉得不合适。应当说，从历史上看，比方今天作为新的，但是它是先我们的意识发展过来的，如果到了明天，这个新的也就自然纳入在昨天的传统之中了。一天天地往前长，一天天地往前开发，一天天地换新，而我们的传统也一天天地增多。从历史上看，从古时候流传到现在有的，估计明天还会有，后天也会有，这个叫做传统。所以传统这个词，我们不要把它理解成旧的。

如果说流传的过程中把它刷掉了，它只能叫旧的而不能叫传统的。比方说裹小脚儿，这就不是传统，这是个旧的。历史上有过这一现象，现在我们都不裹了，断了，那就不算传统了。我们应当承认我们的人民，经过了历史的几千年的筛选，我们这个传统还是很直的，一直延续到今天的观点没有太大的变化。只是在不同的时期进行丰富，丰富的好的纳入到传统。虽然是新的，觉得不太合适，历史也不记录它，它也没进入传统。

所以在我的认识里面，书写的艺术，这门学问伴随着我们的文化，伴随着文化的成长它也在不断地成长，不断地出新，不断地纳入传统，形成了又古老又新颖的一门学问。所以我们不说书法这门学问是古老的，而是古老地传下来的，到今天仍然非常新颖非常可爱的一门学问，这样更全面一些。

我还想再说一个问题，就是怎样学习的问题。大家都知道孔夫子的《论语》，里面第一句话就是“学而时习之”，从解释中历史上就有很多不同。一直流传的是“学而时习”的“习”当练习讲，就是说学了之后要经常的练习它，“不亦说乎”。把它变成实际的来看，如果学习后经常地练习就会高兴了吗。当然我不是一个好学生，一练习就不高兴，我不用功。我学了2+3=5，一年级学了2+3=5，到二年级还要练习2+3=5，上高中还得2+3=5，上大学快毕业了还得2+3=5，烦不烦哪。如果真当练习讲，就应该改改《论语》，应该是“学而时习之不亦苦乎”。所以这个“习”字最好不当练习讲，不然讲不通。我们常讲一句话，这个人很了不起，他最会游泳了，所以说这个人惯习水性，这个“习”那是说他很精通水性，很会游泳。“习”当“精”讲，当“会”讲就很好了。“学而时习之”就是学了以后及时地就精通了，用句俗话说就是说什么东西一学就会。什么东西一学就会，不亦悦乎？这句话讲得清楚谁也能接受。在这句话的启发下，我们学习东西的时候应该直登高峰，不要经过若干个辛苦的学习才会，要很方便地把自己训练成什么东西一学就会的能力，学习有了能力，就会学更多的东西。如果必须要经过一点一滴的学习，去苦练才会的话太费劲了。所以我觉得我们都应当在学一门学问的时候尽快把它学会。像书法艺术，是可以一学就会的，不需要用几十年的苦功夫去。我用一个反证法比喻一下，我们大学生，从小学一年级开始写字的话也最少写了十几年的历史了，如果都用来积累的话，我们十几年也应该积累的差不多了。那就说谁活得多谁就写得好。事实上不是这样，有的人从小就写得好，一个人写字不好过几天写字好这种可能性也存在。其实不光是书法这样，学其他功课也这样。我算一笔账，学的时间越少学会的越多越好，学的时间越长学会的越多，这也不赔。但学的越多会的越少这就大大赔本了。最赚的办法就是学的时间越少但会的很多，这是最赚的。为什么古代人说举一反三？为什么有闻一知十？大概人们的能力是可以达到闻一知十、举一反三的。我今天是想告诉大家，不要说我已经年纪大了，已经写了好多时间了，才开始写字恐怕写不好，已经来不及了。其实不然，哪一天想写好，只要得法，很快就会了，很快就好了。古人在学习的过程中，一直是随着学习很自然地写字，他也是很自然地写好了。如果说我们已经好多年没考虑这问题，因此再学也学不好了，不是这样子的。如果大家想学好，也就有个一两个月，一两年，就很了不起了。这就需要得法，不得法就不行。

我还想说清一个问题，我们一定要认识到在我们的生活中，书写已经跟我们形成一种不可分割的关系。我常说书法作品，是一种有意义、有形象、有颜色、有风趣、有感情的一种广播，只是没有声音而已。我们走到任何地方，它都在那展现着，展现着这些地方是哪里，这个店是干什么的，我们每天在干什么，它都给我们展现出来。一个课程表，上面还有文字，一个店也有门面，一个家庭里面也挂一个对联，也在告诉我们应当追求什么。我想说这样一句话，我们的生活中是不可能没有文字的，只要有文字就应该说有书写问题存在。时代是在进展中，自从有了印刷术，现在又有了电脑，可以不写字了，一印刷就可以出来，一敲打也可以出来，这是一个方面。但是书写它可以使我们的字发挥出它应有的光辉来，所以我曾说过这样四句话：

（幻灯片：作字行文，文以载道，以书焕采，切时如需。中石孜孜以求者，如斯而已）

印刷和电脑都可以载道，那么写字干什么，以书焕采，我们用手写的办法使它焕发出光彩。这样四句话，我总在想它们的意义。我们现在做的事情，都是文以载道的事情，打出的文字和写出的文字都是文以载道，但是我们用书写的办法，可以使它更加有节奏，更加有光彩，更加有感染力。书写问题，不是为了其他的事情就是为了载道。写任何字，做任何事，切实如需，就是为了符合时代的要求，这是我们的任务。我个人本来不是专门搞书法的，我也有我的专业，现在走在这条路上，发现这条路很广阔，所以这几年我的想法主要在建立这个学科。书写是一门很有生机的学科，我不希望它独立地成为一个谁也不建立的学科，而希望任何的高等学府都能将它深入进去，成为通过它培养文化知识的一个场所。这是我几年来努力的一个方向，希望在理工学校里面，也有这样一门艺术在延续着，在发展着，这是我的希望。如果说只把写这门学科落实在写字上，我们就不如把它放在小学好了。它有它的理论，它有它的学问。它在对美的追求上并不比其他学科差，相反，它还会使其他学科也得到有利的帮助。我非常高兴今天能跟理工大学的朋友来谈谈书写的问题，说说我自己的想法，并希望能够得到大家的指教，这是我今天谈话的主要目的，不是来传授什么知识。这样还有一点时间，我想请大家提问我几个问题，把平常不理解的问题提供给我，让我回去好好思考，让我的学生也去考虑。

有一个问题提得很实际，我说说我的想法，不一定对。大家提到计算机的问题，提到实际应用，由此带来书写的实用价值问题。对这种挑战，应当怎么看待。我觉得正是因为实际问题已经得到很好的解决。用书写的办法已经显得很陈腐，我反而感觉得书写倒显得珍贵。它已不是单纯作为工具用了，而是使人们更向美的地方追求的一个办法。用句俗话来说，它越少了，它越值钱了。真是这样子，我们从写字开始，尤其是科举时代，如果字写得不是很好，是不能考取很好的功名的。是这样一步步的下来，特别到了清朝末年，写字的人已经快没有了工作的地方了。我记得我在小时候就听着人们在议论，我也听老师讲过：政府的工作人员分四个等级——第一个聘任职务，就是聘请人家进来的；第二个等级是荐任职务，就是推荐的；再一个是委任职务，就是人家让你做什么你就做什么；最后一个叫雇佣职务，就是雇的，雇的就是你来干几天我就给你几天的钱，我要打算长期用你，就每十天给你一次钱或者每月给你一次钱，但是我说解雇你，你就得走。你的任务就是管档的，用写字做工作的已经很少了。你知道在解放前期，一些专门以写字为工作的人落到了什么下场吗？落到了代写书信。邮局门口摆个桌子，农民不认字，不会写信，请先生给代写一封。代写一封给你多少钱，一天多写两封，就多赚两个。一天能写十封，你就很富裕，要是没人来写，你就没有钱，已经很惨了。但是想到“文化大革命”的时候每天凭什么来说话，贴大字报都写了，不会写的也写了，逐渐地就推行开来了。发现外国人也来学这种艺术，觉得它有它独特的魅力。这样，我们这些年书写的用场就太多了，反而是蓬勃地发展起来了。我们看到这是种很好的现象，写不只是解决一个字的问题，更是解决人们的思想问题。我们写字是为了让我们优秀的文化、最悠久的文化发出她应有的、感人的魅力。这就称之为“艺术为文化服务”。所以，如果说学写字的话，不是光学写字，我们应该加强对文化的学习。我特别地告诉大家一件事情。在我们的工作的地方，我们经常和许多院士进行互相品味。许多院士写字，我们也写字，彼此研究着写字。在表达一个内容上大家采取共同商量的办法，像格律怎么写会更好一些，还有写完之后把哪一张挂在我们的房间更好。比方我们的数学家王元先生、杨乐先生，甚至于现在世界的“数学皇帝”丘成桐，他就每天写字。反而这些人用在对写字的研究时间上比我们用的还多。我们中华的文化，是把我们的艺术和我们的理论都融合在一起，正好把这门艺术作为我们的生活中不可缺少的一种重要工具，把这门艺术已经放在我们生活的必需品的位置上。对此我今天做这个回答，不知道能不能让大家满意？

（此稿为 2006 年 10 月 22 日在山东理工大学的报告稿，根据录音整理。）

“书”的价值谈*

——欧阳中石先生北京大学讲学记

欧阳先生对这个题目不敢自恃，只是把自己的想法和认识和盘托出，听一听大家的意见。

欧阳先生谈的是“书的价值”。他只谈“书”，而不谈“书法”，他说是鉴于很多情况而愿意这么说的。因为书法这个概念，在我们日常的交流中，已经把它说得模糊了，所以欧阳先生想明确地谈谈“书”，而不是“书法”。

> 因为现在有的时候，会把一张书的作品，说我这张书法怎么样，或者说请你给我一张书法，经常会这样使用它。有时候也说书法展览，展览的“法”，莫名其妙。我对这种使用不敢苟同，所以我想最老实的是说“书”。

欧阳先生说“书”是一个动词，通过这个动词做出来的，

---

* 本文原载《中国书法》2002 年第 11 期。

可以变作一个名词，是写出来的书。如果指一幅作品，说得完整一些，可以说“书作”，是一篇“书作”，“书”的作品。如果这篇作品非常好，足以让人仿效，让人当做榜样来学习，可以为人们提供一些法规，我们尊敬地称之为“法书”。请你给我写一张法书，这样讲是很清楚的。但为什么又出来“书法”这个名词呢？应该说很模糊，如果把它解释作“书的方法”，“书的法度”，便有人说这是对书法的亵渎，不够尊重，因为“书法”是艺术。可是这个书法艺术又是什么呢？容易产生各种混乱。所以欧阳先生说：

> 对那些听不懂、理解不了的话，我不想说，我只说一说我的理解。我只谈一谈“书”，谈一谈“书”的价值。

欧阳先生认为：

> 如果没有“书”这个事情，很可能我们的文化就什么都留不下来，也许正是有了“书”这件事情，可以把一些文化的痕迹保留下来，所以，“书”是生活的需要，是社会的需要，是发展的需要，如果没有了“书”，是不堪设想的。我觉得“书”的价值很高，几乎不好估量。
>
> “书”是要干什么呢？是把我们的文化上所形成的，把一些已经记录下来的，或者说一些语言记录下来的许多文化现象，变成了文字记录下来，所以我愿意讲几句话：“作字行文”，作字就是写字，写字的目的是要形成文字，所以要行文；由于是时代的需要，所以要“文以载道”，“作字行文，文以载道”。按说这样一句话，好像不用“书”也能解决，比如说话，放声成语，语而成文，

文以载道，也可以通。但是，我们说的是“书”这个动作，是“书”把文字记录了下来。“文以载道”主要针对的是时代的需要。

“文以载道”，用语言可以完成，用文字的出版可以办到，现代的电脑也可以解决，要“书”何用？不用“书”了。事实上，在社会的发展过程中，手写的作用的确逐渐在衰退，逐渐被闲置了起来。但是，欧阳先生认为，“书”自有“书”的价值，如果它没有价值的话，何必非要去做它？因为电脑不能解决的问题，它有其独有的作用，所以欧阳先生在“作字行文，文以载道”的后边又补充了两句，明确了“书”的作用：“以书焕采，赋以生机”，让“文以载道”的“文”焕发出文采和神采，给它们以足够的生气，也就是说要通过“写”这个动作，把死的变成活的，把没有生命的，赋予生命；没有节奏的，赋予节奏，给予它生气，给予它神采，让它变成一个活的。欧阳先生认为，目前来说，印刷和电脑还不能很方便地完成这个任务，也许在不久的将来，也可以做到，我们不做局限，我们希望将来它们也可以做到，但在它们没有做到之前，至少我们的手写还起这样的作用。应该说，“作字行文，以文载道，以书焕采，赋以生机”这四句话，是我们作“书”时应当做到的。

为什么“书”这个活动在我们中国出现，而在其他的国家没有得到发挥呢？欧阳先生认为这和我们的汉字有直接的关系。

我觉得，我们的汉字是很了不起的，我们对于我们的祖先、我们的先民，应当给予足够的尊敬。他们也走过曲折的道路，而这每一个曲折，都为我们创造了了不起的财富。所以说，在我们先民们所走过的道路上，没有留下一点儿遗憾，而相反地是给我们带来了光辉。

汉字是了不起的贡献，我对汉字的认识，都是自己的、狭隘的一些经验，文字学家自有很深的高论，我只是谈谈我的理解。我发现的汉字的贡献不只是把我们几千年的历史记录了下来，它的思路，甚至于为人类对世界的认识也做了极大的贡献。我对于古代的文字是怎么样一步一步地走过来的，怎么样组织到了这个程度，都没有好好地学习和研究过，但是，我从它的结果看到了它伟大的贡献。我们翻开字典看一下，大概有九万多汉字，尽管有许多字随着时代的变迁衰退了，但是它存在过，有所指过，为当时服过务。我们可以看到，我们祖先发明的汉字，可以分作很多部，这许多部是什么意思呢？我们不应当只认识到它是简单的查字的一个部首，还应当认识其中体现的更深刻的问题。我发现，汉字分成部以后，又使各个部都组织了起来，都尽可能地表达了它所碰到的事物，把它们作出了概念上的分类。不是吗？有多少部，就等于世界上的多少类。康德是把世界上的实物分作了十大类，了不起，有贡献；门捷列夫又发明过周期表，也把元素做了分类。我们有没有考虑到汉字的分类呢？汉字的分类相当严密，从一个人来说，从脑袋上说起，带头发的，都加一个髟字，带耳朵的什么样，带头的什么样，脸什么样，颊什么样，都有一个相应的概念表示它。脖子、胳膊、手，带提手的又有多少样，带肉的有多少，带腿的、下肢的有多少，带脚的有多少，带足字边儿的有多少，不光是脚的部位，而且脚的作用也出来了，跑也行，跳也行，蹦也行，这都是分开部来组合的。带木字边儿的有多少树，带木字边的有树上多少个部位，树根儿、树梢儿、树杈儿、树枝儿，又分了许许多多，除了这些之外，还可以做成各种家具，桌子、椅子、凳子……又是一批，实在不行了，又是它的作用，在一个类别里头就可以分作几类，它的本意、引申，都在其中。木归木，草归草，带草字头儿的又有多少东西，带牛字边的有多少，带马字边的有多少，分得多么细致呀！可以说世界上的事物通通被汉字所穷尽，没有剩余。所以，我觉得我们的汉字了不起，应该说，汉字是人们对客观事物的分类，它的功绩要比十大范畴要丰富得多，要比周期表贡献不差。不信，看看化学元素，发展了多少也没有跳出我们的“金”字边儿、“气”字头儿，凡是属于这一类的，都排出了顺序，都有你的号头儿，尽管这个元素还没有出现，我们也给它留了余地，只要一出来，就会有它的位置，这个囊括性是很强的。

欧阳先生自言并非狭隘的民族主义者，但是他认为中国的文化，实在太了不起。从中国文字的形成就可以看到先民们的聪明才智：画个牛，突出它的角；画个羊，突出了耷拉的耳朵；同样是几笔，同样是正面的反映，但你不会把羊看成牛。画马、驴、骡子，从正面不好办，就从侧面来画，画出马头、马鬃、马蹄子、马尾巴。而鹿呢？则又有正面又有侧面，用多个侧面来反映它。汉字还可以画更复杂的，还可以表示动态：两个脚，前面一个，后面一个，“步”，就是“走”，表示脚在一前一后的时候是走；生长的长，表现的是动态，怎么表现呢？先写个死亡的“亡”，在上面又写一个“亡”字来否定它，否定的否定就是肯定，不亡，就是长。更有把两个形体加在一起表现一个意思的“会意”，为了更多地派生出许多字来，又把“形声”也加了进来，如秋天的“秋”，一个“禾”，一个“火”，禾是庄稼，火是表明通过火以后熟了，意思很清楚，可为什么念“qiu”呢？原来那个字上面还有一个

“龟”字，乌龟的龟，用龟干什么呢？龟应当念“qiu”，所以它代表着声音“qiu”，时间长了，通用了，就把声音的部分去掉了，简单地写作“秋”。所以，有些字，尽管它变化了，距离我们的认识比较远了，距离原来的本意比较远了，但是，它的来源还是可以找到的。

汉字的成就应当被充分的肯定，更重要的是，在文字形成的过程中，自觉与不自觉地把我们先民的聪明才智加了进去，构成了一种“美”的体现，尤其更聪明的是我们的先民对于一成不变的那些字，那些不能随便乱写的字，给予了它精神，展示了中国人自有的、特殊的才能。

当然我们要写的文字，在历史的长河里，经过了多少次的实践，它的字体有了很复杂的变化，这都是社会的需要、实践的需要的使然。在实用之中、实践之中，“书”有了发挥的余地，而它走的轨迹，恰好为我们文字的艺术性提供了足够的资料。比如我们现在发现的甲骨上的文字，青铜器上的金文、刻石、小篆，汉代实行的隶书，到楷书、行书、草书，产生了各种各样的写法，而又把它梳理成为分门别类的学问。应该承认，我们的先民做了许多的工作，我们要想把这些学过来，是必要的，再把它发展成、创造出更新的更有意义的艺术品，当然也是必要的。欧阳先生说，他愿意提出两个“峰”，他说：

> 历史有历史的高峰，时代有时代的前锋，我们希望它走在一条道路上，在一个点上往前走。我们不应该简单地在历史的高度的下面，搞另外一条道往下跑，那样对不起我们的祖先，因为他们已经达到了他们的高度。

在我们的历史上传留下来许多有痕迹的字体和一些藏所，让我们知道应该在哪儿用，在哪儿发挥，这样，就从另外一个角度上给我们提出了许多可以思索的问题。比如在泰山上一个瀑布流下来的地方，透过桥洞看过去，上面写了四个大字：“山河源脉”，使我们看到这儿之后，确实荡生层云，确实感到这个所在的“美”，确实感到这是山河的源脉，山河就是从这儿开始的。欧阳先生说：我们不能只会说：“好啊，真好啊！”“多么好啊！”他说：

> 我们要写的东西，要和时代的需要、生活的需要密切地结合，这才有它的价值，才能文以载道。如果不是这样，就没法看了。我们写出来的文字的东西，要能代表人的心情，代表要想解决的问题，得符合生活的需要，符合环境的需要。根据具体的环境写出的东西，可以给人以欢快。人家看得才有意思。
>
> 所以，我理解：“书”这件事情，怎么才能体现价值？满足需要。如果说，书的价值是满足需要，需要是多方面的，我们应当好好地完成，一篇可以成立的、可以作为法书的书作，应该是多种文化的结晶，这就需要我们把人生的道理、哲学的思想、世界观、自己努力的方向，都融汇起来；把自己的情趣、自己的追求，都给容纳过来，才能起到应起的作用。所以我的想法是：我们这个“书”，没有历史的知识不行，没有文学的知识不行，没有哲学的知识不行，没有艺术的头脑也不行。这样说，我们作为一个学科来说，它必须有在我们现行的各种学科之中，立出一个既不同于其他，又有自己独立的规范性的学科，这样才能成立。要想做一个从事这方面工作的人，也就需要从这许多方面来培养自己，使自己才够一个应有的层次。

作字行文　文以载道*

今天给我这样一个机会和大家见面，先问大家好！

我接着讲课的任务很仓促，而且我不摸底细，所以我说不知道应该怎么讲。根据这种情况，我想向大家汇报一下我正在做什么工作，正在做什么样的设想，希望得到大家的教益。

在我的思想里，对于这一门学问不是很明确，正在摸索，所以说自己的理解是不是正确的，是不是对的，不敢自恃。自己有些想法，想都谈出来，请大家指正。

书法是什么？大家可能都理解这一点，是关于汉字书写的一门事情。我们把它经过一番研究，研究出来就是一套学问，在这套学问的指导下进行艺术创作，做出来的作品，可能就是一个艺术品，就是说它是一门艺术学问，也可以是一门艺术。我想这样说可能比较清楚。如果说我们拿出一张字来，这就叫“书法”，大概这个词不很准确，不能随便拿一张字叫书法，它是书法这门学问的产物。我总

---

* 本文原载《中国书法》2000 年第 10 期。

是想，把书法这件事情放在中国文化的大背景里来思考它、来认识它，就很明确了。如果不把它放在文化里来考虑，就找不到它的体系，甚至弄不清楚它想干什么。

为什么要把它放在文化的大背景中来考虑呢？应当认识到，我们的汉字在我们的历史上是有了不起的功劳的。如果说我们中国有过“四大发明”，但在我们今天这个时代，都有一点儿落后了，都比不上我们的汉字的发明。有了这些汉字，它就把历史上所发生过的一切文化活动都记录了下来。通过这个记录把它交流了出去，甚至于把它写得很大，广而告之，产生了极大的作用，也产生了极大的艺术魅力。我们的汉字是和我们民族分不开的，和我们的历史分不开的。我们也可以设想，今后的将来，它也会发挥出辉煌的作用。现在从许多高科技的手段看，它的作用不但不会压缩，反而会更辉煌，更能放射出它的光芒，更能产生出它的巨大的力量。应当说汉字是我国的先民们对客观世界认识的一个分类，它能够很方便地沟通人们的思想。

我把我们现在的汉字分类归成了二百多部。每一部等于说是每一个类，每一个类找一个代表，谁来代表它的本意就是它的代表。比方带“木”字边儿的，这是一大类，都和“树”有关系，或者是各种树，“梧桐”、“杨”、“柳”、“槐”、“榆”等等。旁边加点东西就成了树的名称；也可以表示树的部件：“梢”、“根”、“杈”；也可以是木头做成的家具，“桌”、“椅”等等，都带有“木”字边儿的，或“木”字底的，就表达“木”字这一大类，概括性太强了，“类别”太清楚了。带“言”字边儿的是说话。带“口”字边儿的可以是吃的。带“山”字边儿的可以是与山有关系的，共有二百来个部，分得很清楚。也可以说人们把对客观事物的认识，分门别类地进入了我们的汉字之中。即使念不出它的声音，就凭它的外形，就足以使我们认识它的含义，这一点应该说是记录声音，虽有它不方便的地方，但是在沟通思想上，比声音更方便、更直观。

处理这些汉字问题，把它们写出来，更高兴的是我们汉字本身就有着艺术的素质。一个是它象形，一个是它会意，而且在许多年里给予了书写极大的吸引力，使它能够有力量地表达汉字的生命。所以我觉得，如果说把我们的汉字的笔画叫做“线条”的话，好像没有把它的活力说出来，还是叫“笔画”更准。笔画，哪个“画”呀？原来应该是“画”字旁边加个戳刀儿的“划”，“笔画”原来应该是“笔划”。这是个什么“划”呢？划了一个道，一划，出来一个痕迹。用笔给它个痕迹，用树枝给它个痕迹，用刀给它个痕迹，都是个痕迹。以后我们简化，把“刀”给去掉了，就光剩下“画”了。一笔、两笔或者一画、两画，就说它是笔的痕迹，以此构成单位——一个汉字的构成单位。这个意思呢，就把它说成是汉字里面的一个部分，不是一个简单的“线”的形象。有横、有点、有撇、有捺，我们的古人非常聪明，给这些笔画很有情趣、很有生命的含义。一横，我们就形容它是“千里阵云”，这字眼多美呀！“千里阵云”是一横，这么表达是把它放到一个天地之间来观察它、理解它，所以我认为我们的汉字是庞大的文化。为什么我们热爱汉字的书写呢？因为它可以充分地使我们的汉字活起来，把它自己所有的生命表现出来。我是这样认识的，它写什么、画什么，都得根据我们的需要，要传播我们的文化，要记录我们文化，要用我们的文化和人类的讲话。所以说，我们的书法艺术不只是记录、不只是交流、不只是传播，还给人一种享受，一种感情上的寄托。所以从文化的角度谈，我更喜爱它。它把没有颜色的东西，把没有光芒的东西，使这个字放出光来，发射出颜色来，它本身是没有生命的，却透视出结构来。所以我觉得它的意义，不会是越来越简单，它的生命不会是越来越消失，而且是更加发挥它的作用。所以我是在这样一个意义上来喜欢它，在这样意义上，我把我以前学过的东西，读书学来的学问，我中学学到的和我小学学到的、大学学到的各门学问，都想着通过它来融会起来。我想充分地发挥它的力量，使这门艺术变成一个非常完备的书学体系，发展成一门学问，大专、大本，再到硕士、博士，以至于到博士后，构成一个一系列的学问研究。所以大家想让我谈谈关于书法，我谈不出来，我想把这些课程都规划出来，有哪些学科，这一个总的学科中，怎么样和世界上所有的学科分庭抗礼，自己又有独立存在的价值，这需要足够的研究能力，需要足够的人力、物力来研究它，这样才可以和其他学科并列起来，不然它不是个“科”，那就很困难了。所以我非常希望看到我们书法界的朋友能够提供这样的力量，咱们大家一起把它变成学问，一层一层的学问，在高等学校可以立足，而且可以和世界各门学科并列，这是我几年来所思考的问题。

这样规划书法这门学问，可以分成三部分：书艺，书学，书道。书艺是什么？是指怎么写，关于文具的问题、纸的问题、墨的问题、笔的问题，写成个什么格局等等，这些技能方面的问题属于“书艺”。怎么掌握这些技能？我们历史上有许多评论，有许多理论，应当说那都属于“书学”。书学这部分涵盖极广，包括文学、书法史、书论、鉴赏、鉴定等等，可以汇集成很庞杂的许多学问。大概在各个学科里头，都会牵扯到我们的问题，我们也需要把各个学科里有关我们学科的那些部分摘出来，构成我们的系统。第三是“书道”，有人把“书道”叫作“书德”。这说明什么意思？就是书的内容、书的意义。日本人喜欢把“书法”叫“书道”。把“书法”和“书道”并列起来，是一个含义。我们觉得如果是说“书德”呢，可能和“书道”不一样，可能好一点，但也不太确切。

这三类里面怎么划分这个学科，这就很复杂。文字学有文字学家来研究，比如他们考虑这一个“甲骨”问题，应当怎么解释，应当怎么样读，这是文字学家进行的研究。而我们不行，我们只有根据文字学家研究的成果，把它拿来我们怎么处理，把文字学家不研究的那一块，我们作为“书”的学问来研究出来。比方文字学家考证的甲骨，我们就不能不考虑到，当时既然知道往龟甲、兽骨上刻文字，为什么不在其他东西上刻文字呢？为什么不写在树上，为什么不写在树叶上，为什么不写在地上，难道说那时满街都是乌龟吗？可见我们不能不研究历史。那时这些东西保存不下来，树叶早烂了，木头长大了，什么都在变，不如那个东西不变，所以刻在上面。我们就从其他方面来研究，也是文字学家研究的那个东西，可是我们考虑的是另外一个问题，所以这样看起来，都是摆在我们面前的许多学问，我们应当把它借助过来，但是我们还要设想许许多多的不是他们所研究的重点，我们得去研究。可是研究这些问题离不开资料，历史不能重演，这就是我们的困难，我们有许多地方是模糊的、是朦胧的，我们只能根据现有的资料说话。平常人们可以说一句：我们中国最早的文字是甲骨文。我们真正研究过会说它是最早的文字吗？敢说这句话吗？不敢说。是不是它就是最早的呢？我们说婉转一点，它是我们发现的最早的。是不是记录我们的文字它是最早的呢？恐怕不是。所以这样一步一步地追问起来，我们要研究的课题就太多了。我们想到的金文，难道当时的文字就都弄在青铜器上，别的就不弄吗？不会那样简单，可是别处没有。因此我们作为一个研究者来讲，这些都是问题，需要更多的同志、同好、同道一块来研究这些问题。少数人的力量毕竟有限，需要大多数的人，需要很多的人参加到这个行列里来进行这方面的研究。

“书艺”这一部分加上“书德”这部分，是我们必须都要解决的。我们要写什么，我们应当说我们的想法，要为我们的祖国，为我们的时代，为我们的山河，要为我们的人民唱出我们的赞歌，要为我们的时代美化这些。所以我说作字、行文，文以载道，就要为我们的时代、为更广大的朋友服务。如果我们得不到我们的朋友的赞同，自己欣赏，总有点问题，太狭窄了，咱们应该更有一个宽大的胸怀。

我是个教育工作者，我站在我教学的观点上，我想摸清了几个概念，我想把我理解的这几个概念给大家说一说。这些概念是建立在我的理解上，我的这个理解决不排除其他先生们的意见。就是说我只能理解到这儿，但是我绝对不会说其他的说法不对，我绝没有这样一个意思，我只说我的理解是这样。比方，我们常常遇到一对矛盾的概念，本来不矛盾，我们把它放成一个矛盾的了，“传统”和“现代”，或者“传统的”怎么样，“现代的”怎么样，把它们作成一个矛盾的了。本来它们非常不矛盾，可是我们把它作为一个矛盾了。是不是咱们别闹别扭，把它们放在一块儿考虑更好。

“现代”这个字眼儿，我在很早之前就听说了。我刚一听到“现代”的时候，请大家不要笑话，我那时候，原来写字都用石笔，有时候用粉笔、毛笔。突然知道了一个消息，有的人家已经买到了，我就要求家长也得给我买一个钢笔去。家长同意就给我买回来了，我怎么写，它也没颜色，写不出来。这不行，得蘸水儿才能出字呢。又去买这个墨水，花两回钱了。蘸着水儿写，写完还得再蘸水儿。那就很现代了，要求家长去买，先买了一个笔，然后才想到买水。过了不到两年，我上四年级了，现在好了，有自来水钢笔了，那水是自来的，不用蘸了。要求家长买，家长不买了，很贵，就是说这都是非常现代的，好歹找了个机会，不知什么原因，家长高兴了，买了自来水钢笔。这是真自来水呀，使了不久，又没水了，我就不懂得还得打水儿，还可以再灌。

就这样，现代来现代去，现代了几十年了。我没法儿说，哪一天是现代，哪一天是传统，从哪儿分这一刀呢？分不开。我不能说我十岁之前是传统，五十岁之前是传统，六十岁之前是传统，今天是现代，不敢说，划不开。我也相信大家也划不开，谁也划不开。咱们大家都划不开的时候，咱们让谁去划呢？划一个公平的那一刀把它区分开来，应该说都是传统和现代交替的东西。当我学了哲学，懂了一点，敢情这个“现代”呀，是一天一个，一天一个“现代”，两天就产生一个“传统”。一天一个现代，两天一个传统，现代永远等于“一”。传统呢，从第一天现代起，第二天传统，一直一加一，加下去，一直加到昨天为止，就从开始起，一天一天往下加，不知道加到多少，可是我清楚地知道现代就等于“一”，凡是现代不承认的都传统去了，传统太厚了，我想否定它，否定不了。

我又想一对概念：“新”和“旧”。什么是“新”，什么是“旧”呢？我们往往把“新”的和“好”的连在一块儿，把“旧”的和“不好的”连在一块儿，像说新、说旧的时候，可没有这个含义。我们给这组概念一个定义：“旧的”是已经检验过的，这句话没问题吧，旧的东西都是已经检验过的，咱们先不谈检验的是好还是不好，都不说，总是可以说是检验过的。而“新”呢，是不是可以这样说是尚待检验的，也没说它是好或者不好，是还没检验的。我想“新”和“旧”的差别，就在于“已经检验过的”和“尚待检验的”这种差别，没有谈好坏。因此对“好”和“坏”的问题，我们还得重新考虑。

我是个教师，我要教给学生的应当是什么？教新的，我还没见过，即使见了，也还没有检验。我要教给他们已经检验过的，而且检验了被肯定的那一些。一定是旧的，但那个保险，我只能教那个或者说我只会教那个。更多的东西我不敢教，我没有这个能力去教，我自己还不知道怎么回事儿呢，怎么教学生呢？我自己骗自己没关系，我不能把学生也骗了，不能对不起学生。在这样的思想基础上，我心里很恍惚，为了对得起我自己的良心，我只能把已经检验过的而且是被肯定的告诉学生。

我还认识到一个问题，我们历史上的发展，对于许多学问，许多艺术，都有过“高峰”。比方说写字，咱们大家都想说，王羲之是“书圣”，甚至我们也可以说某某人是“书圣”，可以指定另一个“高峰”。按着“高峰”说是，就等于说我们这个社会的“高峰”。我们确信它是“高峰”的时候，不是针对一个人说“高峰”，而是针对整个社会来说它是高峰时期。我们认识问题，是代表了自己说话呢，还是应当代表社会说话？应当长着社会的“眼睛”呢，还是用自己的眼睛？依我的感觉，要是长着自己的眼睛，“无往而不适”，这就是说，看什么都得劲儿。用我们自己的眼睛看我们自己，今天肯定比昨天好，明天肯定比今天好，我也到了我的“高峰”了。但是你的“高峰”不是社会的“高峰”呀！如果说，我不管社会了，我就管我自家的事儿，我就管我个人的事儿，这事儿好商量。我要和人家到社会上来生活，就应该说社会的话，我倒是到了“高峰”了，给人家一看就坏了。我也想搞点儿发明，像走路，自己走得很累很慢，我想弄个牛，拉个车，我坐上面，我不走了，我就不累了，不管快慢，不累了；如果坐个驴，比牛又好了，它能稍快点儿了；后来我又骑了马，更快了，行了，我想没有比马跑得快的了。虽然兔子跑得快，但是它拉不动我，我想还是马好。我不知道社会上都有火车、飞机了，我不知道，这不行。所以我说，认识问题不应当站在“我”的角度，应当站在社会的角度。要说“新”，应当是社会的“新”，不应当是“我”的“新”。我要创一个“新”的话，也要有一个社会的标准。

要说“前无古人”这句话，太难了，我必须把所有的古人都弄清楚，我才敢说“前无古人”。“后无来者”，更不要说了，你根本没见，也不可能见着，怎么能说这句话呢？所以我说，一看前，一看后，发现自己渺小得太厉害了，像小雨滴一样，不足为谈。自己的眼界有限，生命有限，都是受到具体的限制的。想了半天，怎么想也当不了这个时代的英雄，还是放老实一点儿，能够跟得上大家的步伐，能够随着大家的步伐勉强地往前走，已经很了不起了。走到哪儿，绊个跟头，就趴下了，人家却长驱直进。社会必然在发展，必然在前进，我们希望能够和社会看齐，能够看到历史的高峰，能看到时代的前锋，跟得上大家，已经很不容易了。所以我想今后的岁月，如果有可能的话，把大家的成绩都吸收过来，来进行我的教学活动，也就算自己能够对得起自己吧。所以我能借这样一个机会和大家见面，谈一谈心，汇报汇报我的思想，希望得到大家的教正。我希望自己跟着大家的步伐一起前进，为我们共同的事业来做一点可以做的事情，谢谢大家。

（本文是欧阳中石先生在《中国书法》2000年书法面授讲课，录音整理甘中流。）

以书焕采　切时如需*

——访首都师范大学博士生导师欧阳中石先生

记　者： 欧阳先生您好，给您拜年。您是我们国家当今著名的学者、教育家、书法家，致力于书法教育工作几十年，首创我国书法专业（本科），培养了第一批书法博士生、博士后，为书法事业作出了贡献。今天想请您围绕书法教育、书法教学谈谈好吗？

欧阳中石： 好的。但是有一点需要说明，我不是一位学问家，也不是一位书法家，只是一名教育工作者。包括你刚才提到的美术馆举办的那次展览，我都不敢当，谢谢大家为我做的一切。

我觉得，从有学问以来，各门学问都随着历史在发展中，高峰是不断地出现，积累成现代的财富，那么厚实。我们看看前人走过的道路，应当说，他们在每门学问上都付出了他们的劳动，取得了他们的成绩，对我们来说这都是财富。我们把他们过去所取得的成绩都接过手来，拿过

* 本文原载《国家电网报》2007 年 12 月 12 日。记者杨茹。

这个接力棒，再往前走，这是我们每一个人所应抱的一个态度。历史抹煞不得，取得的成就都是有光辉的；而且历史很公平，对以后的光辉决不限制，它是尽可能地提供方便，所以我们很感谢历史。但是，它也很公平，也很无情。走出光辉的路，历史都会把它纳入它的系统中去；走得不符合历史发展的要求了，它也会毫不客气地把它甩掉。我们作为一个教书工作者，作为一个教学工作者，必须遵照历史的规律，要把历史的财富都继承下来，教给我们的后一代。如果我们不按照这个规律办事，那就等于说，我们犯了贪污之罪，这是对历史的不负责任。应当承认，把历史财富都加给我们的后来者，是有一定的重量负担。但是，我们完全相信我们的后辈一定会更聪明，他们会接过包袱，很愉快地向前走，一定会使已有的财富发出更辉煌的光芒。所以我觉得，如果能把前人的财富如实地告诉我们的后辈，能使我们的后辈能有更好的条件，能有更强大的力量，使这历史向前推进，我们才算是对得起历史。这样的话，作为一个教书匠，抱得的惭愧也会更小一点。

作为一个教师，责任确实很重，因为他载有着前人的任务。如果我只顾走自己的路，愿意怎么走就怎么走，掉沟里就掉沟里，也没什么了不起，这就轻松得多。也可能爬得很高，凌空飞絮；也可能掉到沟里，这都无伤大局。可作为教师来讲，责任可就重了。我常常想，自己选定这样一个职业，应当说既很光荣，又很担心。所以，我想，我们培训中心的领导也好，老师也好，应当说肩负了一个很重要的职责。

教学是什么呢？教学是要教给学生怎样学习。关于学习，有两点值得注意。一点是知识，一点是能力。学知识无误、有用，应该说不难，但是培养能力就比较困难。我们自己是不是掌握这个能力，是不是把掌握的这个能力交给我们的学生，这都很难。所以说，孔子讲的“学而时习之”这句话讲得很好。这个“习”不是练习的意思，而是当“熟悉”、“精通”讲。“学则时习之”，就是一学就会了，一学就及时地精通了，这太了不起了，太值得高兴了，所以说“不亦说乎”。

那么，我们这些当老师的能不能一教他们就会呢？如果让他们一学就会了，这是最理想的。这恐怕就没有把握了。老师要知道如何从不懂到懂，从不会到会的道理。所以我觉得，培训中心的老师，无论怎么样，要让学生在知识上懂得正确无误，要在能力上真正学到手上，这是我们的责任。中国书法家协会除了正常的业务之外，还组织这样一个培训中心，应当说是件大好事。把这个任务交给培训中心的同志们，应当说既光荣，又艰巨。当然，从过去看，培训中心已经取得了很好的成绩，但成绩是没有止境的。也相信同志们会取得更好的成绩。

记　者：书法培训中心经过多年的努力，确实取得了很大成绩，赢得了社会的广泛赞誉。但现在经济快速发展，文化多元并存，在这种背景下，书法教育如何才能保持书法艺术特有的生命力？

欧阳中石：这个问题，其实是有关书法的根本目的和任务的问题。我讲四点：作字行文，文以载道，以书焕采，切时如需。

“作字行文，文以载道”，是说我们写字的目的是行文，而行文的目的是载道。当然，印刷、电脑也是在载道。那么，写字到底为什么？为了以书焕采。我们用书写的办法，使文字焕发出光彩，让她没有声音的有了声音，没有节奏的有了节奏，没有光泽的有了光泽，这是我们书法的作用、任务。我们的所思所想，要把它写出来，发出光彩。

“切时如需”，这四个字我始终都在思考，我觉得这是个重点。这就是说，时代需要什么，我们就做什么。这个时代的问题，不光我们重视到了，孔子也讲“学而时习之”，这里就有一个“及时”的问题。在中南海里，有乾隆写的四个字“对时育物”，是说要根据时间来培育万物。其实干什么都有一个“时”，我们又提出“与时俱进”，所以时代要求很重要。我们要意识到，我们的时代需要什么，我们就要拿出什么东西来满足它。现在，大家都意识到这个实际问题了，但是如何做，需要同道同好们好好思考。

记　者：“以书焕采，切时如需”，您非常确切地点明了书法学习的目的和要求，也为书法的发展指出了一个明确的方向和美好的前景。作为一个书法家或书法爱好者，具体应该怎么做？

欧阳中石：例如现在要参加一个书法展览，人们要么写一篇《兰亭序》，或是一篇《滕王阁》，行不行呢？这是时代的要求吗？就不是了。我们今天的时代到底需要什么？还没有抓住脉门，这就不行了。再如“和谐”，讲和谐的学问、道理到底有多少，我们懂了吗？我们怎么样为这个“和谐”写出些东西来，并赋予它新的内容，这太要紧了。

对于书家来说，在中国传统文化的创作活动中应赋之以新的内容，我们要有意识地这样去做。如举办一个展览，要定一下这次的主题是什么。例如前些日子，我们要庆祝“胜利”(庆祝反法西斯战争胜利 60 周年)，统战部要求我写个东西，我就写了这样一张字：“不许持强问鼎，高歌奏凯弹冠。”“不许持强问鼎”，古时候这个鼎多重啊，一说要问鼎，就是要抢鼎，就意味着犯境，所以说，问鼎，这是绝对不允许的事。为什么我说“不许”，因为任何人都不能因为你强壮就允许你来问我们的鼎，这是不行的。我们今天就庆祝胜利啦，所以下面就写“高歌奏凯弹冠”。当初“他们”曾来问过鼎，但今天不行，谁也不行，我们是胜利者；我们凯旋了，胜利了，我们摘下帽子挥舞着庆祝胜利。鼎原来是干什么的？是标志着我们国家的重器，一种权利，所以无论多强也不能来问我们的鼎。你看，我只是用中国文化里面本来就有的词汇，拿出来一用，也许不新鲜，但对有些同志来说，这些已经不知道了，所以还是新的。这样的话，就配合了我们的时代，而且把我们的文化也展示出来了。借助书法这种形式，抒发思想感情，而且这种可表达的感情很多，为什么不去挖掘呢？

又如，香港回归的时候有庆祝香港回归的话，澳门回归有庆祝澳门回归的话，针对台湾，我们也有我们的态度。这个态度，这些话语都要符合我们这个时代的说法。这不就是对书法界的要求吗？哪个时代都呼唤着我们写出时代的东西，所以，一定要强调“文以载道”。不能只会说“好”，要有能力表达出来。对过去的东西都要知道，这才能显示出我们文化的高度。作为书家，应当把这点突出出来。这一点，作为培训中心，应该引导大家有这个思考。

记　者：现在许多书家似乎也意识到这一点，都在努力尝试着尽量多地运用古代文化、传统形式来表现今人今意，这也就是“笔墨当随时代”吧？

欧阳中石：是这样。说到传统，我想再对“传统”说两句话。什么叫传统？现在我们的理解是，认为传统就是旧的东西，这样的理解是不对的。传统是从它出现开始，一直到现在还起着作用的；不但今天这样，说不定明天也要这样，后天还要这样的，这是传统，这是要遵循的。到今天已经不起作用了，就是过去，就是历史。比方女孩子从小要裹脚，过去有过，现在早就不裹了，这就不叫传统了。这非但不是传统，应当说是不传不统。有的传统就是传而不统的，传着传着就传不下去了，站住了；有的还在传着，但不一定就是好的。例如清官，从古到今都有，而赃官也有呀，这也是传统，但传统并不见得全对。是传统的不一定都是好的，但不传到现在的不是传统。所以说，我们所要的传统，是好的传统，是优秀传统，这个概念要搞清楚。我们责任重大，我们必须认识到，从古代一直流传到现在的，有用的一定要拿过来，而且这不陈旧，写字不陈旧。把字写好了，这可不是传统观念，也是现在的需要。

我曾改写过刘禹锡的两句诗，我以前写过，在这次美术馆的展览中我也写了这个内容，相信这是个很好的内容，恐怕将来也要这样考虑。刘禹锡的两句诗是："芳林新叶摧陈叶，流水前波让后波。"我觉得这两句话说了一个客观规律，强调了新，强调了后，当然是对的，那么这个"陈叶"、"前波"该怎么办，就完全被动了？也不是。我把它改成："芳林陈叶期新叶，流水前波望后波。""新"改成"陈"，"陈"改成"新"；"摧"改成"期"，"让"改成了"望"，作为一个老叶来讲，我希望一个新叶快点长出来；在流水里，我期望那个后波赶快冲过来。这样一改，想法就不一样了。都是客观规律，就调换了几个字，感觉就不一样了。作为一个老人，他愿意这样。心情就是这样。

记　者：尤其对于当老师的来讲，更是这种心情。

欧阳中石：对，是这样的。这儿有一个问题，就是我知道刘禹锡的这两句诗，于是在他本身的意思基础上做一下改动，就可以换一种理解和表达；如果不知晓他的这两句诗呢？所以说前人的东西都是我们的财富，不知道前边的怎么样，就不知道以后怎么办，而实际上，前边的更要紧一些。书法教育就是要把前边这些优秀传统承传下来，而且为后代所用，进而发扬下去。

记　者：在新的一年里，您对学员有什么祝愿吗？

欧阳中石：在新的年度的开始，希望学员们抓住时间，不轻易放过任何一点时间，向时间夺取更多的成果。

记　者：谢谢您接受采访。祝您春节愉快，身体安康！

积学升华　书文结晶*

——我对“书法”艺术的一点思考

“原理”一词，在科学中，是指事物运动规律。“本质”一词，在科学中，是指事物的决定该事物之所以为该事物、而有别于其他事物的属性。例如“车”这一事物，载物代步是其本质，至于它如何能够移动，则自有它的原理。这个说法不一定是定义性的，只是想说明一下“原理”与“本质”在动、静之间的不同。

当然，它们之间有着十分密切的联系。“原理”很可能是由其“本质”决定的；“原理”很可能为“本质”展示了它最突出的重点所在。“本质”是“基础”，“原理”是“本质”运动的“规律”。因此，我们在研究问题时，一定要从它的“本质”出发，寻求它在运动中的规律。现在我们要研究“书法”，就应当既研究它的“本质”，又要研究它的“原理”，当然，围绕在“本质”与“原理”的四周还会有许许多多的问题，人们说这是一门极博极厚的学问，诚然不假，但归根结蒂，

---

* 本文原载《文汇报》2009 年 10 月 11 日。

"本质"和"原理"是它最核心的问题，这问题如果解决得好，其他相关的问题，必然会迎刃而解；不然，摸不着要领，恐怕问题的研究很难设想。

研究学问，对象明确是第一要务。如果对象不明，必然"盲人瞎马"，不知所终。当然，在"读书"的过程中，"走到哪里就在哪里下蛋"，未必没有收获，贡献未必不大，但那总是"碰运气"、"听天由命"的做法，不如目的、任务明确清楚来得坦然。

为了"目的"的明确，我们把对象到底是什么先研究一下："书"是"书写"，"法书"是"写得好的书作"，"书法"是"有关书写的一门学问"。"书"是一种运动，"法书"是行动的一种结果，"书法"包括了"书"、"法书"，还包括着有关"书"、"法书"诸多问题都在其中的一门学问。各有各的对象，"本质"不同，"原理"也不相同。那么，我们的研究应当确定在哪里？这个问题必须事先明确才行。

既然不好一下子确定，索性逐一摸索一遍再说。"書"，从"聿""者"，后从"聿"、"曰"，本义作记载、书写讲，当然引申义很多，如书籍、书札、书体等等。是一个动词，表示一种动作。既是动就有动的规律，在规律中最根本的规律是属于"原理"性问题。

"法书"是说可以作为楷模标准的书作，则应考虑什么样的"书作"才可以称之为"法书"，那就是"本质"的问题，不好直接说到"规律"，以至于"原理"的问题。

至于"书法"，在《南齐书·周颙》传中提到："少从外氏车骑将军臧质家得卫恒散隶书法，学之甚工。"这里所谈到的"书法"的意思，应该是包括书写的具体方法，和有关的许多讲究在内的法度、章法、涵蕴等等的各方面的知识学问。如果仅从名词"书法"来考虑，就应当好好研究一下它的"本质"。如果从方法、形成、从事等方面来考虑，它又包含着运动的涵义在内，则又须从“规律”上着重研究，我们便会在诸多规律中发现最有根本决定意义的规律，我们应当把它提高到“原理”的高度。

“书法”的“法”我觉得把它看做“佛法”的“法”一样比较全面，比较得当。书法是关于汉字书写成文的，文、书相互合一映照的一门学问。符合这种要求的作品是一种艺术品，遵循这种要求而进行的活动是一种艺术美的活动。

从学问说，它的本质应当是用中国特有的工具书写出规范汉字；字与字组成闪闪发光的文辞；点画焕采，布白成章，整体如一，熔古铸今的其道其理的研究，以及如何治学的规律等等，都是这门学问所涵盖的内容。

以上这些是我们所指出的本质的纲要。如果从牵涉所及来看，则牵涉极广。譬如，汉字的规范问题；历史的来龙去脉，文字的起源、字体的流变等等。书写内容则牵涉到各种文学形成，诸如诗词曲赋等等。书写形式，则大小横竖、字体书体，载体不一等等。总之，涉及广之无极，可以说，中国文化所到之处，文字的书写，无不所在。然而，诸多内容中最关键之点是汉字文、书与美的集中。

汉字文化的美在于点画生姿，章法得体，书文相映，焕人心仪。如何才能达到这样的要求？则必须深知应能掌握汉字点画的有机结构，文字深蕴的情理，安排经营得当，焕发出令人神往、艳羡的心情才好。深知与掌握，则须摸透所见的高度，不管是古人还是当代的名家；既能重光，而且能够发出新光。所知高而深，所能高而采。最必须遵守的规律是：深知中国文、字之妙道，而且掌握创造激荡人心的，超过一般作品的能力。

对于“书法”，我曾说：“作字行文，文以载道；以书焕采，赋以生机。”又曾进一步说：“作字可识，点画生姿；行文载道，启动情思；书文相映，焕人心仪；承前无愧，不负来时。”现在我想再将其概括为：“积学升华，书文结晶。”

认识要清晰　写字要“学”才能好*

很高兴跟大家见面。我讲课讲不了，我想说说我的想法。我是一个教书匠，根本就谈不上一个书家，谈不上一个艺术家，只是想把教书匠的任务完成好。教书匠的任务，就是要把知识讲得明白一些。郑板桥说“难得糊涂”，教书匠不是“难得糊涂”，是“难得明白”，就害怕讲不清楚。我是想尽可能地把问题说清楚。我们的思想明确了，小的问题就可以迎刃而解了。

我们谈的是“书”，所以就以“书”为主题，来谈谈我想的一些问题。

“书”是“六艺”之一。“六艺”是指礼、乐、射、御、书、数。这“六艺”指的是什么？指的是六种能力，其中一项是书。书的能力有哪些内容呢？大概是这样：首先是关于文字的道理，书写的能力。文字能力应当解决哪些问题呢？是解决字的字义，字的写法。这样就是说，文字具有两个重要的作用。第一，它应当传达思想；第二，应当很好地

* 本文原载《中国艺术报》中国书法学报专刊，2004 年 7 月 2 日。

传达思想，把字写得好一些。我们要解决"书"，就要解决这两个方面的事情。一个是它的实际意义，一个是它的艺术意义。对于一个学书法的人来讲，第一位的应当是书的意义，第二位才是它的艺术意义。因为要把这两个意义弄明确，把重点抓准，我们的学习才能够有的放矢；如果这两个意义抓不准，我们的方向就会不很清楚，在模模糊糊之中有时就会走出错路来。

我想先说一点它的实际意义。为什么先说它呢？我觉得我们现在有些实际情况，使我们忽略了这一点，把这点放得不够重，这也不怪一些刚学的同志，也许有些客观原因。

昨天，有一位朋友拿来一幅字让我看，写的是"大江东去"。他里面写到"雄姿英发"，他把"发"写成了头发的"髮"，我就问他怎么写成这个"髮"，他说："这是繁体字。"我说："繁体字不是这个'髮'呀，这是'头发'的'髮'"。他说："就是那个'发'的繁体字。"我应该怎么给他讲啊？这个事情不全怪他，是咱们的文字把他搞糊涂了。

他还写了一篇《陋室铭》。他写"西蜀子云亭"一句，他把"云"写成了"雲"。可是他在另一个地方"孔子云：'何陋之有？'"时，他把这个"云"也写成了"雲"，"云"和"雲"本来是两个不同的"yun"呀。这事怪谁？不怪他。客观上是有了许多障碍，使他糊涂了。

前几天我遇到一件事。"事情发展到后来"的"后来"，这个"后"是哪个"后"呢？他写的是"後"，这是对的；可是在写"太后"的时候，他又加上了繁体字的"後"，所谓"后来"的"后"的繁体字，结果又错了。"后"和"後"，"云"和"雲"，"霑"和"沾"等这些用法错误的出现，都是因为字义不清楚。当然字义的不清楚，是有原因的，就是我们有简化字和繁体字，使他搞不清楚。我们的学习还不够，在字义的实际运用上，我们还有些模糊，这都影响了它的实际价值。

我们往往不注意它的实用价值，这就不合适了。我们搞书法的，愿意谈的是它的艺术性，好像现在也比较强调它的艺术性。艺术性和实用性，到了现在，它的实用性渐渐地减弱了，突出的是它的艺术性，这个想法有它的道理，但是也有麻烦。麻烦是什么呢？就是有时候在实用性和艺术性上发生矛盾，这个矛盾一发生之后，就不好解决了。我的意思是，我们先注意它的实用性，再谈它的艺术性，这样更为保险一些。这两个问题，应该是统一的，实在不能兼顾，也只能宁肯忽略一下艺术性，也不能忽略实用性。

这是不是我一个搞文字的有时候会有的一种偏颇呢？我想不是。必须认识到，我们写书的目的是传播思想。传播思想，这是重点，这个重点站得住脚了，然后再来谈其他，不然的话，一切无从谈起。我想这方面的意义不用多说。

我想重点放在艺术的问题上来谈。对于艺术的问题，我刚才说过，我不是很明白，不是很清楚，我想谈另外一个事情，谈新和旧的问题，谈这么一个概念。

新和旧，是一对相对的概念。什么叫做相对概念呢？所谓相对概念，它的意思是说，这两个概念谁也离不开谁。它的相对性在于谁也离不开谁，互相依存。新和旧，要没有旧也谈不上新，没有新也就没法谈旧，这两个是相对概念。如果孤立地谈一个概念，说它是新的，不好说，说它是旧的，也不好说。所以说，它是相对的概念，是彼此依存的。还有一个意思，就是如果不知道旧，也无从知道新；不知道新，也无从知道旧。因此，我们在理解新和旧问题的时候，马上就该意识到，它是一对相对概念，咱们就在这个意义上来讨论它，这是一个意思。还有一个意思，它是一对具有发展趋势的概念。具有发展趋势，是指不是静止的，它是要向前发展的。从旧的向前发展的是新的，它是发展中的概念。

而这个发展中的概念，就应生出许多问题，很值得咱们思维。向前发展就要考虑，发展到新的，那么新的再往前发展呢？又是新的。再往前发展呢？是更新的。可是，我们刚才说，从旧的发展成新的，再从新的发展成更新的，刚才那个新的发展到哪儿去了呢？它变成了旧的。再往前发展，发展成第三个新的时候，那第二个新的怎么办呢？它又变成了旧的。再往前发展，还有一个新的，这个新的，这第三个新的又变成旧的了。从发展趋势上看就是这样，新的是不断地发生，旧的也在不断地成长。新的永远等于一个，旧的可是总是一个一个地加多。这样统计起来看，新的永远等于一，旧的越来越多。这是一个非常值得思考的发展趋势。

因此说，旧的是在积累，新的是在冲锋，冲锋有冲锋的贡献，积累有积累的贡献。这样看起来，新的和旧的，总是生活在一起的，总是依存在一起的。它这样互相依存，看来是谁也抛不下谁，这样我们就不好喜新厌旧，旧的并不见得就错。这是在新和旧的问题上，它总是这样错综复杂地存在着。新的总是在一瞬之间，旧的却是长久不衰。我想，在弄清了这些概念之间关系之后，在取舍上就有一些考虑了。

还有需要说明的一点是，新的和旧的，又有一个主观问题和一个客观问题。所谓一个主观问题和一个客观问题是什么呢？是一个人的认识问题。在认识上我限于我的眼界，我只能认识到我看到的新是新的，也许客观上这个新的恰恰是一个旧的，但是我看是新的，这当然就是问题。主观上你不承认，也是不可能的，它本身有它的意义。主观是客观存在的，得要承认的，抹杀不了。所以，实际上，从哲学的观点来看，主观和客观是看问题的方式、观点，但是谁也不能把谁抹杀掉。主观是允许的。我就看它好，至于你看它怎么样，那随便。难道不合理吗？我就是喜欢吃酸的，他就是喜欢吃苦的，难道不允许吗？当然都允许。这种主观是允许的，也是客观存在的。所以主客的关系是很复杂的问题，不好说谁不对，也不好说谁对，但是从总的方面来看，主观应该服从客观，要把自己的主观逐渐地和客观统一起来。一般说，客观不会逐渐地服从主观，总是主观在服从客观，这是很正常的，我们并不排除真理在少数人手里。但是，那是需要把主观的变成客观的时候才可以的。

刚才，我说了许多，主观、客观，新的、旧的等等，这些想法，可能都是哲学上的一些术语，说起来、看起来，很空虚，可是它并不是空虚，它是抽象。大家知道，客观上讲，抽象的比实际的更有意义。所以我愿意说，我们在思维里头多加一些抽象的东西，增加了一些抽象的思维之后，才有可能认识更广泛的事物。这是一点。

我还想谈另外一个概念。好和坏，新的和旧的，主观的、客观的，都是一些相对概念。可是它们之间并不能一样地理解。所谓不能一样地理解，不是说新的就是客观的，也不是说旧的就是主观的；不是好的就是新的，旧的就是不好的，不是这样的。它们的关系不是这样，它们各是各的。但是有的时候，它们配合得很协调，有的时候它们配合得不协调。

什么叫做配合得不协调？比方说，有了一个新的，我们就认为这个新的一定是好的，这句话得出来还需要证明。我们也不能同时把主观的、客观的和新的、旧的，好的坏的都混在一块儿，我们要在这些相对概念之中，善于搞清它们的关系。比方说，我们不能说旧的就是不好的，不能这样简单地理解，咱们要从哲学道理上看。刚才说了，旧的总是大多数，旧的是一个大的系列；新的只是在刹那之间，你看，这不是一件很容易清楚的事情，都必须审慎地加以证明才行。所以，我们在这里面要分得很清楚，我们弄清楚概念以后再去执行旧的一些观念，再去分辨一些旧的观念，可能就明白了许多，不至于迷失方向了。

我们总结一下大的方面，旧的比较厚，新的比较新鲜，这两个相对概念互相依存。就是说事物总是同时存在的，新的也有，旧的也有，旧的有旧的好处，新的有新的好处，各是各的事，事物就是这样子的。

旧的为什么好呢？它最容易被接受，它或是刚刚过去的，它或是早就习惯了的；新的为什么好呢？它是新鲜的，也容易被接受。所以，新的好，旧的也好，这是客观的情况，这种客观情况你承认不承认它，它总是这样存在的。

但是，从保险程度上说，旧的比较保险，因为它已经证明过了。新的虽然很新鲜，但是不保险，因为还没有证实过。所以说，旧的更加可靠。但是从性能上说，从发展上说，新的更容易受到欢迎，这又是从新鲜感的感受上说。所以，这新和旧，一会儿看它，新好一点，一会儿看它，旧好一点，这也是个必然现象。

我翻来覆去地讲这个概念，这都是哲学上常见的现象。这样一说，大家就从道理上弄懂新和旧的概念了。这个益处在于什么？在于我们处于一个纷杂的、庞杂的艺术现象面前，能有一个清醒的头脑，不迷失方向。回过头来，我们再来考虑一下，所谓的一些书法上的问题也就清楚了。

下面，我把话题转到更具体的问题上。我想谈一个传统的问题。

传统，什么是传统？所谓传统，就是历史上曾经有过的，而且传到现在它还有的，这是传统。如果历史上有过，到现在不存在了，就不叫传统了。比方说，裹小脚这个事情，历史上有过，现在没有了，就不叫传统。再比如清官，历史上有，现在也有，叫传统；贪官，历史上有，现在也有，也叫传统。

历史上有张芝，他的草书是把一些笔画“连”了起来的“草”，王羲之的“草”是求其“简”。以后又有了孙过庭，他的“草”有连，有简。孙过庭这种草书的规范性就比较强。规范性强，又是一种情况，它在发展。到了黄庭坚，他弄了一个点，用了许多点，把连着的东西断开了。连、简、点，什么样的全有了，都纳入到草书的传统之中，他是逐渐地在丰富。你看，这个事情实在是很高妙，事物就是这样地发展。

从历史上总的发展看，晋尚韵，唐尚法，宋尚意。怎么发展了呢？都出来一个新的。新的出来后怎么样呢？它不是出来一个尚法的，就把尚韵的给打掉；也不是出来一个尚意的，就把尚法的打掉。不是，不是代替，而是丰富！新的出来了，纳入传统之中了，这个事物就是这样地向前发展，都有它的因果性。什么样的因，结什么样的果，当然也就开什么样的花。这样看起来，我们的社会总是在不断地向前发展的，不断地出现新的火花。当然，旧的也不断地得到丰富。这就是我们中华文化的厚度，越来越厚实，越来越充实，这就是我们的文化，文化现象就是这样。

新旧的问题，传统的问题，因果的问题，要理出一个条理，这就叫做必然。历史现象的必然性，就在于不断地在更新，不断地在丰富。丰富就是旧的积累，新的出现。这样看来，我们不否定旧的，我们欢迎新的。我们搞任何学问，走任何道路，都是围绕这样一个问题。

大家想想看，我们的历史正是因为互相交替着，我们才更有兴趣。不正是因为这许多关系，使得我们的国家，无限地繁荣了吗？所以，我想落到一句话上说，我们现在追求的艺术的美，就是在艺术的追求道路上，向美追寻的一个过程。大家在研究书，来培训是在干什么？是在使自己再丰富，是在丰富自己。这个丰富的过程就是不断地向前发展的过程，不断地在发展中积累。也许，大家在一起培训，在一起学习，很可能有这样一个思想，什么时候是个完结呢？我告诉你，咱们的社会，咱们的生命，就在不断的发展中，没有完结一说，总是这样丰富地向前发展着，这就是我们的生活。

我们的学习也就是这样，在大海里头寻求我们的生活。我们的主要目的是在这里学习，这是一种幸福。我们追求艺术生活，是因为我们物质生活的充分的满足，我们需要做出精神的满足来，这是我们的生活。所以说，大家有一段时间分散回去，各自追求各自的艺术，有一段时间我们集中起来研究我们共同追求的艺术，我们就是生活在这样一个不断更新、不断变化、不断丰富之中，这就是我们的追求，这就是我们的发展。这是我的一个总的想法。

我今天这么一讲，可能你感觉什么都有意思，又什么也没意思了。反正就是这么走，还有什么意思呢？不是这样，不能做出这样的结论。大家都在走着自己道路的时候，就在这种幸福之中，不断地追求之中，不断地丰富之中生活着，而我们的历史就在向越来越丰富、越来越实在的方向丰富、积累起来了。历史在向前走，我们大家也都在往前走。比如1997年，有一次，我去参观“一得阁”墨汁厂，“一得阁”收存了许多大家、老一辈大家的墨迹，我拿出那个本子一看，发现我们大家的水平都大大地提高了，都已经向前走了很大的一块，都不错，大家都不同程度地往前推进了。

我们说，要谈书法问题，当然就要谈汉唐，那是盛世。但我觉得他们远远不如今天，我们今天也很盛大，一看就发现我们自己进步了。要从上世纪70年代往现在说，我们经历了好几十年。我们从书法初期、兴旺算起，也是在进步了。这是怎么进步的呢？是我们国内文化底蕴很深，哪一方面的专家都有，哪一方面的新兴的书家都有，创新的创新，保守的保守，传统的传统，发展的发展，结果百花齐放，都向前发展了，这就是客观事实。我们时代在发展，在百花齐放中，这个花园才开得茂盛！

大家可以这样认识，想把我们放到整个一个模式之中，这是不可能的，总是在容量极大的、各种派别都存在的情况下向前发展的，这是客观事实。那么，凡事都向前发展，那我们还追求什么呢？这是社会发展，这是共同的发展。但是到了每个人的身上，可不全是这样，有的在发展中，也有的在踟蹰不前。为什么踟蹰不前？就是思想不确立，找不到方向。

我想对那些进展不明显的朋友说两句话。从总的上讲，我们大家都没有辜负我们的时代，我们目前百花齐放的局面，使我们得到了许多发展。每个人，要想取得更好的进展，最好要算一笔清晰的账。什么清晰的账？我们自己要找到自己的位置，找到自己的方向，这一点，我觉得至关重要。为什么？我觉得大家都在进步，我们在大的河流之中，历史长河之中也不能不进步。我们在进步，我们更希望进步得更快一点。就这一点，我想说一句话，要想富起来，你就得拿人家的。人不发外财不富。(笑，掌声)不发外财不富，我有我的想法。有这么两句俗话嘛：马不吃夜草不肥，人不发外财不富。这是什么意思呢？这是说我们得学人家，要能够弄懂，我学别人要比学我自个便宜，这个道理肯定得懂。

这个道理什么意思呢？我们常常糊涂的一件事是，总觉得把自个的特点拿给大家好，“我有我的特点”这句话最坑自个，最对不起自己。我认为，咱们拿别人的花，花钱花他的，这不就是学别人嘛。我学他的话，别老惦记我的，别惦记自个，光自个那么想尽办法丰富自己，这固然是对的，但弄来弄去，也丰富不到哪去，也富不起来。要想富就得拿别人的，拿别人的就得学别人的，落在“学”字上。学是把别人的变成自己的，就这么一个简单的道理。

学，怎么学呢？看你肯不肯把别人的拿过来。怎么叫学？比方写个字，他写的是王羲之，我写的也是王羲之，你能也写个王羲之吗？有的时候恐怕就办不到。我写王羲之，你写你的，你的就不行，很可能人家不承认，写王羲之的人家就承认。能不能做到这一点？这是至关重要的。我教育我的学生，字是“练”不好的，只能“学”好，还是“学”点吧。我愿意这样告诉我的那些学生。稍微笨一点的学生，他听这话有道理，就虚心地学；很聪明的人，他想我何必这样笨呢？于是就直接来吧，结果最后还来不成，还是得学踏实一点。这是我教学上的一个思想，就是要人富起来。最富的人怎么样？最富的人是：人家会的，他全会！这是最富的。会这样做的，他就了不起。我在教学上有一个观点，就是夺取别人，狠学，学着把别人学过来。

我说总的要点就是，大家都要随着历史前进。我们也在前进，这是时代给予我们的，我们很高兴，这是第一点。第二点，要使我们跟得上时代，能够随着时代的步伐走出更好的进程，就得学。学什么呢？就是把别人的变成自己的。这是我的观点，就这样两点。我说过我只是一个教书匠，只会让朋友明白一点事情，就是明白这一点，明白现在大家都在进步，明白要夺取别人。

我再多说几句话，我实在不是一个写字的人，但是在写字的大方向上，我自己以为还比较清楚，我也希望大家以一个清醒的头脑，对待一切事物，对待学习，这是至关重要的。如果我们有许多概念不清楚，有的时候就很难学出个明白来，就很难取得应该取得的成绩。

（此文为欧阳中石先生于2004年5月2日在中国书协书法培训中心全国第十一期创作班暨研修班面授时的讲课稿。杨茹根据录音整理。）

经石峪的书法艺术与保护*

(一)

【演讲】我非常高兴回到自己的出生地来和大家见面，这可以说是生平的一件快事。我对于泰山经石峪没有什么研究，但是有接触，我想这个接触也很可贵，对我来说是永远也忘不了的。我感谢各位专家在经石峪的研究上作出的各种贡献，比如书写者是哪一位？书写的年代是什么时间？这一些，全国的书家、书法理论家都很注意，都有研究，特别是对经石峪的作者研究的更多。我们小时候就知道是安道一写的，以后又有资料说是一位高僧僧安所书，也有的说是僧安道一。到底应该怎么念？怎么样来断句？值得思考。甚至于对书写年代，到底是唐代还是北齐？也有许多说法。经石峪是泰山上重要的文化景观，这个景点的出现让后辈的学者都对它做了很多研究，这是值得高兴的事。有许多问题不能得到根本的解决，这也是学术界的

* 本文原载《名家话泰山》，济南，齐鲁书社，2009年。

常事。

【提示】泰山经石峪刻经位于泰山登山中路起点不远处，总面积 1200 平方米，现存 1382 字，所刻为佛教的《金刚经》。

【演讲】我想先说一说我的接触，我对于这种大字的印象。我对经石峪的第一印象，是在 1935 年至 1936 年之间。为什么这样说呢？1935 年，我就在咱们泰安粮食市小学开始读书。我们这里有一位老师姓侯，侯老师是教数学的，可是他最喜欢写字，他所写的就是经石峪大字。那个时候的小学啊，先上两节课，再吃早饭，然后再上四节课，是这样的一个制度。上完两节课之后，他开始吃饭，我也吃饭，吃完饭之后他写字，我就帮忙，我的任务是研墨。那时候不用墨汁，用研磨的办法研出来，再把墨汁倒进碗里，这样很久才能把这个碗倒满。写字用那种方方的毛头纸，一张纸正好写一个字，我研的这一碗满满的墨水，他也就是写二十多个字。研完墨，他写字，我扶纸。我站在对面，只能看反字，等我把他这张字拿到旁边，晾在地下的时候，我才能看一看正字。我就在这个时候开始知道了经石峪。我觉得他学得很像，写得也很好。

当我照顾他一年后，我上二年级了，我就开始动脑筋了。他写的字到底像不像经石峪呢？我怎么看着和那个字帖上的不太一样啊？有的时候我就会发出一点儿疑问。侯老师说你不要说了，我带你到经石峪去，他就带我上了泰山。从斗母宫旁边一条路走下去，路过一个高山流水亭，再往北走就到了经石峪。那个时候的经石峪和现在大家看到的不一样，是一个河床，比较平，上面潺湲地流过一层薄薄的水，非常美。看字要透过水，因此我们就趟着水过去看。这个河床上容易滑，我们就把脚踩到笔画里面，这个时候感觉特别有意思。所以这样呢，就对经石峪有了一些很美好的印象。

【提示】在泰安粮食市小学，欧阳中石开始了自己的学习生涯；也就是在这所学校里，他开始接触了经石峪的大字书法。泰山经石峪在少年欧阳中石的心中留下了美好而深刻的印象，也成为他走上书法之路的最早启蒙。

【演讲】通过学者们的研究，现在已经明确了泰山经石峪确实是北齐年间的，时间已经很久远了，刻的是佛经。等我长大了之后，在做了许多学习以后，才知道不仅是泰山，从北边的大同、云冈开始，就有许多经刻石。从大同过来一直到河北有刻石，响堂有刻石，再从泰山走下去到邹县也有刻石，有许多地方都有僧安道一的痕迹。可以看得出来，大概在北齐前后，这是一个流行的做法。而泰山在这一点应该最突出，面积最大，艺术性也很高。

上个世纪 70 年代，我曾经到过日本，日本书家拿给我一些材料，其中有杨守敬先生勾勒的泰山经石峪的字。湖北是杨守敬的家乡，他们把这个事情已做了整理和出版。因此可以看得出来，泰山经石峪不单单在中国有极大的影响，在国外，像日本、韩国也有许多书家在研究它。

我对经石峪没有研究，但是我想提出一些思考的问题，向大家请教，也希望大家能够给出答案来。去年咱们泰山做了一个事情，泰山被国内的专家认定为书法名山。我认为泰山不仅是一座书法名山，也是一座文化名山，泰山经石峪就是泰山文化最主要的标志之一。我们泰山确切地说应该是一座道教名山，因为最重要的神——碧霞元君就是道教的，可是在这座山上并没有排斥其他，而是容纳了其他。如果从孔子登临处上山，先到万仙楼，万仙楼的旁边就有一座寺院，就是佛教的。道教的山，佛教也请来，愿意在上面刻经就刻经，大面积的佛教刻经就在泰山上，所以说泰山是一座文化山，是一座包容性极广的文化山。从北边的云冈一直往南，这些刻石里面最突出的就是经石峪，面积没有比它再大的，字数没有比它更多的，也没有比经石峪的字更有代表性的。

【提示】泰山经石峪刻经形成于1300多年前的北齐年间，是目前我国已知的面积最大、遗存字数最多、也最具代表性的摩崖刻经，在日本、韩国等许多国家也都有很强的影响力。泰山具有众多的文化景观，是名副其实的书法名山、文化名山。从这里，我们就能够发现中华文明前进的足迹，就可以了解中国书法发展的脉络。

【演讲】下面我想从书法方面说一下经石峪刻经。从书法上看，经石峪的字体，有隶书的成分，有楷书的成分，这是一个南北朝时候的特点，既融合了汉隶，又开始向楷书转化。南北朝是书法史上一个很重要的时期，展现了许多特点。北方应当说经石峪是最突出的代表。当然许多专家更着重地研究了时代的特点，比如北周出现了灭佛运动，我们这个经石峪是不是为了防止灭佛而出现的？那是另外一个问题。经石峪刻的经文是《金刚经》，我们现在主要是以字为主，以经为辅，这是一个特点。

从我所见到的经石峪来看，所刻的并不是《金刚经》的全部，我想可能是因为没有这么大的面积。铁山那边也是这样，就几句话或者一句话，并没有把全部的经文都刻出来。这是怎么一个问题？我们无从知道。但是从字体上可以看出来，这个时间，从南到北，都贯穿了一个现象，那就是隶书在转化中，在向楷书的转化中。

河北省有个邯郸，邯郸的旁边有一个娲皇宫，女娲的皇宫。它的背后是一大片经文，那个字比我们经石峪多得多，也小得多，据说也和僧安道一有关系，可是那个字体向楷书转化得就更多了。我们经石峪这个隶书的成分较多，所以看得出，在隶书和楷书的交融过程中，都必然走这样一个渐变的道路。

【提示】欧阳中石先生认为，泰山经石峪刻经既有汉隶的成分，也有楷书的成分，体现了南北朝时期由隶书向楷书转变的过程。这是经石峪刻经的第一大特点。

【演讲】当时老师告诉我们，经石峪的字还有一个特点，可以用这样四个字来概括，那就是“雄、浑、丰、厚”。我从小时候到现在都在研究经石峪，又看了很多别的字体，最后心悦诚服地相信这四个字。我记得我的老师讲这四个字的时候，特别在这个“丰”字上着重讲了一下。现在这个“丰”是“豐”的简体，这是我们今天的说法。过去我读书的时候这是两个字，“豐”是丰富的丰，表示多的意思；而“丰”是丰仪的丰，指的是不但饱满，而且非常有神采，非常有精神。简化的这个“丰”，很能表示经石峪的特点，它很博大，它很雄伟，它有种特殊的风采。这种雄浑丰厚的神采，很少有能比得上它的。因此，在目前的书家中，要想寻求这样的风格，寻求雄壮的气势、高昂的姿态，就应该多向经石峪寻取营养。

【提示】欧阳中石先生认为，经石峪刻经的第二大特点就是字迹雄浑丰厚。这些大字不仅博大、雄伟，还具有特殊的神采，给人以无尽的启发。

【演讲】现在有些书家崇尚隶书，当然要多看汉隶，我们泰山就有几块很有名的汉碑，比如张迁碑，大家可以从中去寻找笔意。可是那些字都很小，为了寻求隶书的用笔，大家也可以到经石峪里面来寻求营养，因为这里很容易就能看出起和收的特点。所以说在书法界，为了追求一种风格，要看经石峪；为了了解隶书的起笔收笔，也来看经石峪。经石峪为书法这门学科提供了很宝贵的资料。

（二）

【提示】形成于北齐年间的泰山经石峪刻经，距今已有1300多年的历史，它不仅以面积大、字数多闻名于世，也具有很高的书法艺术价值。

那么，对于这样一些文化遗产，我们应该怎样来保护呢？

【演讲】我下面还想谈一下关于文物的保护问题。从北齐到现在算起来，大概是1300多年。这1300多年，经石峪仰面朝天，风来了吹它，雨来了打它，风雨剥蚀，必然有些残损，这是很正常的。历年来，为了保护它，一般是禁止捶拓，因为捶拓就要伤害字口，在历史上一直就存在这种说法。所以我们现在能找到一个宋拓，那很珍贵；找到一个明拓，同样很珍贵；如果找到一个民国初期的拓本，也很不容易。由此可以看出一个问题，那就是为了保护经石峪刻经，尽量不捶拓，这个保护的办法好不好？我不知道。

在陕西省麟游这个地方，有欧阳询写的《九成宫》，这个原碑在陕西省，专门有一个碑亭，旁边还有一块碑和这块碑的时间差不多。欧阳询的这块碑总有人来捶拓，旁边那块碑从来没有人捶拓，可是现在看起来，欧阳询的这块碑油光发亮，旁边那块碑白花花的，都快看不清字迹了。这是捶拓的罪过呢？还是不捶拓的罪过呢？我不知道。有人认为，这个墨里头有胶，捶拓时就等于给碑刻刷了一层清漆，所以不会把字口损伤了。

我第一次见到捶拓的时候，是在咱们的岱庙，这是30年代。把碑先用水擦一遍，然后把纸蒙上去，用锤头轻轻地打，把这张纸打到字里头去。然后用白布包一些很细微绵软的东西，蘸着墨上去，再轻轻地敲，这样就把字捶拓下来了。我30年代见过，到了70年代也见过，还是用的这个办法。一直到今天，我见到捶拓的那个棉花包里头包的是泡沫塑料，更不会打坏字口了。我在河北省正定县的大佛寺里看到一块碑，是隋朝的碑，非常名贵。上边保留得还好，下面的字却看不清了，这是因为雨打到地上，反射起来溅到碑上造成的。这不是捶拓之故，这是风雨的剥蚀。欧阳询的《九成宫》和旁边的那块碑的明显对比，也证明了这一点。捶拓不会损伤碑刻，或者说损伤极小，自然的风雨对它的摧残更甚。所以我就想到经石峪，那个时候在上面薄薄地流过一层水的时候，我不记得哪个字坏了，可是现在我看到上面没有水了，字却一大片一大片地崩裂了。我们到底应当怎么保护它呢？在上面加上一层拦水坝，不让水在上面流了，是不是就是保护它了？我不敢说。所以我提出这个问题，供大家思考。

"文革"时，我到承德，承德是清朝的许多皇帝夏天避暑的地方。那里修了一座楠木殿，很清雅，很高贵。我们有一个先生提出来，为什么这么好的木头不加以保护？于是拨给很多钱，买了许多漆，把它漆起来。漆了一半的时候又来了一位先生，一看，这不是胡闹嘛！这个楠木它就需要白茬，不能够漆，于是又命令用玻璃把漆刮下来。头一个先生让上漆是保护，第二个先生让刮掉也是保护，怎么样保护更有效果？我提出来请朋友们去考虑，千万不要好心办了错事。尤其是我们每天都守着这座宝山，如何保护好它，这是个值得研究的大课题。

【提示】泰山经石峪走过了1300多年的漫长岁月，经历了风吹、雨打、日晒等重重侵蚀，到如今仅剩下1382个残缺不全的字体。如何保护这一珍贵遗产，欧阳中石先生认为，这是个值得研究的课题。

那么，对那些所谓的糟粕，我们又应该采取怎样的态度呢？

【演讲】前两天我在一个会上，提出要把过去存留的许多珍本保留下来。有人就提出糟粕也要整理出来，当时遭到很多人的非议。糟粕为什么要留？我们要的是精华，糟粕要剔除掉。有一位同志提出来，剔除掉这句话没错，就是要把它区分出来。精华我们要发扬，糟粕要把它留作档案，但也要整理出来，一般情况不给大家看，必要的时候可以拿出来参考。有人说参考也会留给大家一些坏处啊，这位同志做了很好的说明，他说如果我们把这些毒草都铲掉了，过上五十年你知道谁是毒草啊？你连毒草都不认得，你如何进行鉴别？所以我们在整理文物的时候，难免会遇到一些我们认为是毒草的东西，是糟粕的东西，是不是就要把它们全部铲除掉？我觉得这位先生的意见值得思考。留下个样品，好让后人知道什么是糟粕，什么是毒草，不然见了毒草也不认得。

在书法史上有一位赵一，写过一篇文章叫做《非草书》，否定草书。这里面有个用词问题，他不是把"真草隶篆"的那个"草"否定掉，而是否定胡写乱画。我们在历史上，在现在，有没有胡写乱画啊？肯定是有的。精华与糟粕必然是同时出现的，你想一时禁绝，恐怕很困难。我们怎么办呢？就要善于区别，就要有较高的鉴别能力，知道哪是要发扬的，哪是要剔除的，这应该是一个重要的课题。

【提示】欧阳中石先生认为，对前人遗留下来的一些所谓的糟粕，我们也应该区别对待，而不应该一棒子打死。对其中一部分可以有针对性地保存下来，使后人对我们的历史能够有一个全面而清醒的认识。

【演讲】不只是书写，不只是文物的保护，应该说在许多方面都会出现这种现象。我们在教学上，应当把识别优劣的标准告诉大家，让大家自己去处理，这是个原则。所以古人告诉我们，要懂得规矩，"规"是圆的，"矩"是方的，要懂得怎么来鉴别"规"和"矩"的标准。

“规”左边一个“夫”字，右边一个“见”字，“夫”当什么讲呢？当人，当大家讲。一个人成年了，就成为一个标准的人了，这时候才算是一个“夫”。大家统一的看法就是规律，就是规范，就是制度。所以怎么样让大家懂得鉴别鲜花和毒草的标准，就是需要学习共同的认识，学习人类的规律，只有这样我们才能处理一切事物。

我说自己“生于鲁”，就是出生在泰安；“长于齐”，就是中学时在济南；“壮游京师”，大学时代才到北京。我的根还是在这里，我很愿意把我这些年来得到的一些认识，告诉我的学弟们，与大家共勉，希望大家有新的更大的成就。你们把我看成家乡的一个故人来看待，我十分高兴，谢谢大家。

论王羲之与21世纪*

我们今天讨论书法问题，回顾历史，展望未来，一切都囊括在“王羲之与21世纪”这个题目之中了。王羲之是古代的书法家、书圣。今天我们仍然在学习他，受他的影响，将来可能会有更多的人来研究他的书法艺术。

书法是我们中国文化体系中的一个侧面，通过这个侧面，展现出我们祖先的聪明才智。从我们汉字的源头看，汉字的主体主要是象形文字，从文字的演变过程及研究中可见，我们的祖先确实观察得很仔细，而且抓住了它们的特征。应当说，祖先的发明不但是合理的，也是科学的。我们的文字非常了不起，了不起的文字组合起来，又成了了不起的文化。

书法是中国文化的一个重要枝节。从甲骨到钟鼎、从石头到纸张，我们的祖先想了很多的办法。不但要让大家都认识，还要提高书写的效率，最终还要让大家都接受，让大家乐意看、喜欢看，这样，就不仅仅要写得科学规范，

* 本文原载《羲之书画报》2004年6月24日。

还要写得美观。从真、草、隶、篆各种字体，到王羲之，再到颜、柳、欧、赵，都在研究探索一个科学与美的问题，因此，我认为书法是科学与艺术的结晶。王羲之的书法艺术，我们今天能看到的，大部分是一些朋友、熟人之间的信札、便条，即使是这样随便写的便条，也具有极高的艺术价值，可以说王羲之把科学与艺术结合得非常完美，“书圣”的称号，不是随便得来的。

为了提高效率，我们曾经把写的字刻在石头上，再把它拓下来，从而便于流传；这样还不方便，进而发明了印刷，现代又进入了电脑时代，连印刷也显得落后了。如今，有些朋友在生活中已经离不开电脑了，用笔写字经常短胳膊少腿。如此以往，还有没有人写字？电脑是先进的，让它展现一个字很容易，可是让它把这个字写得很美，就不那么简单了。“书”的艺术性问题，还没有被更多的人所认识，一旦发现了它的美，我相信会有越来越多的人喜欢它。电脑解决了文字使用的效率问题，同时，使我们可以更多地关注书法的艺术问题。电脑技术越发达，反倒会更加促进书法艺术的发展。我们的艺术可以把电脑中没有生命的文字变成有生命的；把电脑中没有节奏的文字变成有节奏的；把电脑中没有感情的文字变成有感情的，这样一来，我们的书法在电脑时代，在 21 世纪，就有了更多发展的机遇。

有些人在思想上把传统与现代对立起来，我倒觉得传统与现代一点也不矛盾。王羲之的书法是传统的，在历史上还有一些所谓的“当代王羲之”，他们并没有得到历史的承认，没有能进入传统的审美领域。另一方面，对传统要有全面的理解，可取之精华，剔除糟粕。

在学习书法中，怎样才能写好？单纯地练是永远也练不好的。重复地练，就是不断重复自己的错误。怎样才能进步呢？要学。现在很多人在忙于创作、创新，我认为学是关键。要把别人好的方面变成自己的，只有学。怎么学？很简单，临帖。然而，临帖并非易事。有的朋友说，临摹不是创作，临摹是没有出息的表现。这话听起来像是豪言壮语，可他不知道，临摹是多么的重要。把前人的优点学来，集中在自己身上，从而充实自身的能力。

还有的朋友，担心临帖会耽误了创新，我看没有担心的必要。从历史上看，没有两个人的字，写的完全一样，那么多人学欧阳询、王羲之，有谁和他们完全一样？别说其他人难以写得像，就是让王羲之本人，在写过《兰亭序》之后，再来重写，也不会再是原来的样子了。所以，不要怕古人淹没了你。科技的发展，都是在前人研究的基础上逐步创新的。艺术也是如此，只有在继承优秀传统的基础上，再创新，从而才会不断发展。

至于从哪里入手？从哪一派入手？我的建议，是先学历史上公认的大家，譬如王羲之等。你落笔就是王羲之，还担心学不好其他的吗？

当今，艺术的存在形式有多种，不管是书法，还是绘画，也不管是现代派，还是后现代派，我们都要尊重它的存在形式。应当承认一个事实，那就是每一个搞书法的人都想搞好，没有人存心要把字写糟、写难看，谁也不会拿自己的艺术生命做赌注。每个人都有自己的艺术观点，选择的方向。至于选择的最终成功与否，随着时间的考验，历史与社会会做出论断。

书法教学中的两点“时弊”*

每看到青少年一代在书法上取得可喜的成绩，便由衷地高兴。这种成绩的取得，除了学生本身的素质及用功勤奋外，自然应当归功于辛勤的蒙师，应当深深地向他们致敬。

然而，在书法教学中有两种现象，必须引起注意，因为已经成了“时弊”。一是只顾教写字，无视书道之教；一是求名有术，但不知贻害何极！

从书法作品的价值意义看，或为祖国山河增秀，或为高行颂德，或启人蒙昧，或娱人美趣，皆在宣扬教化；从书法的教学看，教以读书治学之道，立德修身之功，情操高洁之趣，冶饰仪表之雅，正借以向深邃处诱导之良媒，应该认识到这才是书法艺术的灵魂精英所在。如果忽视了这一切，毋宁是教猴驯兔，根本忘却了培育英才的神圣天职。

有些教师为了使学生取得成绩，以显示自己的教学效

---

* 本文原载《中国教育报》1988 年 11 月 12 日。

果，采取了这样一种教学方法：老师煞费苦心地选出一些便于应酬的辞句，诸如“虎”、“寿”、“腾飞”、“勤奋”、“振兴中华”、“风华正茂”之类，自己写出样子，要学生就只练这几个字，一到展览的时候，略换一下款式拿出来便可邀得个中奖。这样混个一年半载，倒也屡试不差。于是学生取得名次，老师自然十分光彩，教学有功。然而，确切地说，持这种教学态度的老师开始是有功，渐渐是错误，最后是害人。

自己的字或许是可以作字模的，用它入手可能上手较快，但上手之后，如果不向更高，或者说更多的名作学习，只固定在一点上，即使这一点再高，也不过是一点，也需要有更多更丰厚的支柱与基础。可是自己的字不见得是最高，也许仅只是较高，甚或是不高呢？然而我们学生的学习能力是不可估量的，如果他一年便可仿得很好，两年仍然仿你，岂不是限制？三年之后他本来可以造诣更高，而仍然仿你，应该说这简直是“扼杀”！我们在现实中看到过不少这样的实例，原来的“新秀”、“尖子”，三年之后“泯然”了，何止方仲永一人哉！孩子学生，懵懵懂懂，“新秀”夭寿之咎，其实责在老师！也包括一部分家长，他们一看孩子取得了一点点成绩，便到处吹嘘，什么日本人怎样赞扬，法国人怎样称许……讲起来沾沾自喜，其实可悲之甚。

在学生身上看得到老师的影子，这是正常的事。然而，好的老师应该尽可能地使自己在学生身上的影子尽早地消失，尽早地找到更高的追求目标，让学生得到无限的生机。如果只让学生抱住自己的大腿不放，简直是对学生的禁锢。诱导不力都应当算失职，如果有意为之，则错上加错。尤其有时我们见到学生作品上的错字、失体等问题，恰恰正是某位老师的惯病，这实在令人担忧。

早就看到了这两种“弊端”，几年来总想写一点东西说明一下，但勇气不足。近来只觉此风并未减弱，甚至还当作了经验成果，骨鲠在喉，不吐不行。为了孩子学生，只好斗胆以谏。不对之处，幸方家不吝指正。

张裕钊书法溯源*

张裕钊，字廉卿，号濂亭，生于公元1823年，终于公元1894年，享年七十一岁。享名书法主要在同治、光绪年间。其实他的诗文承桐城遗绪，造诣极深。他在南京凤池、保定莲池、上海梅溪、武昌两湖、襄阳鹿门等书院讲学，主要是经、子文章，兼及书法。因为在书法上显得突出，遂以书享名。然而海内有些评论家对廉卿的诗文却更为瞩目。

为什么在书法上他的名气更大了呢？这主要是由于他在他所处的时代里走出了一条自己的道路，不同于他人而有独立的风格，有自己的成就。即使仁智互见，揄扬俱下，也不能掩其芒颖，而必须给予他相当的位置。至于有人以斧凿太甚相訾，本文不论，仅想作一溯源寻流而已。

大凡某种风格的艺术之所以能够邀赏于当时，遗名于后来，总要“应运而生”，所谓“应运而生”，即上承着时代发展的必然趋向，向下开拓一时的新风。裕钊先生的书法

* 本文原载《北京师院学报》1985年3月。

艺术在当时可以设帐，其后学者至今不乏其人，国内海外都有影响，就源于此。

书法一道的沿革，唐、宋以来，由于科举制度的要求，书法上形成了一个力求法度，走向规范的局面。自“院体”以降，明为“台阁”，清则“馆阁”，形成了一套传统“正宗”。沿袭至于康(熙)乾(隆)，殆臻其极，格局僵化，“千人一面”，可以说由于“馆阁”之盛，使书法艺术已经到了濒于窒息的形势。

“物极必反”是不可抗拒的客观规律。考据之学兴，遂使大家向地下瞩目，地下金石故物的大量出土，为书法艺术的发展提供了极其有利的条件，墓志刻石的艺术魅力一下子便把书界的注意力吸引了过去。“碑学”便于嘉(庆)、道(光)而后崛然兴起。许多书家舍帖从碑，越唐而经溯北魏，以自己的笔墨实践，作出了有益的探索。安吴包世臣的《艺舟双楫》更竭力倡导，康有为的《广艺舟双楫》又呐喊以随。这样，有的提笔实践，有的著书立论，相互映照促进，终而汇为一流，澎湃而下，形成了一种“尊魏卑唐”之势。张裕钊的书法便是在这种形势下“应运而生”，卓然成家的。康氏以为他是“集碑之成”者，可以说是推崇够高的了。

张裕钊的书法，确实别立一家门户，不同于有清一代的诸家。用笔苍劲，峻如刀削，锋敛而见芒；结体修瘦，严谨有制，外方而内圆，然则，取法于何处呢？

有人说他“取法六朝而面目全非……”，不错，这样意态风格的字，古人所无，但精心细窥，确有绪脉可寻。说他出于《张猛龙》，诚然有之，如出捺时，收而不放，轻不著力，颇足提神。而于折、钩处却着力刻凿。说他有《崔敬邕》意态，诚然有之，如“博陵”的“陵”字，“京夏”的“夏”字，确实形神相肖。说他结构出于《吊比干》，诚然有之，如“原而”、“见”、“勇”等字，取势成体都有似处。康殷先生说他出于《张贵男》，当然又一新见，结体之拙巧果然相同。凡此种种，可以看出他确实遨游于魏碑这座宝库之中，俯仰之间裁取不少，诚然可以说他是“善于熔铸”，而集其成，自为机杼的一“家”。

然而，为什么康有为又说他“专学六朝书，而所成乃近率更、诚悬”呢？是“取法乎上仅得于中”等而下之所至吗？对此，我有一点很不成熟的看法，冒昧地说一说：

我觉得，张裕钊先生并不见得“专学六朝”，这个专字值得分析，因为从六朝直接到张裕钊，从结字成体上看，缺乏必要的过渡。固然《张猛龙》是横扁与纵狭参差互见，而廉卿先生则一意修狭，瘦长取势，正与柳公权的《神策军》尽力伸长一致，尤其与欧阳询诸帖相同。《九成宫醴泉铭》的雄秀相融，对应成趣的立意，虽然他未作过多的寻求，但《皇甫诞》的峻利秀拔，《虞恭公》的剥蚀古朴，《化度寺》的规格严正，却比比皆是，绝非偶然而成。这种结果，如果没有着意的追求，是没有条件达到的。所以我觉得张裕钊先生并没有舍弃了对唐碑的摹拟。甚至于可以说他不是从魏而至唐，而是自唐上溯于魏。看看张裕钊先生的小楷《千字文》，距自唐至清的体制相去几何？

对于张裕钊先生的书法，我觉得：结字他以唐为主，加之以北碑的神采，入笔颇有篆法，行笔则取势于北魏，藏头护尾，中正不倚，折笔取法于汉隶，撇捺敛锋，出钩回锋，蓄而不使芒颖外显，但是精神爽利，法度俨然。

要着重一提的是：张裕钊先生选笔则用硬毫，可以笔秃无锋，但不喜其软。这从他所书日课“诗经”等字的墨迹上可以清楚地看出，墨在薄纸易透，迎光从背面看去，或从纸面平眼望去，松烟泛于纸面，浓淡回笔都可历历如见。特别在蜡笺上看，墨不入纸，毫锋只能在纸面上滑动不刻，更易看出笔毛的活动趋向。可以看出张裕钊先生之所以如此，恐怕意在追摹古人刻石之刀痕，石质剥蚀后的自然情趣。对于这一点，评者好恶皆有，我们现在都不作论，我们所注意的是张先生的趣旨所在，慕求所之，这对我们的学书极有参考价值。

如果再看一看张裕钊先生的行书小字，可看出，他是以楷为行，转折有度，连、断合法，看来的确殊非匆匆可就。大笔作小字，倒也妙在天然。至若稍大一点的行书，写起来恐怕比其楷书稍快不了多少。这种着意意态的营造而不在快慢速度上用力的写法，正合古意。虽然有了灵活飞动的旋律，但仍不失为法度严谨的力作，这便是古人戚戚以求的艺术境界。

前面说到廉卿书法是时代之必然，即破“馆阁”而自唐入魏，既有了古意，又自立了一家之体。现在把他放在同一时代范围内，来一个前后左右观，以便在区别中评得公允。

就破“馆阁”而论，前有郑板桥、金农等人的另辟天地。他们不同程度地把画家的意趣纳入了书中。尽管取得了较好的成绩，但有人指为“魔道”。这对裕钊先生来说，恐怕既是启发，又是鉴戒。

邓石如是当时大家之一，他在篆书上，从隶入篆，博大精深，对当时篆隶的中兴有极大影响，他又引篆隶入行楷，上通宋元、法古而不泥，大树一时立起，对略后的张裕钊自然有所震动。包世臣之论书一经问世，从理论上拨开了云翳，遂使有志之者有了驰骋之原野。裕钊先生当然受到了鼓舞，作字的入笔，颇有篆意，恐也不无影响。

与张裕钊同时，而生晚终早的赵之谦，虽然同处于一个时代，所受的启示一样，但所闪出的光彩不同，各有门户，各有宗法，一坚一柔，一长一横，恰好形成映衬。是否作一推测，张裕钊之着力求古拙，或者就因为有赵之灵媚；赵之谦之所以秀雅，或者正因为有张裕钊之严正。我们客观看来，他们之相异相斥，倒可能正是相避互成的契机。

尔后，康南海对之又大加推崇，于是廉卿书体乃成一派。中外从者绵延流传，至今犹盛。

特别日本朋友宫岛詠士暨上条信山先生一脉，更是恢宏斯业，令人钦羡。自愧无甚研究，草此短文，谬误之处诚希鉴正。

（为日本书法代表团讲座于北京故宫丽景阁。）

六、戏　曲

京剧漫谭*

我是一名中国京剧的爱好者，喜欢看它，小时候用了很多时间追随它，为什么这种兴趣一直不衰减呢？因为它总是给我许多享受，给我许多启发，给我许多乐趣，使我在思想的追求中有了更新的境界。

京剧的艺术魅力是多方面的。无论哪一个方面，都是一个大的项目，甚至是一门大学问，诸如剧本、导演、行头(服装)、切末(道具)、舞台美术等等。只就演员一方面来说，就有许多行当问题；以生行为例，又有老生、武生、小生、娃娃生等行当；仅就老生来说，又有正工老生、衰派老生、文武老生、二路老生等等。

无论哪一个行当，都可分得很细，但作为一个演员，笼统地说，都离不开唱念做打。而只就唱念来说，又须涉及发声、咬字、放音、行腔等等诸问题。

我们应当不容置疑地肯定一点，即在这一方面，中国京剧这一门艺术，已经有足够的能力解释自己所能遇到的

* 本文原载《中国政协》2009 年第 2 期。

一切问题。

如在发声的问题上，东方、西方的音乐界均有很高的成就，而京剧艺术中关于发声的问题，所能达到的高度却与东方、西方的成就不谋而合。咱们觉得是好的，人家也认为是好的；咱们认为是不好的，人家也不承认是好的。所以，可以总结出一个带有规律性质的事实，即：对于客观世界的认识，虽然有些细微末节上的不同，但在总体上讲，却是一致的。这正是科学的本色所在。即使是艺术，也需以科学为依据，不可能相悖相离。

一、中国京剧的“以假为真”

人们在生活中总是向着美好进行追求，追求的想法不外是回忆——回忆过去好的地方，再就是向往——想将来怎么更好。一个是回忆，一个是向往，应该说，人们是以回忆为基础，去构想美好的未来，所以人们是在要求着这样一种思想与心态，而戏恰好就体现着这样两方面的要求。

“戏”原来的繁体字是“戲”，左边是一个虚幻的虚字，右边是一个兵戈的戈字，虚戈，意为虚假的武器。也就是说本来就是假的，枪是假的，人甚至也是假的，但我们要以假为真，把它看成真的。中国的戏曲在思想里就有这样的要求，希望构造出一种情景，这种情景是感人的，是使人受到感动的，是会诱导人们走向更加美好的道路的，这就是戏曲的要求。

中国人有着了不起的想象力，在戏曲艺术中，为了更好地表现，便有了一些形式上的办法，用这些办法，把历史人物，把传说中的人物，把神话中的人物，把许许多多的假人假事装扮成真人真事，集中到一个舞台上，让它有形、有声、有节奏、有感情，活生生地展现出来。这种要求是在中国的戏曲中随着想象而发展起来的。因此，中国的戏曲，不光是京剧，以至于各种地方剧种都是希望达到这样的效果的。

中国戏曲中一个很重要的特点就是把一切都给予典型化，无论是人或者事，都搞成一个典型化的形式。例如“角色”，“角色”在中国的戏曲里面，表现为生旦净丑，这样就把戏曲中的人物分了类，这个类基本上概莫能外。从人的形象、性别，到发展情节中的作用都概括在生旦净丑之中。这种分类的办法，把人类的个性以及事物在戏曲中所占的位置都表达得清清楚楚。在舞台的台面上又把所有的情况都纳入到了一张桌子、两把椅子的环境之中，不管是大场合、小场合，都包含在这样的情况之中。甚至道具，一杆枪、一把刀，长的短的，一条马鞭，都是典型化的东西。如果这出戏里将要出现一个大人物，要体现大的情况，甚至是朝廷上的、官衙里的，桌子上就一定摆放着笔架、毛笔，还有方方的印，就只这一个印，就把所有的官员的身份、意义都说得清楚。再看穿着打扮，蟒、袍、官衣、靴子、薄底儿，都是典型人物的典型用具。至于生旦净丑的扮相，脸谱，更有各种各样的勾画：净脸、花脸，什么样的花脸画蓝的，什么样的花脸画红的，都是典型的。表演也是有程序的，不管是谁都得上场、都得坐下，都有唱念做打，都有下场，我们往往把它归到程序化。程序化甚至成为了戏曲的缺点，然而我们仔细地思索一下，正是因为程序化，才沟通了演员和观众之间的共识，而观众正是通过这些程序化的表演，认识了历史上的一切，也认识了现实的一切。因此戏曲在人们的成长过程中起到了非常重要的作用。

我们当然可以说因为程序化使得我们的戏曲窒息了，但是曾经有一位演员说了这样一句话：“如果把程序化的东西赋予它生命的话，这个戏就活了。”正说到了程序化的要害。就是说我们需要程序化，需要典型化的程序化，但更需要给予它们生命，有了生命，程序化就既有程序而不化了，也就具有了特殊的意义。

二、剧情的感化作用

我们中国人的习俗，理解到了、深深地认识到了一个问题，就是我们的戏曲，能够把表现情节的各种形式都加以美化。人与人的沟通不外是形、声、动作，但是，我们的戏曲对这些形、声、动作都给予了程序，给予了典型，如果再给予了生命，它们就活了，这是中国戏曲的特点。京剧是在各种戏曲中最晚形成的，是比较靠后形成的，但是它的程序超过了一般，它把各种戏曲的优点集中在了一起，所以说中国的京剧虽然晚进，但是它最成熟。所以就在人们的生活中给予了某些人极大的兴趣，这些人因此就喜欢上了京剧，成为了戏迷。从大的影响上说，京剧不仅使人们得到了感受、得到了享受，而且成为了维系我们民族的一个纽带。特别是在国外，如果听到京剧的声音，大家都觉得走进了亲情之中，越走越融合。我是一名中国京剧的爱好者，喜欢看它，小时候用了很多时间追随它，为什么这种兴趣一直不衰减呢？因为它总是给我许多享受，给我许多启发，给我许多乐趣，使我在思想的追求中有了更新的境界。我看了诸葛亮，就觉得他是一个智慧的化身，他的形象、他的动作、他的心态、他的声音、他的表演，都给我一种由衷的喜爱、敬爱。我看了关羽的正直，看了包龙图的刚正不阿，这些都让我感动。《战太平》的一个情节可能不被人注意，但是我却由此想了很多。《战太平》的主角是花云，他不惜被擒，终被陈友谅捉住。花云在公堂昂首而立，坚贞不屈，令人敬佩。同时被捉的朱元璋的侄子朱温逊跪地求饶，反被陈友谅杀掉。观众在这里都要看花云是怎么受拥戴，而我无形之中就在这个小小的情节中懂得了一个问题，懂得了应该怎么样为人。所以我意识到戏里重要的情节让你看了高兴，会感动你，有一些不要紧的情节也给你一种教育，甚至很有意义。

京剧的剧情不只是写在本子上的，而是被表现在舞台上的，能够表现出很深的道理。所以我经常看戏，知道了历史上很多人物的心态。我也明白历史上的人和戏曲中的人可能不是一个，都说的是诸葛亮，但是和史实不完全一样。在一些人看来，京剧从几十年前就那个样子，但是它在发展过程中总是在改变着，它随着时间的要求在向前发展。

三、表演形式与观众达成的共识

京剧是与时俱进的，是随着时代走的，它使得观众、演员互相理解，也取得了大家的认可。比如许多表演，进门抬抬腿，出门也抬抬腿，什么意思？迈门槛。进来关上门了，插上了栓，开门拨开门栓，关上门，大家都理解，方位就在台前。上楼下楼，上去五步或三步，下来也五步或三步，其实都在平地上，只是演员加了一个办法，下楼了，这个手抬得高一点，一步两步三步，越来越低。如果上楼，先在低处，一步一步高了，就上去了。眼睛、头都配合上，从低看到高，从高看到低，就把事情都说明白了。台上的演员想说一句心里话，不想让别人知道，可是得让观众知道，怎么办？就拿袖子一挡，跟大家说话，说我的心里话，大家都认可。这一挡，就知道不是说给别人，而是说的内心的话，这种表现大家都明白，也很默契。比如杨四郎要探母，不好直接跟公主说，就启发公主，让公主猜，猜也猜不着，杨四郎心里想，你快猜着吧，我好说实话，你老猜不着我没有办法过关呀。怎么办呢？杨四郎就激她一下，说你猜不着啊？我看你是猜不着了。你猜不着算了。公主一听，我猜不着，不行，我非猜不可，而且一定要猜到。杨四郎看公主老猜不着，就想启发启发她，怎么启发呢？他对着观众比划：我母亲来了，我要看母亲，她就猜不着，我怎么办？我哭给她看。公主这边想观察观察四郎。四郎挡上袖子，故意表现出不让公主看见，可公主还是看得见，本来嘛，四郎是故意让公主看见的。公主见到四郎远望家乡的样子，心想这回我可知道了。于是就把杨四郎叫来，说我这回猜到了。而杨四郎呢，装腔作势：你果然猜着了。其实你猜不着我更着急，是我想办法告诉你的。这些情景都被沟通了，观众看着是假的，表演是假的，想的时候也是假的，结果都碰到一块儿了，台上两个演员，台下的观众都想到一块儿去了，这是在表演中的特点。是抽象的，是没有语言的，可意思都是清楚的。

四、魅力感染着人们的情绪

看戏干什么？是单纯的娱乐吗？台上杀了很多人，我们就没有娱乐了？不是。我们是看戏的情节，看那里面表现出来的感情，它们都是我们谈话的资料，但是结论呢，是给我们兴趣。应该说，我们的京剧、我们中国的戏曲是在用一种特殊的艺术手法，来感染我们的情绪。她和我们的生活息息相关，非常紧密地联系在一起。一个戏曲中的人物，使我们看到了一个典型的姿态，这种情趣从历史上说是不能否认的，从现代说，也是不能否认的，因为她是在满足着人们生活的要求。我们也不否认京剧会有一些糟粕，但这些糟粕随着历史的发展会逐渐被淡忘，逐渐被洗刷掉，而把一些高雅的情节保留了下来，一直感染着我们。有人说戏曲的表演太慢了，说真的，它要是真快了，我们还跟不上它，台上有唱得快的时候，快板快得我们都听不清唱词，我们跟不上它的速度。说京剧表演慢是个缺点，但它的慢是对感情接受的过程。如同我们看一个人美不美，一眼看不透，总希望多给一点儿时间看一看，他一转身我就看不清楚了，因此他要站好了，亮个相，好好地让我欣赏。因此，京剧的慢，不是让我们提出意见的问题，而是我们应该好好地理解这个慢，怎么用慢来满足我们的要求。

总之，京剧从内容上、形式上都在引导着我们，使我们更好地理解人生，享受人生。我们和京剧的关系，应该是我们需要它，它更需要我们。我们围绕着京剧可以形成一个很融合的局面，因此，京剧有爱好者，有戏迷。也希望大家能够逐步地理解它，爱好它。

（欧阳启名整理。）

浅谈余叔岩的用嗓*

在京剧须生行当中，从“史”的角度说，余叔岩当是继程长庚、谭鑫培而后的第三代卓有成就的“泰斗”。固然，历史、事物在发展，京剧也在发展，然而在须生一行中，余氏之后，至今尚无一人超过了他的影响。

余氏的艺术成就是多方面的，甚至可以说他是须生中的一位“完人”，他无所不能，无所不精。在他身上可以挖掘的东西很多，本文只想就其用嗓方面来做一个浅析。

人们对余氏的嗓音常常赞誉为“云遮月”，大概取其朦胧之意。我们从他遗留下的唱片录音来分析，的确不像老派那样黄钟大吕，从高度、宽度、亮度上说，余氏的嗓音没有那么气壮声洪。然而，高而干裂，宽而不实，亮虚浮飘，则又不能不说是美中不够，过于原始而缺少雕琢。虽不过高但是够调门，虽不甚宽但声醇而厚，虽不太亮，但圆润光彩，则是余氏嗓音的可贵处。

据说自谭鑫培以来，已因不以黄钟大吕而不免微辞，

* 本文原载《余叔岩艺术评论集》，北京，中国戏剧出版社，1990 年。

至于余氏，则更有“靡靡之音”的诋毁了。然而，这问题应当怎样分析呢？我认为余氏的用嗓是进步的，是现代化了，过去那种气壮声洪的用嗓，实际上应该说那是“假嗓”。那种声音和比较古老的各种柳子腔的唱法，基本是一致的。自谭氏始为作俑，余氏循此而有所发，都改用真嗓，不左不虚，既不失其宫商，又不至鼓努强抑，走向了自然宽舒，应当肯定，这是一种发声上的进步。固然他们当时还有些演员保持那种发声，但至今日舞台上几乎已成绝响，仅此一点，已足说明假嗓改为真嗓是一种用嗓方面的前进，绝不是“靡靡”而下的歧路。

应该承认，余氏的嗓音的确不如老派的嗓音洪亮了。但大家却用“云遮月”来称许他，也不能以为是“爱屋及乌”，而“云遮月”也确实自有它的妙处，表面上听来，似乎不那么耀眼夺目，但不是暗，而是更含蓄了。含蓄这个境界标志着内涵的丰富，标志着情趣的深沉。它不再那么飘浮，不再那么浅薄。讳莫如深是一种艺术魅力的表现。

再说京剧艺术已经离开了“帘外”野台子的场地，而来到了庙堂剧院之中，已经没有必要非一听五里路不可了。谭氏、余氏的嗓音在室内剧场里，不管多大的剧院，在没有麦克风的情况下，也都足以灌满园子，不致使观众因为听不见而退票的。当时也曾有一些顾曲者不客气地说损话，给余氏起了个外号“余三排”，意思是说他嗓门小，只能头三排的观众可以听得见，往后就都听不见了。其实，这是一种没有常识的说法，因为一般剧场里的建筑都是在尽量照顾到最后一排也能听到的要求下而建造的，设法再顾及头几排听众的收听情况，如果你真的走到后边几排去听，能听得见，那么头几排总不会什么都听不见的。如果说，头几排的观众听不清，其实何独余氏而已，其他演员也都存在这个问题，以此来苛求余氏，就失之不公了。

也有人以为余氏嗓音之所以好听，在于他是“烟嗓”，意思是说余氏有阿芙蓉(鸦片)之嗜，吸过之后，嗓音遂奇好无比。当然这也是一种臆说，当时吸鸦片的演员大有人在，然而像余氏的嗓音者有几？所以用这些原因来解释余氏的嗓音是不能成立的。我们不能不从他遗留的音响及听别人"如是我闻"的一些说法来印证，可能找得出可靠的答案，希望能对于后学者有些补益。

我们发现余氏很会用嗓。虽然，他的嗓音不是那么宽厚、高亮，但也已经充分地把可能形成最佳效果的发音方法都运用上了。最好听的是他的"膛音"。所谓"膛音"，就是声音如在腔膛，中空而发共鸣。如他所唱的"江阳辙"的音。例如《摘缨会》中的[西皮慢板]"劝梓童休得要把本奏上"的"上"、"阳"、"邦"、"将"、"忙"、"赏"、"狂"、"洋"、"怅"、"长"等字，以及《八大锤》[二黄导板]、[回龙原板]中的"荡"、"王"、"样"、"光"、"闯"、"扬"等字。至于不在韵脚而在句中的那些"江阳辙"的字，也都在论列之中，他充分运用了胸腔、喉腔、口腔的共鸣。低音如《搜孤救孤》中的"白虎大堂奉了命"的"堂"字，听得出他的音主要自胸腔而来。中音如《空城计》中"我本是卧龙岗"的"岗"字，听得出他的音主要自喉腔而来。高音如《战太平》中"但愿此去扫荡烟尘"的"荡"字，听得出他的音主要自口腔而来。特别在口腔中的声音不易控制，首先要把声音提到嘴的上膛上去。声音到不了上膛则不实，不光，不响。另外，还须舌根用得上劲，否则舌根起不了作用，便会形成"串辙"的毛病。"江阳辙"的字，如果舌根没劲，必然会串到"发花辙"中去。如"风光"，便会唱成"风刮"。而余氏的这种音，无论在韵脚或在句中，无论高音、中音或低音，他都唱得音准、音实、音明、音润。

其实，运用"膛音"的地方很多，他的"发花"、"天田"、"怀来"、"言前"中的"欢桓"、"寒山"等辙，也都能充分发挥这种"膛音"的音响效果。如《捉放曹》“听他言吓得我心惊胆怕”的“怕”字、“大”字、“马”字，他都是把声音控制在口腔之中，充分运用口腔及后槽牙之间，所以他这种声音，真是“水净沙明”，既干净，又含蓄。如《沙桥饯别》中“大唐国号”的“号”字、“袍”字，《打侄上坟》中“张公道”的“道”字，他都把音控制在口中上膛的靠后部分，所以显得这种声音虽是圆亮而又很深沉。如《桑园寄子》中“此时间顾不得父子恩爱”的“爱”字，“咬指尖腹内痛珠泪满腮”的“腮”字，《见娘》中“老娘亲请上受儿拜”的“拜”字，他都把声音控制在槽牙和两腮之间的腔膛之中，所以他这种声音，显得既清甜又很光润。如《珠帘寨》中“关二爷马上呼三弟”的“三”字，《打侄上坟》中“见安人只哭得珠泪不干”的“安”字、“干”字，他都把声音控制在两腮与上膛之间，但却音向后吸，所以他这些音都唱得既明洁又很晶莹。

另外，余氏还极会运用“腭音”。所谓“腭音”，是指充分发挥上腭所起主要作用的一种声音。余氏在对“中东”、“梭坡”、“姑苏”、“灰堆”、“人辰”、“油求”、“乜斜”诸韵辙的字，则尽量地将声音控制在上腭前上，即硬口盖前部。这样一来，声音便骨立了起来，增加了声音的响度。其实，他是把以“o”、“u”为字腹放音的字都加了“e”的音素。“中东辙”的字，如《摘缨会》中“劝梓童”的“童”字，《战樊城》中“兄长”的“兄”字，《沙桥饯别》中“提龙笔”的“龙”字等。“梭坡辙”的字，如《打渔杀家》中“和衣而卧”的“卧”字，《鱼肠剑》中“到吴国”的“国”字，《空城计》中“我本是……”的“我”字。“油求辙”的字，如《法场换子》中“不如禽兽”的“兽”字，“看水行舟”的“舟”字，《李陵碑》中“黄昏时候”的“候”字，他都把这种应用合口呼唱的字向撮口呼做了适当的转化，把“o”转向了“e”，因而避免了造成“吞”字的毛病，而使得字音清爽而明亮起来。至于“姑苏辙”的字，如《沙桥饯别》中“孤御弟”

的“孤”字，《捉放曹》中“无义的冤家”的“无”字，《鱼肠剑》中“叹光阴一去不回还”的“不”字，则是把“u”多向“o”转了些，同时再把声音向前推，推到上腭的部位上，只是比“e”的音似乎略向后了一点，就明显地增加了字音的亮度。“灰堆辙”的字，韵母为“ui”，其实在“u”与“i”之间原本有一个“e”的音，只是书写中省略了。余氏在处理这一辙的字时，他把合口“u”字轻轻带过去，而强调念其中的“e”字，这便避免了字音太瘪不骨立，过暗不明的缺点。如《鱼肠剑》中上例“不回还”的“回”字，《李陵碑》中“金乌坠”的“坠”字，他都唱得很骨立。其实，“人辰辙”的字也有个侧重“e”和侧重“n”的问题，余氏则充分地侧重了“e”音的发挥，如《空城计》中“散淡的人”的“人”字，《搜孤救孤》中“有仇恨”的“恨”字，《乌盆计》中“一鬼魂”的“魂”字，《上天台》中“布衣的君臣”的“臣”字，都强调了“e”音。

再者，余氏的“一”音最突出。在老生行当中，关于“一七辙”音的好坏，是一个演员成败的关键。谁的这种音好，谁就可能“红”起来；谁的这种音差，谁就“祖师爷”不赏饭。有人很容易地把这种音和“假嗓”勾起来，便很能对付应急，所以也有人称之为“救命音”。余氏对此极善运用，正与他运用其他的音互相辉映，形成了他用嗓的一整套系统，于是他的音域，便最全，最宽了。“一”音好了，“一七辙”的音也当然好，“人辰”中一部分字，“庚青”韵的字，也一定跟着好起来。所以，《洪羊洞》、《搜孤救孤》、《乌盆计》、《战太平》等戏的代表唱段是这种韵辙的词，他都唱得好，以至于成了他的拿手之作。

按说，“一七辙”的音最易暗弱，好多演员就吃亏在这里，但余氏却对此极有研究，并且用这种音而取胜。他的这种音为什么能这样好呢？因为他有一种发这种音的方法，用他的话说：“唱这种音要用鼻芯子唱，而不能让满鼻子都响。”但是，不让满鼻子响，只能用鼻芯子唱，说着容易做着难，这种声音的发出不是某些发声器官做出明显的活动，从而形成了这种结果的，而是让声音从哪里走的问题。如果从“语言学”上说，“一”的声音是没有鼻子起作用的，然而在唱歌上，“一”的音却非用鼻子不可，惟其强调了鼻芯子的声音，这种字音才不至瘪了、暗了，相反，而且能大大地加强了声音的共鸣，大概这种声音震动频率较其他为大。一般说，在控制相应距离的条件下，对准麦克风来唱，其他声音都不及这种声音受到震动的程度大，但是，如果没有从鼻芯子发出来，则明显地比其他声音弱得多。要从鼻芯子一条缝中把声音唱出来，的确有一定难度，劲使小了，不行；使大了，也不行，必须劲使得不大不小才行。所以人们常说这种声音得自己“找”，因为它藏着，不易一下子就被人发现，这就须自己仔细地去“找”。有经验的人常说一种方法，就是自己小声背戏，虽是小声，但劲不能少使。该使多大劲就使多大劲，只是不把声音放出来。声音能不能出来，只能凭感觉去感觉，而不能用耳朵去听，这样时间长了，自己的发音便容易“找”到最佳效果。

奚啸伯先生曾受到过余叔岩的亲炙，“一”音的发音方法，他在余氏的基础上总结出：要善于去运用“齐齿”的办法，即将下齿略向前伸与上齿尽量上下对齐，于是声音出而撞在上下齿之间，声音便只能返回挤入鼻腔细如游丝，自然而然地就会形成这种出自“鼻芯子”的声音。是否可以这样说：谭富英先生的这种音好，主要是由于他的天赋。奚啸伯先生的这种音好，则主要是由于人工的努力。他们都从余氏那里得到了启发而又给予了发挥。

最后还须提到余氏关于唱的一个方法，即“提拎着唱”的问题。猛一听是一个唱法的问题，实际上首先应该是一个用嗓的问题。所谓“提拎着唱”是“提拎”什么呢？我体会是两个方面：一方面是“气”，一方面是"声"。一般都说气须下沉丹田，这是为了避免气往上涌而说的。但有时只提下沉，却往往又容易使气下坠，以致使声音立不起来，这里所说"提拎"，主要说的是"集中"，即既要气出丹田，又要集中于一点，而不能散。再一方面是声，由于气能集中，气便直往上冲，而不至散在嗓子里、嘴巴上，而要使声音"提溜"到脑袋上，有的讲究提拎到脑后，有的讲究提溜到额头上，眉攒之间。尽管说法不尽相同，但基本要求一致，都不是在嗓子眼里响，不是在嘴巴上响，而是让脑袋响，这一点与外国唱法的要求是不期而同的，许多唱得好的演员都是这样，不管他是否自觉。可能有的演员只是自发形成的，只要是唱得好的，总都摸索到了这一点，有人把这种唱法的效果叫做"背工音"。说"背工"，是因为这种声音不是从嗓子里唱的，好像是在什么地方"憋"出来的，故名之曰"背工"。余叔岩则是其尤者，他既主张要"提溜着唱"，又亲自这样做了，而且他做得好，我们听他的唱片，有明显的感觉，令人钦敬。他确实是一位了不起的歌唱大家，听他演唱，总是觉得很充沛，即使那些嗓音十分不济的，如《捉放宿店》之类，从气韵上说，也总是让人觉得气息通贯，吞吐有度。从声音上说，总是提在头上，而不力竭声嘶，给听者的感觉宽舒自然，而调度有素。在这里既展示了他得天独厚的禀赋，又显现了对戏曲音律研究之精到。

用嗓是演唱中一个首要的条件，只有能会调度自己的嗓音，才有可能谈得上咬字、行腔、章法修养等等诸问题；否则，便不能满足基本条件的要求。为了研究余氏的演唱艺术，先从这里作了一个开始，不知这样整理当否，幸前辈好老尚健，专工道长亦复不少，希望能不吝指教为祷。

1986 年 12 月初

从马连良先生艺术中去寻求启示*

马连良先生是我国京剧史上的一颗巨星，是一代的泰斗、大师。我之所以这样来认识，不只是从他本身的艺术造诣，也不只是从他兴创了一个老生的艺术流派，也不只是从他对京剧老生行当的影响，而是因为他的艺术思想已经构成了一个京剧的艺术体系。

我之所以说他形成了一个艺术的体系，是因为他的艺术表现涉及了有关京剧艺术的一切方面，诸如：剧目、剧本的整理、改编及创作，角色人物的塑造，舞台的设计，幔帐的改装及图案，文场、武场的伴奏，满台的服饰、唱、念、做、扮相、化妆、道具等等，都有他自己的设计，而且综合在一起，有一整套的艺术构思，形成了统一的一派艺术特色。我这只是一个提纲的说法，如果扩展开来，可以逐条缕陈。有许多内容是众所周知的，过去大家谈到然而却没有理成系统。我觉得这些工作应是马派艺术研究会的重要专题。

---

* 本文原载《中国戏剧》1991 年第 7 期。

马先生这一艺术体系的可贵，不只在于形成了一个不同一般的艺术流派，而是在于为其他流派，整个老生行当，以至于京剧艺术提供了可以汲取，可以借鉴，可以宗法的宝贵艺术基因。质言之，马派艺术的形成提高了整个京剧艺术的高度，甚至于使各个兄弟戏曲艺术也从中得到了促进。

要总结马派艺术，如果总结到了一个“新”字上，当然不错，但是远远不够。“新”并不难，只要不同以往就是“新”，但“新”而不好，那样的“新”并不可贵，可贵的是“新而好”。要“改”更不难，只要不同过去就是“改”，但越“改”越不好，那样的“改”有什么意义？可贵的是“改得好”。怎么样才是“好”呢？“好”就是时代的需要，观众的需要。观众非看不可了，不看就瘾得慌了，这就“好”了。马先生的艺术怎么就让人上了瘾的呢？这应当好好琢磨一下。

根据我自己肤浅的体会，我意识到了一点，即马派艺术的让人上瘾，在于他的艺术把观众拉近了，拉到了自己的跟前，让自己的艺术形象和观众们的思想感情交融在了一起；更了不起的是，在把观众完全拉到自己身边来之后，又和观众拉开了距离。这个拉近了又拉开了，便产生了极大的艺术魅力，就让观众上了瘾。

记得小时候第一次看马先生的《群英会》，马先生一上场的头两句唱“诸葛亮出帐去是哈哈的大笑，他笑那周都督用计不高”，就把我迷住了。虽然我是在楼上的鸽子楼上，距离他很远很远，但一听他的演唱，使我立刻被拉到了他的身边，好像剧场里只有了我们俩人，他的话就像只对我一人说的，诸葛亮和周都督都成了第三者，只有我成了他的知音。这两句“唱”在我的心里竟是那样的清晰，散戏后回家的路上，我模仿着唱，觉得亲切极了，自以为已经全学会了。以后只要一闲了便哼起这两句“唱”来，既是一种宽慰，又是一种享受，等到马先生再贴出《群英会》来，我非去不可，一定要再去重温一下对马先生的艺术的享受。不想，再一听那两句，竟然不太一样，既似乎是，又不太是，我唱的实在没有他唱得那样好听，不过我似乎又和马先生接近一层。不过这次的感受使我大大地不安起来。一会儿觉得似乎很近，一会儿又觉得似乎很远，真有一种扑朔迷离的恍恍惚惚。这样，促我再去看第三遍、第四遍的吸引力越来越强了，如此，一遍有一遍的所得，但哪一遍也没有学好，可以说一直我也没把这两句学了来。真是学会不难，要学得好可真不容易！

我想，能够拴得住观众的演员并不少，而如马先生那样并不着力，并不玩儿命地铆上，便能取得那么强烈的艺术效果，这已足以看得出马先生艺术的高度，然而又远远地与观众拉开了距离，这种“可望而不可即”的擒纵的艺术能力是他最大的了不起处。

什么是“好唱儿”？一听就爱听，一听就想唱，一想唱就会，越唱越爱唱，但却总是唱不好，而越唱不好越想学，越学越上瘾。这就是“好唱儿”。有的“唱儿”，一听就觉得听不懂，再也不想听，当然不是“好唱儿”；当然也有的“唱儿”，乍一听来觉得不怎么样，但逐渐听来，倒也能入耳，甚至也能慢慢上瘾，但究竟不如那种一听就入耳的“唱儿”好。我觉得马先生的艺术，他的“唱儿”，他的表演，难度大吗？不大。没有多么高的调门，没有千转百弯的花腔，没有三百六十度的高难动作，没有飞剑入鞘的绝招。他的腔是谁都能学会的，他的表演是正常人都来得了的；就是他的艺术特色，他的韵味，他的劲头，他的风采，他的艺术魅力，别人学不来，不能全部学过来。马先生不少高足，也有不少虽未列入马派门墙而私淑者，都不同程度地承续了马先生的艺术，尽管有一些同志已经成为了有成就的艺术家，或者在某一点上已达到了马先生的要求，但在观众心目中却谁也代替不了马先生的艺术形象。这是个客观存在。尽管其中有着习惯性的偶像崇拜，但为什么马先生能被大家当作偶像来崇拜呢？这不是谁命令的，这不是谁封的，而是大家自觉自愿，五体投地，心甘情愿地花着钱而尊奉起来的。因为马先生的艺术创造给了他们足够的抵偿。

另外，我们虽然看到了马先生不同一般的“新”，但他的一出《群英会·借东风》，从他演出定型之后，是不是每次演出都有所不同呢？虽然也在不断地提高，但基本上是一出定型的老戏了。其实正是因为如此，所以我们才有可能反复地咀嚼，无限地享受。否则，一天一个样子，观众来不及咀嚼，来不及体味，只能是眼花缭乱，手忙脚乱。从马先生这里应当懂得：艺术的定型，有时不是停滞，而是一种成熟，艺术上是需要高度成熟的，当然这样的成熟不是僵化，而是潜蕴着无限生机的与观众气息相通的成熟。另外，有一些朋友，为了使自己的艺术新，能够吸引观众，不惜设计出高难的动作，奇特的唱腔，结果，把观众抛得太远，没有和他接近的条件，没有和他接近的可能，都是一种不理解艺术是怎样才能有魅力、才能和观众融在一起，又使观众“可望而不可即”的艺术真谛。

我们知道，马先生没有埋怨过观众，没有埋怨过时代，他只是从自己身上下气力。观众从来不抛弃演员，而是演员没有着意去接近观众，没有用自己的艺术把观众拉近了，迷住他，让他倾慕。在这一点上，我们应当从马先生的艺术中得到开窍的契机。

《京剧大师马连良》画册序言*

影集，许多照片集为一册，读者可以从中得到许多方面的满足。一位艺术家的影集，一定特别展示一位大家在艺术方面的闪光亮点。

马连良先生，是京剧艺术方面的一位泰斗。他不只是须生行当中的大家，在整个京剧艺术的多个方面，从各个行当，以及许多剧本（人物、情节）、演出的场景、设置、“文武场”，演员的唱腔板式、服饰身段等等，他都有所涉及，而且都有卓越的建树。所以，应当承认，马先生是一位艺术泰斗。他不只是“与时俱进”，而且是开辟了一个更新、更能反映历史、更为美好的艺术面貌的艺术大家，其璀璨之光，明如泰斗。之所以能如此，与他在一生的进程中每一亮点的积聚有直接关系。

近几十年中，迭经变故，能把一些珍贵的留影保存下来，实属不易，许多有成就的老艺术家都有此慨叹，马先生当不例外。而今天还能找到这许多帧，我既为马先生称

* 本文原载《中国京剧》2009 年第 9 期。

庆，更为我们(广大的观众)称庆。因为可以透过它们，得到更多的艺术遐想，可以得到更多的“艺术信息”，使我们可以更多地去领略艺术的神采，得到更多美好的享受。对后辈的学习者来说，更有了不可能有所代替的范本。

照相是艺术，照相的成果——照片，更是艺术的结晶。要想得到珍贵的结晶，当然首先是照相者的艺术能力。随后则是被照者会不会“被照”。其实，“首先”与“随后”之间，难分轻重，因为二者“缺一不可”。只会照相，没可照之相，或被照相者不会“上相”，巧媳妇难为“无米之炊”或“米是发霉之米”，都不能达到“理想”。马连良先生是艺术大家，在被照相的角度来说，的确是一位极会被照的大家。

大家都知道，马先生的“亮相”也是达到了戏剧界“内、外行”一致公认的“泰斗”级别。“亮相”是被照相者的一个重要条件。马先生的亮相不只在一出台帘的那一刹那，而在“戏”中的任何一个“节骨眼儿”都是亮给观众的“好机会”。他从不把这些“节骨眼儿”浪费掉，都会使观众在“不经意”的情况下，一刹那间，得到马先生给予他们的艺术享受。好多情况都是出于大家“意料之外”的收获。很明显的例子是《审头刺汤》中，打开折扇，翻转出“刺”字的那一瞬间，观众的目光都集中到“刺”字上时，大家差不多都没有注意到马先生侧目下视的眼睛，是他把大家的注意力引到了扇面上“刺”字上的。否则，扇子会白白亮出，剧中的雪艳也会显的莫名其妙。这些活动中的亮相，我们很难设想出有什么办法把它保留下来。

再举一例:《赵氏孤儿》中屠岸贾审卜凤的一台的亮相。卜凤转身斜坐地上；屠岸贾闪身出座，掏翎眼盯卜凤；马先生一旁没戏，但他竟上前跨出半步，向外一让髯口，双手袖里一抄，满脸置若罔闻，神态安然自若，一下子把台上的气氛全凝固住了。这种活动亮相，真把满园的观众都带到了当时的现场，真是“身临其境”了。

我很难想象这些活动的亮相都能呈现在“照相”片上。恐怕那时“录像”还不像现在这么方便。这些妙到极处的情景就难再出现了。庆幸的是现在还保留了这么多“照片”，虽是静止的，但我们可以从这里想起，想象出……

我看到过马先生扮好戏照镜子的情景：正面左照右照，最重要的是背向镜子，抬起左腿，回身看镜子中的自己下身后摆的情况，然后再抬起右腿，回身看镜子中后摆的情况。由此我们想象到马先生是如何注意他在观众心目中的各方面的情况，多么注意自己在观众中“两面观”的情况，我们不能不敬服艺术大家是如何随时随地注意自己艺术形象的方方面面。

我还听奚啸伯先生说过马先生照相时的情况：他总是先请照相师把他的理想意图说清楚，然后问明自己的位置，告诉照相师：别让我摆好架势等你照。你一定要盯住我在“动”到你最好的镜头时，你照你的，时间只在那一刹那。然后马先生动作起来，一直走出要照的范围，在这一系列的活动中，准有那神采奕奕的那一会儿。

所以马先生每一次的照相都是活动中的一个凝神之点，而不是一个僵硬无神的画面。

为此，我好好地仔细地拜读过我所能见到的马先生的照片，深深领会了马先生照相中的艺术神采。

马先生诚然是一位艺术大家，仔细翻读了这个集子的小样图片，我为广大群众庆幸，为后来的学习者们庆幸。欲罢不能，遂写下如上文字，愚衷如此，不知当否，请各方面方家赐予指正。中石悬悬再拜。

委婉细腻　清新雅致*

——奚啸伯的演唱艺术

已故著名京剧演员奚啸伯先生，在京剧老生行当中，是一位卓有成就的艺术家。他在唱、念、表演以及艺术理论上，都有很深的造诣。他的艺术，特色鲜明，格调清新，得到了广大群众的喜爱。

奚先生，1910 年出生在一个满族家庭里。由于酷爱京剧艺术，11 岁拜在言菊朋门下，19 岁正式“下海”。先是搭尚和玉的班，后来又搭了杨小楼的班。23 岁陪尚小云唱二牌老生。25 岁就搭上了梅兰芳的“承华社”。

他所以能够搭上梅兰芳的班，并不是靠什么人的吹捧，走了什么“门子”，而是被梅兰芳偶然发现而选中的。在这前一年，梅兰芳在南京看了他一次演出，很是赞赏，马上就到后台进行慰问，当场约定了将来有机会一定同台合作。果然，第二年他就陪着梅兰芳到汉口、南京、上海、香港等地去演出了。

---

* 本文原载《戏曲群星》第 1 集，北京，广播出版社，1982 年。

他27岁开始自挑大梁，挂了“头牌”。1940年前后，和马连良、谭富英齐名，列入了“三大须生”。继而，杨宝森嗓音恢复，当时，公众便把他们四位称做“四大须生”。直到1966年，他一直活跃在舞台上。

奚啸伯演出的许多优秀传统戏、新编历史戏和现代戏，都是非常成功的。留在群众心目中印象最深的是他那“委婉细腻、清新雅致”的艺术风格。群众把这种风格称做了“奚派”艺术的特色。同时，在艺术理论上他也很有建树。

奚啸伯的艺术，概括起来说，有一大基础——谭派；两大流源——言派、余派；此外还参考了时、王、高、马，就是时慧宝、王又宸、高庆奎和马连良的表演艺术；至于借鉴的，那就更多了。对于京剧的其他行当，如旦角、花脸，以及其他剧种如豫剧、梆子等等，他都进行过研究。特别要提到的是他对票友、观众非常尊重，从他们那里也得到了营养。总之，凡是他能接触到的，他是尽可能全都吸收到自己的艺术中来，把它们巧妙地融化在自己的艺术体系之中。因而，他的戏路子极宽，各派的戏他都演，但又都被他赋予了他的风格，使观众可以得到一些与别家不同的艺术享受。

他很讲究“嘴里”“字眼”，又有一套比较系统的演唱理论和方法，例如“以字定腔”，“以情行腔”等。此外，“要板”、处理“过门”、“赶板夺字”、运用气口等等，也都很有讲究。再加上他那种浮云掩月、声如洞箫的嗓音，虽窄小而能够达远，虽幽暗而柔润。尤其老生所特别需要的“衣齐”“人辰”一类的辙口，是他的特长。所以，集中起来，自然地形成了他那“委婉细腻、清新雅致”的艺术特色。

奚先生的演唱，最早完全是宗法谭派。我们知道，谭派的艺术特点是“规范而优美”，在落落大方中显示出艺术的技巧，在朴实无华中显示出醇厚的韵味。奚啸伯最早的唱法就是向着这个方向努力的。

他最早灌过一张《骂曹》的唱片，可以作为宗法谭派的代表。就以头一段〔二六〕“丞相委用恩非小”的“非小”来说，就很明显。现在一般都唱得比较“坠”，总往后拖，而谭派的唱法就收得非常干净，决不后坠。奚啸伯始终是这样唱的。

每提起谭派来，奚啸伯总说：老先生塑造人物的艺术手法，信手拈来，哪儿都有戏，随便一个小腔，都可以唱出人物。说的时候就常常以《骂曹》里“丞相委用恩非小”的这个“非小”为例。他认为：这样唱不只是唱得干净明快，主要的是显出了祢衡这个人物狂傲不羁的性格。他对谭派的这一点体会，可以说是相当深刻的。

稍微往后一点时间，言派、余派的东西大量地进入了他的艺术中来。他灌的一张《上天台》的唱片，很能说明这一点。

“孤离了龙书案皇兄带定”一段，中间一大段不必详细说了，仅从这一段的一头一尾来看就非常明显。“孤离了龙书案”这六个字，余派有余派的唱法，言派有言派的唱法，奚啸伯呢，“孤离了”三个字唱的是言的腔，用的是余的劲头，“龙书案”就完全是言腔言味。最后一句“一步一步随定了寡人”的“寡人”，余派是唱高的，言派是唱低的。而奚啸伯呢，基本上采取了余派的唱法，但在旋律上稍微起了点小棱角、小疙瘩，于是也就有了一点言味。

从他这段《上天台》来看，言派、余派两大流源的痕迹是多么明显啊！

以上所讲的《骂曹》和《上天台》两段唱，是奚啸伯早期艺术的代表作。他自己后来又听到这些唱片的时候，很不满意，说那时唱得太幼稚了，尽是毛病。可见他对艺术的要求是精益求精，越来越严格的。35 岁以后，他越来越多地吸收了各家的东西，用来丰富自己。所以，他的艺术也逐渐地趋于成熟。

奚啸伯和梅兰芳合作次数最多。最精彩的合作戏是《二堂舍子》。相当长的一个时期，他总是傍着梅兰芳的。在名家的直接熏陶之下，他得到了大幅度的提高。就像《二堂舍子》这样一出比较“温”的戏，他却演得很感人。

“昔日里有一个孤竹君”一段〔二黄快三眼〕，他汲取了许多名家的精华，自己又细致地加以琢磨，充分地发挥了〔快三眼〕这种板式旋律紧凑、灵活委婉的特色。他把这一段唱得娓娓动听，情真意切。“孤竹君”的“君”字，一个大腔，听来幽深而醇厚。叙述伯夷叔齐弟兄禅让的这一部分，唱得层次清楚，听来循情入理。

为了表现“左难右难实在是难”的心情，他把“左难右难难坏了我”的最后一个“难”字的“垫头”，唱了进去。“坏”字，他采用了谭派去声字滑着唱的唱法。“我”字的长腔，他唱得就像没有气口，一口气地唱了下去，在气息的一呼一吸中表现了感情的委曲、婉转。这样唱既显示了他艺术的细腻，又显示了他唱腔设计的用心之苦和运用气口上的精湛巧妙。

解放后，他和梅兰芳又合作演出这出戏。有一次，梅兰芳满意而亲切地对他说：“啸伯，你这个戏可真成熟了。演出的当时，我们都不像在演戏，简直就是自己的事，我们都似乎置身于生活之中了。”从梅兰芳这段话可以想见，他们的合作该是多么精彩呀！可惜，那时没有录像，更遗憾的是连他们合作的录音也没有。幸好，我们现在还保存了他自己的这段录音，可供我们研究和欣赏。

奚啸伯和程砚秋合作最多的是《法门寺》。这出戏是他从 20 世纪 40 年代开始着重研究的。“郿邬县在马上”一段，很能体现他演唱的功力。正因为他和程砚秋合作的机会多，所以在委婉细腻上，听得出来很有些融汇的地方。譬如“自幼儿在窗前习学孔圣”的“在窗前”，这和程派的行腔规律是非常相像的。转唱〔二六〕之后，在很多地方，他运用了闪板、夺字、要板等等的方法，所以显得极为灵活。该送腔的送腔，连绵流畅；该不扔的不扔，清楚干净。简直不是在“唱”，而完全像是在“说话”。言菊朋曾经说过：唱得如果能像说话一样，那就算对唱的艺术要求吃透了。奚啸伯的这段〔二六〕，可以说已达到了这种要求。“与爷带定”的“定”字，“面见上人”的“人”字，都是他擅长的辙口。蹲底的一个字，音量虽不大，但深沉有味。场上演出每到此处，台下必然报以热烈的掌声。

《二堂舍子》、《法门寺》这两段唱，都保持着他中期艺术的神采，可以作为他中期艺术的代表。

《白帝城》这出戏是他的生平杰作。原来是跟言菊朋学的，但又汲取了王又宸、余叔岩诸名家的精华，汇集起来，再加上他自己的研究体会，终于使这出戏成了他的精心杰作的代表。从 30 年代末直到 60 年代，他从来没有间断过对这出戏的琢磨和研究，所以说是他的“生平杰作”。

这出《白帝城》，包括“哭灵牌”、“连营寨”、“八阵图”、“白帝城”、“永安宫”几个折子。他把它们贯穿起来，给了个总名《白帝城》。从唱工方面说，主要唱段基本都集中在“哭灵牌”和“永安宫”两场戏里。“哭灵牌”两段〔反西皮二六〕，恸哭两弟，历数两弟生前业绩，追忆弟兄结义之情。他唱得如泣如诉，字字带血，缠绵悱恻，句句情深。人们每听他这一场的演出，没有不感动的。“永安宫”托孤一场，一段〔二黄三眼〕，更是全戏的主要唱段。40 年代初，无论是在大街小巷、杂耍园子、茶馆、清音桌，《白帝城》都是当时最时髦的唱段。直到现在，它也是广大群众最喜欢听、喜欢唱的一个唱段。

这一段，是他在言菊朋唱法的基础上，别具匠心地加以发挥的一段唱。言菊朋原词中只有两句"烧了孤"，而他发展成了四句"烧得孤"。唱腔也作了很大的变动，加进了许多余派的唱法。从戏词上说，这一大段是对这出戏前面的情节作了个简要的总结。他每唱到这一段时，由于观众对以前的情节已是历历在目，所以，对他那婉转细腻的唱腔，深刻由衷的感情，就更能理解了。

《范进中举》这出戏，是他晚期的一个代表作。从剧本的修改润色，舞台的演出，到身段、唱腔的设计，他都亲自动手。他把几十年的经验阅历、心得体会，都凝聚在这个戏上。他那委婉细腻、清新雅致的特色，得到了充分的发挥，唱得确实是"老到"。当然，嗓音、气力已经大不如前，但从艺术上讲，是最后的"成熟"了。

长达三十八句的"秋风落叶飘不定"，以及范进疯了之后的"琼林宴饮罢了恩赐御酒"这些成功的主要唱段，早已为大家所熟知。就是一些不太重要的小唱段，也都是他的创作，也都是精彩之极的。

有人可能以为奚啸伯长于演那种悲戚的、倒霉的人物，其实不然。这出戏中的第一个小唱段，虽然只有七句，他竟把范进考了三十八年终于考中了秀才时的雀跃欢快之情，表现得淋漓尽致。其中"好一似降甘霖浇活了枯苗"的"枯苗"，唱得玲珑有致。"这时候顾不得开怀一笑"的"一笑"，是"奚派"的一个专腔，这个专腔前面是马派，后面是高派，可是去掉了痕迹，唱出了自己的风格。大家如果想一想马连良的《桑园会》中"我劝他回家他不往"的"回家"，高庆奎《辕门斩子》中的"躬身下拜"的"拜"字，就会听出来"一笑"这个腔的渊源。但他用在这里，太妥帖了，唱出了范进的自我陶醉、自我欣赏的心情。

最后一个〔二六〕小唱段也非常精彩。奚啸伯认为范进虽然是疯了，但是人疯话不疯，句句是真情。正好借此来揭露范进利欲熏心的肮脏灵魂。这种人不得意的时候，似乎也很可怜；但是，一旦爬了上去，便趾高气扬起来。好事记不得，坏的一点落不了，有机会就要进行报复。为此，他先设计了一段别致的〔流水〕，把《牧虎关》里高旺调戏儿媳妇的唱法借鉴了过来，唱得很有意思。

下边紧接着是一段〔二六〕。范进看到当初专门奚落他的那个卜修文，报复之心立刻爆发了出来，一把抓住，大骂卜修文。这段〔二六〕唱得诙趣横生。唱词是：

我订下了文体叫八十股，
句句对仗平仄要调。
考得你昼夜把心血耗，
考得你大好青春等闲抛，
考得你不分苗和草，
考得你手不能提来肩不能挑，
考得你头发白牙齿全掉，
考得你躬背又驼腰。
年年考，月月考，
活活考死你这命一条。

这一段唱，纯是他自编自创自演的。他唱得格局上严谨，行腔上灵活，感情上真切，意义上深刻。真是玲珑生动，声情并茂。

以上，我们介绍了奚啸伯早期、中期和晚期三个阶段的演唱艺术。可以看出，他的艺术能传情，能传神，委婉细腻，清新雅致，有着令人着迷的艺术魅力。遗憾的是他死得太早了，留下来的东西太少了。幸好，我们还保存了他的一小部分录音。我们要好好珍惜它，以便让它为京剧艺术的发展，发挥出应有的作用。

浅谈赵荣琛的演唱艺术*

赵荣琛先生是京剧程派艺术的著名传人，早已为广大观众所熟知。无论是唱、念、表演，乃至于一些旦角所必要的武功，他的造诣都已达到了相当的高度。他之所以能取得如此的艺术成就，绝非偶然，而是以一整套的艺术理论为准则的。他的舞台艺术成就正是他自己的艺术理论在实践中的体现。如果全面地看，我认为他的艺术可以概括为八个字，即："温文恬静，凝重沉厚"。

赵荣琛的扮相，乍一看并不光彩照人，也没有那种令人着迷的妩媚，然而却有一种温文端庄、恬淡静雅的大家风范；他的嗓音也并不似莺声燕语之嘹亮悦耳，然而却深沉幽邃，清越高远。令人一看，一听，就会自然而然地感到不可轻浮相视，倒须另眼看待，不由自主地要生出几分敬意。慢慢地看下去，听下去，及至看到了他的一举一动，一站一坐，一颦一笑，尤其听到了大段的唱念之后，就会发现处处合情尽理，分寸得体；细致而入微，深刻而感人，

---

* 本文原载《戏曲群星》第 3 辑，北京，广播出版社，1984 年。

情真意切而感在肺腑了。他的戏，看过一次之后，你还想再看。再看之后，你会觉得他的艺术还似乎有更深的境界吸引着你要去寻味，这时你已经“欲罢不能”了。

那么，为什么欣赏他的艺术，不能使你“一见钟情”，而必须经过这样一段“一而再”的过程才能终得其妙呢？这是因为他的艺术比较“内在”，比较“深沉”。而这种比较“内在”、“深沉”的东西，不被发现便罢，一旦听入了耳，迷人的程度则步步加深，由爱到热爱，由热爱到酷爱。荣琛的艺术正属于这一种。

荣琛在唱念上，不喜欢“先声夺人”，而主张以清越高远的气质，唱出凝重沉厚的曲调，去弹拨听众的心弦，去满足听者内心的需要，从而使听者得到艺术上的温慰。为此，我用“凝重沉厚”四个字来概括荣琛的唱念艺术。

为什么荣琛会形成这样一种艺术风格呢？一方面“天假其便”，程派艺术给了他追慕的方向和榜样。尤其，他能够有幸投入程门，得到了程先生的垂爱和悉心的传授。另一方面“得才独厚”。他既有着与程先生相近的禀性、气质、灵感以及基本一致的艺术趣味，又有着能够理解程派艺术的文化修养和卓越的艺术创见。

我们可以设想，如果没有程派，他可能找不到他的艺术方向。他是从私淑、函授到最终投师程门的。如果在程派艺术上没有殷实的收获，程先生不会在初见面时就马上把他看做是“深得我心”的徒弟。

我们知道，程先生是不肯轻易授徒传艺的。荣琛为人，沉厚寡言，不善于“巧言令色”，程先生最初未尝没有以为他虽然艺术可以造就，但性情上可能有一些骄矜。经过了一段考验，程先生认为荣琛不只在艺术上和自己默契，而在品德上更是值得信赖，于是把他看做了可靠的传人。老师珍爱徒弟，徒弟尊崇老师；一个倾囊相授，一个苦心追求，有时他们还一起切磋研究，对戏词进行斟酌，对四声、音律进行琢磨。后来程先生甚至把自己艺术中一些还不尽理想的地方提出来，希望荣琛能够进一步地去研究，去完善。可见程先生对他寄予了多么深切的希望。

果然，荣琛没有辜负老师的教导与期望，他尽可能地继承了程派艺术，而且结合着自己的条件，推进了程派艺术的发展。我们想程先生应该是九泉含慰了。

下面我从三种类型的戏作例子来介绍荣琛的演唱艺术。一类是把手亲授的纯粹程派戏；一类是传统本来有的“官中”戏，但被程先生唱出了特色的程派戏；一类是荣琛自己动手整理编演的赵氏程派戏。我想对于一个演员的艺术成就，这样来谈，可能会比较全面。

对于久为大家熟知的程派名剧，如《荒山泪》、《锁麟囊》等，荣琛刻意下心，能够唱得乱真酷似，自不必说。我想介绍一下近年来已不大常见的、程先生早年所创的名剧《青霜剑》中的一段〔反二黄〕。程先生对这出《青霜剑》是非常喜爱的，他很珍重地授给了荣琛。荣琛对这出戏的唱、念、表演，都下过一番工夫。所以他的演出深得程先生的赞许。〔反二黄〕一段很能看出荣琛追慕程先生的深度。

“家门不幸遭奇变”的“遭奇变”是一个大腔，当然委婉悱恻，而“家门”的“门”字、“不幸”的“幸”字，则一出口就使人感到了程派的讲究字正腔险而又不失其圆，既动听又感人的特色。“肝肠痛断跪灵前”的“前”字，先是一整板的平拖腔，把气氛带到了一种低沉哀戚的境界之中。到第二板初眼上，用一个小腔的过渡，声音更加纤细，然后再翻到高处，令人觉得清越之极。接着顿顿挫挫、委委曲曲，到第四板的初眼上用了一个半音，又把感情向深处推进了一层。中眼过后又把声音变得柔细深暗起来，一个婉转收腔，真是使人如临其境。

“夫郎阴灵当不远”的“郎”字，轻轻一顿，温爱之情犹如对面相见。“当不远”的“不远”两字，高音行腔显得凄厉非常。至此，不但使人如临其境，而且使人为之悚然了。接下来“为妻定要雪沉冤，天涯海角来寻遍，青霜宝剑是家传”。“家传”的腔与下一句“泉台夫郎重相见”连接了起来，动听迷人。“仇人首级血红鲜，今日灵堂来祭奠”。“祭奠”的“奠”字落在了眼上，叫散收腔，那声音凄清肃杀，听起来真是程、赵难辨，可以“乱真”了。这里听来好像没有什么奇特之处，但在平淡之中正好表达了剧中人申雪贞在灵堂哭祭亡夫时，立志要查明情况，为夫报仇雪恨的心愿。这种唱法真是文从情来，腔随情转。应该说：剧本是好手笔——这是罗瘿公先生最后为程先生写的一个剧本；程先生的创腔是好设计，荣琛的“唱”又是深得罗、程两先生之心的好唱法。

关于流派的继承，我认为：在一个流派突出的几出代表戏上下工夫固然是应该的；但要真正理解这个流派，吃透这个流派，还需要在大家都唱的一些戏上唱出特点才行。否则就太浅薄了。荣琛在这一点上，是相当有见地的。他懂得这一点的重要性，所以他向程先生学习了许多大家都唱的传统戏，如《贺后骂殿》、《汾河湾》、《六月雪》、《三击掌》、《玉堂春》等，他都抓住了程派的艺术特色，达到了“逼真”的程度。《贺后骂殿》一戏，是传统剧目，当年陈德霖老夫子时常露演，程先生演时，进行了精心的艺术加工，唱出了自己的风格。荣琛对这出戏研究也是功力极深的。

主要唱段的第一句〔二黄导板〕“有贺后在金殿一声高骂”，分寸拿得极准极稳。贺后是宋太祖赵匡胤的正宫。太祖糊里糊涂突然死去，他的弟弟赵光义继承王位。皇太子为了讨还王位，竟自撞死金殿。贺后当然是悲愤交加，所以他唱得肃杀凄厉。“一声”的“声”字，虽高而不放音，因而更显得凝重清越。接下去的〔回龙〕“骂一声无道君细听根芽”的“根芽”两字，他唱得回肠荡气，婉转哀怨。接着两句〔慢板〕，“老王爷为江山何曾卸甲，老王爷为山河奔走天涯”，历述先王的业绩，心中充满敬意，所以尚能平静地陈述，第二个“老王爷”的“老”字，先发舌边音“l”，然后弹出舌尖，发出了“ao”，切成了“老”字，这样吐字，既显示了嘴皮子上的功夫，又显示了节奏间的自由。“天涯”的大腔，先是平拖，然后一转，旋律间稍加波动，便显出了感情的奔泻。下面转入〔快三眼〕，“遭不幸老王爷晏了御驾，贼昏王篡了位谋乱邦家，把一个皇太子逼死殿下，反倒说为嫂我拦阻有差。贼好比王莽贼称孤道寡，贼好比曹阿瞒一点不差，贼好比秦赵高指鹿为马，贼好比司马氏搅乱中华。只骂得贼昏王装聋作哑，只骂得贼昏王扭转身躯闭目合睛羞羞惭惭一语不发，只骂得贼昏王无言对答，两旁的文武臣珠泪如麻，搬一把金交椅娘且坐下，你叔王不让位再去骂他”。这一大段可以说是一气呵成的。“遭不幸”三个字，平平地摆开，坐住了这一段的尺寸。往下唱去，板槽始终没变，但在不变之中却显得有紧有松。松处款款落落，层次清晰；紧处清泉奔泻而下，倾吐出剧中人的悲愤之情。

接下去四个“贼好比”归类排比，三个“只骂得”层层深入，“只骂得贼昏王扭转身躯闭目合睛羞羞惭惭一语不发”一个大垛句，唱得铿锵顿挫，骂得淋漓尽致。最后，“再去骂他”的“他”字，更是清越、凄厉、动人。

这出《贺后骂殿》，程先生已唱定了型，除了程派以外，其他流派基本上没有再唱这一出的了。《玉堂春》这出戏则不然，各种流派一直都唱，都各有自己的艺术特色，所以，这样的戏难唱。一个演员如果对自己所宗的艺术流派吃得不是很透，那是不能得其神髓的。而荣琛的这出《玉堂春》则极为出色。凡是听过他这一出戏的，莫不叹服。仅“会审”一上场的四句〔西皮散板〕“来至在都察院举目往上观”一段，就能说明一定的问题。头一句的“都察院”的“察”字，他唱得幽暗而委婉，只这一个字的处理及唱腔的运用，便造成了大堂的威严气氛，表达了苏三内心的惊惧。“两旁的”的“的”字，“刀斧手”的“手”字，“吓得我胆战心又寒”的“战”字、“心又寒”三个字，“好似那鱼入罗网有去无还”的“去无还”三个字，他都唱得深沉而清越，娓娓动听，成功地渲染了舞台的气氛。

一个艺术工作者，需要有一个艺术造诣上的飞跃，这是一个“质”的升华。要达到这种“质”的飞跃，既要有坚实、雄厚的继承基础，还必须有自己的发挥创造，为群众所批准。同时，在艺术理论上言之成理，持之有故，只有这样才能成为一个“艺术家”。我觉得荣琛先生切实地具备了这些条件。二十多年前他排演《谐趣缘》、《风雪破窑记》、《火焰驹》、《苗青娘》等戏时的创作，充分地说明他在雄厚、坚实的继承基础上，又向前大大地跨进了一步，有了成功的发挥创造。广大观众及程派艺术的研究家们都说他既保持了程派艺术的精华，又沿着程派艺术的发展趋势作出了可贵的贡献；既不失程氏的风范，又有他自己的建树。

为了说明这一点，下边向大家介绍他自己参加改编、写作、创腔、演出的几出代表作。

《谐趣缘》是在当初程先生《风流棒》原作的基础上加工的。其中一段〔西皮慢板〕“孤身女寄人家百无聊赖，看遍了一年中花落花开，每日里锁眉山怕添螺黛，见春花和秋月懒傍妆台，虽然是我姑父心中怜爱，怎奈我伤孤零无计开怀”。第一句“百无聊赖”的“无”字的唱法完全是程先生遗风。第二句的“花落花开”的“花开”两个字，唱出“花”字之后，闪过板去再唱“开”字，在初眼至中眼之间，用一个小腔，婉转而动听，然后，造成一个旋律的反复，再经过一个轻轻顿挫，而后收腔，唱得很是新颖。有人曾觉得这个腔放得不够，没有充分显出“花开”的意思。他在教学生的过程中曾谈到有关这个腔的创设。他认为不要只抓住片言只字便去谈腔，而必须对整个词意全面理解之后才能考虑如何设腔。例如“花开”，如果只从字面上看自然是盛春之意。然而在这里，却只是“百无聊赖”的过眼烟云，所以应当唱出无精打采的幽怨才合乎剧情。我们看，荣琛对唱腔的设计，确是用心良苦的呀。第四句的“妆台”放了一个大腔，节节而下，愈转愈低。难能可贵的是愈到低处，愈到细处，愈听得真切。最后一句并不叫散，“开怀”的“怀”字，阳平，他按湖广韵的唱法，唱得介于上声、去声之间，因字成腔，贴切自然，唱出了那种无可奈何的心情。这段唱虽然只有六句，但布局严整，颇有法度。

最后再谈谈《火焰驹》，这是从地方戏《大祭桩》移植改编过来的。全剧演出就如程先生亲手所制一样，然而又不是旧腔的搬家，而是自有新意。“只为我父把婚变”一段〔二六〕，简直可与《锁麟囊》的“春秋亭外风雨暴”相媲美。“犹如霹雳震晴天”的“晴”字，阳平低唱，字正、声谐、情深、腔美。“月下花前痴心念，青梅竹马忆当年”的“竹”字，入声，字既准，腔也巧；“忆当年”的“当”字，婉转轻盈，显出了“回忆”中无限的温慰。“美梦成空愿难现”感情一转。“为公子茶饭减损容颜我柔肠寸断泪不干”一个大垛句，历述自己的苦处，顿挫之间，声律谐美有致，感情真挚深沉。“今日相逢幸非浅，愿将一语奉君前”，吞吐恳切，字字珍重。“纵然公子的时运蹇，我去锦绣、解簪环，布裙荆钗，亲操井臼共百年。”又是一个垛句。前一个垛句是一一历述；而这一个垛句，则是倾心相诉，心情激动，不容喘歇，连珠而下，直到“共百年”的“年”字，才开始用一个大腔。值得特别说一下的是：这个垛句直到“共百年”行腔之前好像话犹未尽，而从句法上看，也好像收不住腔。然而急促之间一时又说不出更多的内容，至“共百年”只好结句。在这种情况下，如果是改成“……亲操井臼我和你生死偕老共百年”，则词意句法似乎都完整一些，然而荣琛只用一个“年”字的大腔，就掩掩抑抑，而又娓娓扬扬地唱出了黄桂英蕴在内心的一段深情。一个“年”字的行腔，巧妙地完成了“封腿”结句的音乐要求，这个腔的创作实在是高明得很，恰好与“忙把梅香低声叫”的程派名腔成为“姐妹”之作。

再一出是《苗青娘》，这也是荣琛自己搞的一出戏，无疑，这都丰富了程派的剧目，使程派艺术进一步得到了新的发展。

《苗青娘》里有一段〔二黄慢板〕：“顿然间禁不住泪湿襟袖，悲切切想起了国恨家仇，叹此生逢乱世我嫁夫非偶，母子们咫尺天涯难诉从头，我好比在荆棘里挣扎行走，我好比巨浪中失舵的孤舟。到如今断肠事不堪回首，不堪回首，对孤灯闻夜漏痛彻心头。”这一段唱，他唱得很是别致，唱腔款款落落，感情抽泣幽咽，顿挫曲折，娓娓动听。第一句的“襟袖”是一个大腔，唱得十分哀戚。第二句的“切”字是入声，他出字即断，然后再另起，把腔续上，这是昆曲唱法的传统，所谓“逢入必断”。当然入声字他并不个个都断，而是在感情上需要的时候，贴切地运用，如“悲切切”的“切”字，就正是字调感情巧妙的融合。“家仇”的腔，若断若续，似有似无，我们在这里可以体会到所谓“饮恨”的“饮”字。有一点要特别说到：在这一段里，有两个地方他用了夺字的唱法。如第三句的“我嫁夫非偶”的“我”字，第五句“在荆棘里”的“在”字，都是抢着加进来的夺字。夺字在唱段中是常见的，但夺字的唱法也容易流于故意卖弄，而荣琛没有这种毛病，他的夺字自然得体，毫无匆遽赶罗的感觉，这就看出了他唱法的讲究。还有一点在这里顺便提到，就是“嫁夫非偶”的“偶”字和“难诉从头”的“难”字，又像“骂殿”中的“老”字一样，用涩着吐字的方法把字唱出来，这也显示了他在念字上的讲究。第五句“挣扎行走”的“走”字，与下一句的“我好比”连接了起来，“走”字的腔设计得太好了，一板之间只有一个小波澜，然而却唱出了“挣扎”的形象。第七句“不堪回首”唱一个迭句，真是柔肠百转，凄情无限。下边接一个过门，恰好给观众一个回味的空隙。最后一句里“心头”的“头”字的腔收得别致新颖，腔收而胡琴声不断，用琴声作了全段的收尾，显示了一种声尽而情犹未尽的深远意境。

以上我谈了荣琛的几个唱段，可以看出他在追摹程派艺术上，的确功力精湛，达到了“酷似乱真”；也可以看出他的确得到了程派艺术的神髓。他遵循着程先生的精神，保留了程派艺术的本色，而且把程派艺术更向前推进了一步。

七、杂 文

究历代艺术之精微　集书画文献之大成[*]

书法是中华民族独创的艺术形式，她起源于汉字的契刻书写，当其创始之初，就不仅能够表现人们对各种事物感受的美，而且能够发挥先民高奥的艺术审美灵性，遂形成了这种特有的艺术形式。春秋以来，应用滋繁，笔软生奇，字体孳乳繁衍，至汉代以后而成隶书、楷书、草书、行书之变，书写体式层出不穷，风格变化多方，于是成为士人精神生活的重要方式，翰墨之道于焉以生。从此历晋唐、越宋元而迄于明清，醇迁醨变，质焕文弘，或韵或意，或势或朴。名家辈出，佳作迭见。既传承有绪，又历久弥新，构成了我民族艺术的灿烂景观。

这一门学问的构成，当然有对她自身问题的研究，比如史的、论的、实践的、品评的研究，仔细区分下去，每个研究方向又都可以分为更加细致的研究角度。如此勾连交错，汇综成文，构成书学自身的基本体系。如果把目光向更大的文化范围扩展，则书学的体系，与文化构成了非

---

* 本文原载《光明日报》2009 年 4 月 22 日。

常紧密的关系，比如传统的经、史、子、集。

诸如以上的一些学问，如果不进行专门的研究，而要做一个合格的书法家、书法研究家，恐怕就会有所欠缺；不进行这样的研究，而要强调书法学科的建设，其内容就会比较狭隘。我们的古人在这一方面已经做了许多有益的工作。至晚从汉代开始，就产生了有关书法艺术的专门论述，此后历久不衰、蔚为大观，充实了中国古代的文化艺术宝库。

古代书画艺术文献虽然种类众多，但在清代乾隆皇帝着手编纂《四库全书》以前，从未得到统一的整理和荟集，而大都以公私单刻本的形式在民间流行。《四库全书》的编纂，首次把中国古代，尤其是乾隆中期以前的古代书画艺术文献进行了一次全面而系统的整理，收录著作上起汉代，下至乾隆中叶，尤其是宋、元、明时代的著作，搜罗无遗。我们通过阅读《四库全书》中的古代书画艺术文献，即得以浏览中国古代书画艺术的全貌。

当然，《四库全书》的编纂重点是网罗古今文献，以经、史为主，对书画艺术文献仍遵从传统著录的方式，在“子”部“艺术类”之中立“书画之属”这一类目来统领全部书画艺术文献，显然是力不从心。但《四库全书》并没有重大遗漏，许多书画艺术文献要籍被散入其他类别之中（如《历代题画诗》即归诸诗文总集中），尤其是归入史部的居多。总之，可以说，《四库全书》首次全面地收录了传世的有关书画历史、人物鉴赏、典藏的主要经典文献。

因此，我们今天将《四库全书》中的有关书画艺术文献加以汇编，为全面了解研究古代艺术发展的历程、更为书画艺术研究提供了一套基本文献史料。全书定名为《文津阁四库全书·书画艺术文献汇刊》。

本次汇编书画艺术文献，凡《四库全书》中书画艺术类专著和以书画艺术为主体内容的作品，均予以收录，并未限于“子”部艺术类“书画之属”一目，而是将全部与艺术相关的著作进行汇编，同时还辑录与书画有关的金石文字专著和文房四宝类著作，以全面体现古代书画文化的内涵。子部艺术类“书画之属”之外的书画艺术文献辑录，以近代书画名家余绍宋所著《书画书录解题》所收为准，不作无限收录。

本次汇刊，辑录《四库全书》原本收录，但包括了后来撤出的周亮工的《读画录》、《印人传》、吴其贞《书画记》三种。这是《四库全书》编纂时已收入，后因违碍而撤出的作品。在早期刊印的《四库全书简明目录》均有著录，而今本各阁无存。今幸原本保存在故宫博物院中，其书一如四库原式，版本珍贵，价值很高，为外界所罕知，故特加收录。

《文津阁四库全书·书画艺术文献汇刊》共计收录一百四十三种，按《四库全书》原书先后次序进行排列，分装五十册，特编卷首，冠以汇刊前言及《文津阁四库全书》所收书画文献阁本提要，以便广大读者。

文以载道　赋以生机*

一、勤学苦练

在学习上，有人在下苦功夫，却总不见效果。我在教学中强调：用智慧夺取时间。我总在寻找用最短的时间学习、掌握知识的方法，而且实践证明这种方法总是找得到的。在北京 171 中学，我自编语文教材，让学生主攻六法：字法、词法、句法、修辞法、思维法、章法。在初中一二年级，学生就可以学完这六法。我们做过实验，在高考语文进行半小时后，我们复印了考卷，由参加实验的初中学生答卷后封存。等高考阅卷结束后，请参加高考阅卷的老师按阅卷第一天的标准评判。结果当时东城区高中学生语文高考的平均分是 52 分多一点，实验班的学生是 58 分多，高出 6 分。连续两年，结果都一样。所以我认为只要方法对了，是可以快速掌握知识的。

* 本文原载《光明日报》2002 年 5 月 9 日。

二、注重引导

《论语》开篇就是："学而时习之，不亦说乎?"学而时习之，怎么解释？这个"习"，是练习吗？你想想，学了，还练习，一定是不会，久久的不会，还高兴。有什么可高兴的？"惯习水性"怎么讲？特别喜欢练习游泳？不对。习就是精通的意思，时就是及时，学了就及时地精通它，用白话说就是一学就会，这才能高兴得起来。

总有人抱怨说学不会，这说明他学的方法不对头。学习靠两个方法，一个是硬背，必须记住的东西就一定要记住；另一个是推导，要善于举一反三，闻一知十。两个方法结合，就会得到好的结果。

所谓学，就是把别人的知识夺过来。学的时候目光要敏锐，要抓住它的特点，要毫不含糊。有的时候我想，咱们平常是不是真用心了？用了时间可能是真的，感觉到苦也是真的，但这不表明就是用心了。什么时候最用心？最聪明？眼光最敏锐？思维最激烈？是一些人考试作弊的时候！这个题不会，很想找点参考物。我要看别人一眼，只要看他两个字，不用太多，甚至只要看他答了几行，就会对我有极大的启发。这时候眼睛最敏锐，思维最快，最聪明，可我们一生用过几次呀？真用这样的心，有什么学不会的？要随时随地都用这样的脑子，那还得了？在学习上不是苦不苦的问题，而是会不会的问题。当然，这不是说不用任何时间、精力，而是尽可能地少用时间，用最少的时间得到最大的成果。

三、寻找规律

我上中学的时候，班上有个同学，用一条绸布，没有他不能开的锁。可以说，他掌握了开锁的特点。有很多东西，方法一对就全行了。这个方法是什么？是逻辑。用一个办法可以代替很多办法，用很短的时间可以解决很多问题。掌握了这个方法，人就变聪明了。方法的问题解决了，认识事物就方便了。我在中学教过化学的“提纯”问题，一开始就想，怎么让学生明白化学是什么？我想起一首词曲，意思是把一块泥捏一个你，塑一个我。将咱两个，一齐打破，用水调和，再捏一个你，再塑一个我。我泥中有你，你泥中有我……这不就是化么？化学就是把两个固体化成液体，再化合提纯结晶。这么一说，学生首先对化学有了一个比较形象的概念。可以说，很多文学的东西与理科是相通的。我们教师就是要让学生尽快地掌握知识，融会贯通，不能让我们搞了 50 年才明白的东西，再让学生也花 50 年的时间。

我教过数学、历史、语文、体育、美术、化学，学生的年龄跨度包括小学、中学、大学、研究生、博士生和博士后。我知道，学生在哪个阶段都有个坎，怎么帮助学生过了这道坎，这是我们教师要做的。教具体知识是一方面，教给他们夺取知识的方法，更有意义，更重要。教师要告诉学生学会的方法在哪里，学生自己就可以打开一大片锁。

四、总结经验

中国古代有自己的学问，以《四库》为说，虽不尽全面，不尽科学，但也把中国的学问梳理了一遍。过去以“四书五经”取士，就是因为当时的国家需要这样的人才。西学东渐，与中国的学问磨合了近百年，构成了一套完备的系统框架。20 世纪末，西方这个框架又有了发展，于是西方的教育就有了一些变化，当然，我们也应当有相应的变化。为此，在我们面前有一个学科转换的大课题。与时俱进，深入研究、努力探索掌握知识、发展学科的规律、方法，而不能停止在某一层面上，这样才能保证学科的健康发展。在这个过程中，同样要找到发展的规律，科学合理地研究、掌握新的问题。这是我们教育工作的责任。

望之俨然　即之也温*

——回忆金岳霖先生

金岳霖先生是我在北京大学哲学系逻辑专业毕业实习的导师，是我最崇敬的老师之一。原本，由于对金老师学问成就的尊重，因而对人就敬畏起来。当时，他是我们的系主任，只有在开会时得见，平常一般见不到面，即使见到面也只是“景之仰之”而已。

有一次，在临湖轩前的草地上，和几个同学一块“侃”，三扯两扯，谈起了系里各位先生的既尊敬又亲切的声音笑貌。我便模仿起各位老师，请大家猜是哪位。曾经学了汪奠基先生、何兆清先生、任华先生等，大家都一下就猜中了。但当我学到了金老的时候，万没想到大家都不说了。我原以为他们必然一猜就中，而且叹为惟妙惟肖，因为这是我最得意的一个强项，不想却大出意料。我只好再着重地夸大了特点地学了又学，结果大家的反应仍然只是诡谲

* 本文原载《金岳霖的回忆与回忆金岳霖》，成都，四川教育出版社，2000年。

的笑，而无人吭声。我纳起闷儿来，无意中一回头，才发现金老早已站在我背后。太尴尬了！我怕的是在我最崇敬的老师心目中会造成“不尊敬师长”、“拿老师开玩笑”等的不良印象。当然，如果我真的不尊敬师长，倒也罢了，实际上，我对崇敬得五体投地的师长是由衷地感到亲切，我学他一学，便觉得和老师更接近了一层。如果老师怪罪了下来，可就冤枉煞了。想来想去，结果在心上系了一个大疙瘩。

过了一个多月，在文史楼哲学系办公室旁的过道里看到了金老，心想躲开，免得招老师生气，又想凑过去，没话找话，探探金老对自己的印象。最理想的当然是他根本就不知道我是谁，最可怕的是他印象极坏而且记得很牢固。想着想着，就要碰面了，灵机一动，索性来个掉头往回走，还是暂时回避一下好。不料金老发话了，喊了一声“欧阳中石”，我只好无可奈何地停住，转过身来，心想还不定要受到什么样的呵斥呢！谁想金老竟非常和善地拍了拍我的肩膀说：“你好调皮呀！”一边笑着对我说“再见”，一边轻松地走了。我迷惘了：金老似乎并没有生我的气。但我仍然在想，事情能有这么便宜吗？

后来有一次，我在贝公楼礼堂演出《将相和》，在台上我看见台下第一排中间坐着金老，从来只搞抽象的金老，也能来欣赏京剧！好像这一下缩短了我与金老的距离。戏散谢幕时，金老站起身靠近了舞台，冲着我问：“你真是欧阳中石？”我说：“是。”他开朗地笑起来，一边点头，一边说：“你是真调皮，好，好。”直到拉幕时，他才满脸高兴地走了回去。

我理解了金老所谓的“调皮”，似乎不是生气。但那时的我，一直还是很持重的，在金老的心目中却形成了一个轻佻的印象，总还不是我的真实面目，心中还是有些不太踏实。

大学四年，我们有一门实习课，在中文系一年级做逻辑辅导员，每人都要试讲，每人都有自己分配的导师，我的导师便是金先生。把我分在了金老名下，我既感到荣幸：能有亲授的恩缘；又有点畏怯：最初印象既已不理想，恐怕稍一不慎再招金老更大的不愉快，就更不好了。很想调换一下，又怕落个有意挑剔之嫌，最后只好听天由命。我第一次到燕东园去见金老，原本心中很是沉重，既见之后，却感到幸福无比。金老说："我相信你的试讲一定错不了。"我赶忙说："老师太相信我了，我生怕让老师失望。"金老笑着说："不会，不会，你那么调皮，会讲不好?!"我也笑了，调皮原来是能讲好的条件，并不是一个贬义词。

试讲的评议会上，有的同学提出了我有时看窗外，似乎讲课漫不经心，不能集中学生的注意力。金老说："我看他的确有时眼望窗外，也有时凝视在讲桌的一点上，但我觉得他并没有分散学生的注意力，相反，我倒觉得他正是运用一种动作，力图去吸引住自己的学生。"有的同学提出我没有按照讲稿去讲。金老却说："不，我认为这正是他的长处，他不是死记条条，而是根据具体情况，努力去说服自己的学生，这是一个教师的重要素质。"……我逐渐尴尬起来，觉得金老对我太偏心了。会后，我对金老说："我辜负了老师的垂爱，讲得太不好，让老师为难了。"金老非常郑重地说："我就是这样认为的，没有什么为难，否则便不公道了。"

1956 年，全国第一届逻辑讨论会在人民大学召开。吃午饭时，我告诉金老我最近要开逻辑课了，金老高兴异常，马上举杯为我祝贺。因为此前我一直在教数学，学不能致用。金老举杯时高兴得像一个天真的孩子，那么亲切，让我感到那么温慰。事隔多年了，但每思及此，我都感到无比的幸福。

1982 年，在金老的学术生活 56 周年庆祝大会上，我走到金老的轮椅旁向金老致意，没想到金老竟问旁边的人：“他是谁?”旁边人(记不清是谁了)告诉金老：“他是欧阳中石，您不认识他了?”金老很严肃地说：“我从来不认识。”我知道金老的确是老了，很内疚，因为那几年我很少去看他。

没想到过了几天，金老捎信给我，问为什么不去看他？我也成心地说，他都不认识我了，我干吗去看他。其实，我这也完全是在长者面前的赖子话。过了两天便和培育、孙煜、金彤四人去了金府。

到了门口，我说，不要介绍，看他到底认识不认识。结果，一进门便被他认了出来，“欧阳中石，你过来!”我赶忙走到金老膝前，他握住了我的手：“开玩笑！你，我会不认识？岂有此理!”“你们知道吗？他可调皮了!”我感到这话像春风，有无限的温暖，有无比的亲切。

金老当年魁梧高大的身躯，一领宽博的蓝布长衫，一顶无顶的遮阳帽，黑框宽厚的近视眼镜，举止大度从容迟滞而神采奕奕的器宇，令人望而生敬，自然而然地涌起一种“景之仰之”的尊崇之情。然而接近起来，却让人时时处处感到亲切，感到爱抚。

每次回忆，每次感到欣慰，然而我，却也常常觉得惭愧。金老当年的教诲，未能做到“有以回报”，不“足以发”，有些“空负雨露”，这则是我此生的大憾了。

再跟老师“调皮”一回*

金老岳霖夫子是我最崇敬的老师之一。从内心深处说，我对他是如奉神明地尊敬。作为学生，印象最深的是，他不止一次地说我“调皮”。

一次，我正在模仿他讲课时的声音神态，被他看见了。事后，他指着我的鼻子说：“你调皮。”又一次，看我演京剧《将相和》，谢幕时，他把我叫到跟前说：“你是欧阳中石吗?”我说：“是。”他指着我说：“你太调皮了。”一直到他生命最后的那一年，他还当着我对别人说：“欧阳中石，年轻的时候可调皮了。”最初听他说我“调皮”，觉得很害怕，以后，渐渐知道了他老人家对我是非常喜爱的，他的“调皮”二字里面包含着特殊的感情。所以每次回忆起来，总觉得无限的温暖。

金老过世多年了，我和我的同学们也都老了，但是，对于自己尊敬的老师更加怀念了。每想到一事，便浮想起许多情节，又再一次感到那种无限的温慰。

* 本文原载《光明日报》2002 年 7 月 3 日。

记得有一次金老对我说：“我给你出个联，看你怎样给我对出下联，看你还能怎样调皮?”于是，说出了上联：“一切切切不可一刀切。”

我们知道，曾经有过的一段时间里，人们对事物的处理，常常犯“一刀切”的毛病，金老对这种问题是很不以为然的，所以说出了这样一个“绝”对的上联。我们对此极为叹服，很为对不出理直律工的下联而惭愧。

几十年过去了，去年秋初，又一次认真地思索起来，忽然觉得这个命题的提法有些问题，在思维中不再考虑这联怎样对，而寻思起这个命题能否成立了，所以在这里想跟金老再“调皮”一次。

“一刀切”的处理方法行不行呢?

有些事物的处理，应当一刀切。譬如，学生学习成绩的考核，要求人人100分，办不到，有的考80几，有的考90几，不能一律划一；但一定要划出一个及格线，60以上的及格，60以下的不及格。这就是说，有的不能一刀切，有的必须一刀切。

这样，“一切一刀切”是不行的，我们应当作一个“一切一刀切”的负判断，可以说为“切切不可一切一刀切”。

“切切不可一切一刀切”和“一切切切不可一刀切”不是同一判断。用逻辑的术语说，前一个是负判断，后一个是否定判断。

说到这里，必须先向金老告一个罪，恕学生的“调皮”，不但对于原题不照作，而且直接“造反”了。

其实，金老是不错的。众所周知，他在中外文学方面都是有极高造诣的，在国外，他可以直刺洋人在语言文学上的语病，他曾经给我声调铿锵地、手挥足踏地背诵昆明大观楼的长联。他给出上联的时候，语气是极为明朗的，先说：一切是不能一刀切的，这样是万万不可的。为了展示语言叠句的文学色彩才改口说“一切切切不可一刀切”的。学生怎敢断章取义，妄加诋毁先哲？

至此，再来个“得理不让人”的耍耍赖，“一切切切不可一刀切”，简言之“一切不可一刀切”，又是一个“一刀切”的翻版。用“一刀切”来反对另一种“一刀切”，怎么可以呢？

金老说我“调皮”，其实是真正的喜欢，有时就跟我正规地煞有介事地开玩笑。我这样说是为在老师面前再“调皮”一回，学一个“莱子斑衣弄彩”之故耳。

幸依门下　羞负业师*

——送老师张岱年先生走好

张岱年先生教我是从 1950 年开始的，是您把我引上了哲学的道路。不论是具体的哲学知识，还是治学的研究方法。尤其是持身为人的立德立品的规范，岱老是我走上大道的引路业师，但我是个不成器的学生，空负雨露，对不起老师。

我最早到清华去见老师，他那种朴厚恳挚对待学生的态度，便给我上了一堂治学修身的风范课。岱老语言不多，在迟滞凝重中，让人只觉得字字沉重，句句亲切，又温暖，又肃穆。

1952 年，我写了一篇关于特称判断的逻辑文章，您推荐给了金岳霖先生、王宪钧先生。

1957 年，岱老突然给了我一封信，说自己很惭愧，以后不要去向他请教，免得有一些不必要的麻烦。弄得我很是惶惑。当然以后我知道了一切，只好暂时听了老师的话。

---

* 本文原载《人民日报海外版》2004 年 5 月 14 日。

过了十几年，在一次会上见到先生，我在人群中蓦然发现了老师，赶过去问，还认识我吗？老师说："怎么你也不年轻了，不过怎么也认识。"我看着老师脸上的微笑，虽然是笑，但那么酸楚。我不敢正面看老师，我发现我的眼睛已经湿润，我发现老师的脸色也已经很黯然了……

80年代中，我再到老师家去，发现老师坐到书桌上工作时，要抬高了腿，从凳子上面迈过去，才能再坐下来工作，我满心的紧张。心想：老师现在还这样，我的条件再差，我也心满意足了。我不是自慰，而是感到老师"自律"也太严酷了。

80年代中的一天，有一位先生突然到我家，烦我为《张岱年文集》题写书名，我说好，但一定要把"先生"二字加上，来人说张先生一定不要，我说我写上，如果一定不要，请您勾去。结果来人问我为什么这样毫不犹豫地马上就写。我说：老师之命，怎能怠慢。他才知道我也是老师的学生。

《全集》出版时更有一段往事，出版社是河北人民出版社，据说曾有一个初样，大家都不满意。社方想到了我。于是来征求我的意见。我告诉社方，我们一定要使张老满意才好。你们去问一下张老，如果同意，我一定遵命。结果社方告诉我张老非常同意。过了两天，张老还特别写给我一封信。我便很好地完成了任务。书皮上虽然勾去了"先生"两个字，但在扉页上保留"先生"，并且印上了下款"受业中石再拜"。老师点头了，学生也踏实了。

在开新闻发布会的时候，我在发言时提到了我的两句诗"幸将拙笔依门下，羞负传薪授业师"。表明我很对不起老师，里面的学问我没学好，只能勉强地用笔写两个字把在门口了。

自己的年纪虽然也渐渐大了，但总觉得年长的老师健在，心中有一种庆幸依赖心理，正如有所"怙恃"一样。每一听到哪位老师"走"了，便沉重地告诫自己，自己的怙恃又收缩了一部分。自己越来越严重地感到"孤"的苦楚。

正要庆祝岱老 95 华诞的前夕，竟骤然变成了噩耗到来。我的思想简直接受不了。但接受不了也得接受，这是事实！几天来我在思想上凝成了一副挽联：

岱宗立地支天明同日月

年纪经时历变直鉴春秋

这是学生对恩师的称颂之情。我把这意思告诉给了谢龙，请他转告我们北大哲学系 50 级的各位学长，他们都很同意，这便作为了我们班共同的心声，奉献给我们尊敬的老师，张老岱年夫子。请老师走好，您的道德文章，永远在我们的心中。

只能仰望夫子　不敢忝作学生*

顾随先生的胞弟顾谦六吉先生是我1943年开始的老师。因为着重的是学诗，总以羡季先生为训。所以我早已把先生尊为老师了。等我到辅仁大学读书时，先生因病已不上课，我不能在课堂上受教，所以我从未能登“堂”。

但是，我已经奉过束脩而执弟子之礼。1944年冬，六吉先生要来北京看望先生，我曾奉上小磨香油两瓶作为学生的年礼。固然因为火车太挤，挤来挤去竟被挤得两瓶油瓶口冲下，洒下人家一身，六吉先生只好暗暗把手抽回，结果香油并未送到先生面前。

六吉先生曾为先生印了一方闲章“武二乡亲”。从上街选石到起草拟样，我都随侍在侧，甚至刷洗磨平，我都曾“服其劳”。

但我到辅仁大学之后，先生因病而暂不授课，我则从郭预衡先生读，由六吉先生荐引及随徐娟学姊至李广桥趋

* 本文原载《顾随先生百年诞辰纪念文集》，保定，河北大学出版社，1992年。

府受教，才得亲受面命。先生曾说："你不是没落着在'课堂'上听我讲吗，不要紧，在家里给你讲和在课堂上一样。"所以我虽未登"堂"，但已入"室"。

顾随先生给我讲音韵，特别是"入声"，我对"短而促"不理解，先生告我：什么声的字都能念成"短而促"，所谓"促"者，是"气"之"促"也，即"气"断而不能再延长的意思。更特别给我讲起了杨小楼，您说您原来也不懂，听了杨小楼之后，豁然贯通了。您仿效着杨派武生的念法念出"夜走八百不明"，连着三个入声"八百不"，于是我才理解了这个"促"字。

有一次给我讲您自己所作的杂剧，因为您是坐在那张双人旧沙发上，我侍立在侧，看不见您手中所拿着的书，您执意让我坐在旁边，我只好惴惴地侧坐恭听。您讲到掘墓开棺之后的连续几个叠字时，突然拍了一下我的大腿，"中石，你看我写的多好啊!"这时的我，完全沉浸在了诗的化境，既如亲在剧中，又依偎在师长的膝前，真是幸福之极，特别后来每想到这里，简直幸福得不行。只是把您赐给我的单册，失于浩劫，我不能把给我讲到的那个地方重写出来了。既是得沾雨露的温慰又是辜负先生的遗恨。

您也曾给我讲过"曲"的写法，特别对加"衬"字的问题讲得更多一些。

我们的谈话，经常以六吉先生为话题，您夸赞您的胞弟，说他才气好，说他手巧，画好，说他器宇好，说他脱俗，我便绘声绘色地模仿起六吉先生的情况来，说到"洒人一身香油"的事，您说"他干得出来"，说到我们一起去看戏，他摔了一个跤，坐在水洼里不起来，您说"他干得出来"，……说起那方"武二乡亲"的闲章，您看着我一时没话，便说："是不是想问为什么不刻武大乡亲?"我连忙想作解释，您笑了笑说："我知道，不少人要问我这问题，不光你。其实大家都不知道，武大可是个大好人，因为一个差误，便讹传成了一个那样的武大郎了，真是冤枉!"于是为我讲述起来了武大被冤的前前后后。……

有一次先生给我谈起了去曲阜教书的事，说那是北大刚毕业时和冯至先生一起，开始工作，托人推荐，到曲阜二师去教书，之所以选中山东曲阜是大有含义的，意在一定要"到孔夫子门前卖文"一下，才称得上文府翰院里挂过了"号"，不然没法到别处"领凭上任"。在曲阜教书的时期中，先生与冯至先生二位还有一个"约定"，二人的诗都不含糊，为了逊让，二位把旧体与新体分划领域，各守一体，冯先生不再写旧体，顾先生不再写新体。当时我开了一句玩笑：二位先生加在一起，则诗坛上用不着别人了。先生一下子严肃起来："我们当时绝无此意，只是我们二人之间的戏谑而已，一点没有涉及别位方家之意，可见人们自己的一举一动，一言一笑，都会形成社会的影响啊。"我听后马上和武大的事联系了起来，说"或者变成了巨星，或者变成了二尺半的矮子"，先生点着头，阴沉着脸，很有感慨地道："不可不慎啊!"

六吉先生原工仕女，极精到，书亦大过常人，圆润恬静，字画同有娟好之雅。请其所自，每道书同"家兄"。及看到羡季先生讲稿之后，的确息息通灵。然而，于我们之间却始终未尝以"书"为话题。近几年突然得见先生法帖，只觉高山更杳，"见首不能见尾"邪。《同州圣教》、《道因法师》，对书法没有研究是不能得知其深浅的，不能迈过中唐的造诣就不敢一觑其高古静雅。

对于写字，我特别敬服能临摹的先生。因为临摹人家是学问，独创是自造，当然自造容易临摹难。临摹有标准，自造没标准。质言之，能临摹的一定会自造，能自造却往往不会临摹。当然能临摹又会独创了不起，但轻易遇不着，往往是只会独创而不会临摹。如顾先生，是那么了不起的大家，竟能临褚及小欧，如此精到，我由衷地敬服，因为我办不到。根本不想办到的，不办也就罢了，而想办办不到，只有敬服。尤其您从来不以“书”著，更则令人折服了。是以我觉得我和先生的感情更近了，但是对于先生的学问修养却是更远了，根本不能企及了。

人们每提到辅仁，便提到先生，我听到之后，每有一种不敢出声的骄傲，我上过一年辅仁，那里有许多有成就的学长，更有许多有威望的老师，特别是顾随先生，我虽未能登堂，但已入室。虽然我不敢忝为学生，但究竟受到过先生亲自的讲授。尽管我没有学好，但总是受过夫子之教的。所以只能说我仰望着夫子，这是真的，而作“学生”则不敢当，作个“学生”的“学生”恐怕都不合格。

仰承顾随先生的教导，时间并不长，先生离开北京之后，便没再见，但先生的音容笑貌，讲课得意时的神情动作，自己沉吟时的严正之态，我都记忆得清清楚楚，而且能模仿个惟妙惟肖，就在这一点上，我还不是“不肖”的。

超越前人　牺牲自我*

——追忆白石老人的艺术教诲

我在北平读大学时，经一位世交介绍认识了齐白石老人的三公子齐良焜先生。良焜字子如，那时与白石老人同住西城区跨车胡同，任教于京华美专。我同子如先生一见如故，谈吐相投，大有相见恨晚之意。不久，子如将我介绍给了齐老。当齐老得知我正在辅仁大学读书，便诙谐地称我为"洋学生"。

我年少时，迫于家父的要求，曾随舅父学画，但并不喜欢美术。自从做了齐府的常客，白石老人的精湛技艺便倾倒了我这位"洋学生"。我对绘画的兴趣油然而生。我开始注意白石先生和子如作画，并时常借阅白石老人的画稿去临摹。有一次我临摹了白石老人的《老玉米》，子如看后建议我干脆改学美术，由于当时的条件不许可，未能如愿，但我对美术的热爱却因受齐家的影响一直延续至今。

新中国成立之初，白石老人出了一部画集，分送给每

---

* 本文原载《中学时事报》1996 年 9 月 10 日。

位公子十本，在给子如时着意嘱咐：“可送‘洋学生’一本。”这本带有子如署名的画集，我一直珍藏在身边。

与齐家相交，有一件事最令我难忘，且对我影响至深。有一天我到齐府，正逢白石老人躺在藤椅上晒太阳，他见我进来，便把我叫住：“洋学生，过来。”听见白石老人的喊声，子如也从房间走了出来。

“洋学生，给我讲讲什么是平行线？”

白石老人的话音落下半天，我还有点丈二和尚——摸不着头脑，小声地问道：“您的意思是——”

“我是问你平行线的定义。”

我把平行线的几何定义背给老人听，老人听毕，非常感兴趣地说：“你能不能用通俗的话给我说一遍。”

我稍加思索后，便回答道：“您看见过火车道吧，火车道的两根铁轨就是平行线。”

白石老人点点头，以示明白，随即把子如和我叫到画室，铺开一张宣纸，竖画两道又斜画两道后问道：“你们看，这是不是平行线？”我们点头称是。他又拿起笔在纸上戳戳点点，转瞬之间，纸上的平行线找不到了，却成了一幅水墨画。我当时如在云雾中不明所以，即请教于子如：先生为何对平行线那么感兴趣？子如讲了其中原委后，我才恍然大悟。原来国画中最忌平行线，视为画艺禁区，可齐老先生时已遐迩闻名，声震九州，却在前人不敢问津的禁区，仍苦苦求索，这是需要何等的胆识和勇气啊！这种敢于超越前人、牺牲自我的博大胸襟深深地折服了我。我每忆此事都有无限感慨，而且也以此教诲我的弟子：一定要尊重前贤的艺术成果，在不断地探索中否定自己，那才是难能可贵的啊！

《红毹纪梦诗注》序二*

张伯老是我的长辈、老师。1937年一出绝响《空城计》，余生也晚，地不予所，无缘躬逢其盛，但在我心中已是仰之弥高的天人矣。多年而后，幸得识荆，又承垂爱，教授不吝倾囊，盘桓左右更忘年齿之悬殊，遂深感伯老实是"'闻'之俨然，即之也温"、品才可尊、纯真可亲的大方之家也。《红毹纪梦诗注》开始写起之后，一首甫成，便召余往，为余亦咏亦讲，他论之侃侃，而我听之津津，今日想起，实是生也有幸缘福独厚也。

《诗注》第三部分之第四首，系就《战樊城》而咏者，为余说之甚详，特别说射武成黑之亮相，一定亲自走出，余搀之而走，腰腿手眼交代清楚，可以想见余先生当年之丰采。并说及宝森、少春此戏皆从他所授。

《诗注》第三部分之第十二首，系就《连营寨》而咏者，关于"扑火"身段，他要我按奚啸伯先生(伯老奚老有姻兄姻弟之雅)走法走出，然后他按余派走出，说三番儿各不相

---

* 本文原载《红毹纪梦诗注》，香港，香港中华书局，1978年。

同，第一番儿走抢背，第二番儿走虎跳，第三番儿走吊毛，最后僵尸走硬的。他边走边说，地方、分寸、起范儿、劲头儿，都言之凿凿，丝毫不爽，诚是学得瓷实，记得牢靠。

惜者，有心之人绝少，如趁他晚年犹健之时，有专人专时从之学习整理，或能抢留多少余派珍传，而今言之，时不可再矣。有杨君绍基者多次由津来京问艺，惜只习唱而不能身上。幸张君文涓有心慧人，多次不吝长途仆仆由沪来京，录音记舞，孜孜以求，伯老既肯倾囊，文涓又一点即破，伯老常以为晚年之慰也。

50年代，伯老曾整理《空城计研究》一集，细覈阐微，极为精到，如能出版问世，当不负长者之苦诣也。

余叔岩先生之艺术为一代泰斗，成一时之法绳，有其成就之种种条件，自不待言，而多年与伯老相交甚厚，恐亦不无影响。如余先生之选聘琴师，往往先过伯老之口，基本"楦"好之后，余先生再邀去为他操琴，据云朱家奎、王瑞芝两先生之得傍余叔岩，皆如是耳。伯老素精诗词音律早为世知，叔岩先生之唱段新词多出自伯老之手。如《沙桥饯别》"提龙笔"一段二簧慢三眼。余先生承老师谭鑫培积习，常以此段吊嗓，也极得意。后为友人先将此段灌入唱片，余先生颇为不满，即请伯老等人又将此段改制，增词"四童儿，鞍前马后，涉水登山"，更谱新腔，最后才如后来所灌之唱片。再有改换许多更为贴切之戏词，如《斩马谡》诸葛亮下场念对儿"虎入深山禽兽远，蛟龙得水又复还"之"得"字，虽然差强人意，但究不甚理想，伯老则尝为余先生改为"失"字，既意义允当而念来也上口琅琅。大凡伶工，文化水平每不甚深，常常于周围多延许多文士名家，过从熏陶，必定于艺术大有裨益。伯老之于余氏正即如此也。

《诗注》三部分及结语初成，曾延友人复写若干册，分赠知己、弟子，现在我尚手藏一份。付梓之后，伯老意犹未竟，遂又写成多首，而且注之更为详尽，想于再版时增补其中。定稿时曾着我过目并代作订字、标点，其后竟不知所终。记得其中有写《审头刺汤》一首，注之长篇，“盖口”、眼神、身段都有说明，此部分如能璧归，间插其中，则璧得“完”也。所恨者，当时余未能手抄一份，果然，则于今无憾矣。

《诗注》首先由香港中华书局出版，一般读者未得及时读到，每引为憾。八年而后又由宝文堂重新出版，如将与故人当面，对伯老应是一份欣慰。余幸略知本末少许，略序其由，自以敬告伯老旧友同好及后来道长，庶可同飨一酹也。

1986 年 10 月末于北京

纪念张伯驹先生诞辰 110 周年座谈会发言*

我对张伯驹先生，从知道这个名字开始，那是 1940 年。从慕名进一步到 50 年代，对他充满了崇敬、仰慕。以后时间更多了，70 年代以后，就接触得更多了，得到了许多的教诲。我满怀崇敬的先生，不是一个简简单单的人，不是一个一般的老师。他关爱、贤孝，所以我在心中形成的就是一个尊敬。

这种心情我一时说不清楚，就写了两首很不成熟的诗。但是没有能把我心里的敬意写出来，一直到今天早晨，我还在那里默念。我现在请大家来指正一下。一方面是我所认识的张伯老；一方面是我对张伯老的感情："襟怀落落意融融，一任烟云化碧空。"——这一句我想了很久，他把许多烟云都没有放在眼里头，随它过去。"地裂天倾心似水"——我记得在 1976 年地震的时候，第二天早晨我一早赶到他的府上，我没有想到他已经很自然地把躺椅，把矮

* 本文原载《项城文史资料》第 18 辑，中国人民政治协商会议项城市委员会编。

桌子都已经摆在了河边。有茶，有笔墨在他手下，我说是“地裂天倾”更显出了他“心平如水”，所以我说“地裂天倾心似水，穷通不改大家风”。这是我的感受，对他的为人，对他的学问，我是那么写的：“珠玑信手丛丛碧，翰墨随心字字工。曲折高低声入律，从容自若对长虹。”最后这一句，我改了好多次，每次想到这些的时候，他的音容笑貌都在我的面前。他那么从容，他把一切大事都不放在心上，他自己面对着长空毫无愧色，而非常地自若，我敬佩，由衷地尊敬，所以我说这就是我对张伯老、丛碧公的称颂。我无才，写不出东西，就说这些，表示对大家的尊重，对张伯老的尊重。

我由衷地尊重这位老师*

——在朱家溍先生座谈会上的讲话

朱先生无论从年事上还是从学问上都是我的长辈和老师，但是，我们却有三同之雅。所谓三同就是：第一同，我们都是从辅仁大学走出来的；第二同呢，就是同好，无论诗文书画，我都向他学习；再一同呢，就是同台演出。

大家刚才谈到的，都是朱先生的经世之学，对于这些我都远远地望而生畏。我只是和朱先生有同台之雅。朱先生主演的一些戏剧中，我常常充当一个龙套，这样我就更多地知道了在他的经世之学之外，他在业余生活中显示出来的高尚的情操、高尚的品德以及高尚的为人师表的精神。因为我知道，我应当这样来尊重朱先生，他是一位“文物”，本身就是“文物”，而且是一位“活的文物”。我这样说就因为他的业余爱好是戏剧。无论是京剧，还是昆曲，朱先生见过那些前辈，那些优秀的戏曲演员，他也身体力行，能够具体地演出。他更能把他所见所学教给学生。

* 本文原载《人民政协报》2006 年 4 月 20 日。

比方说杨小楼先生，在我所看到的许多演员以及票友中，能够真正像杨小楼先生那种风采的只有朱先生。所以我愿意给朱先生跑龙套，在他身旁多学习一些东西。我曾经请朱先生指导我的学生，就是上海京剧团的奚中路。他向朱先生学习了很多东西。后来我听奚中路说，如果他不到朱先生这里来，他不知道杨小楼是什么样子。别的老师在教的过程中，所展示的那些都让人想不到杨小楼的影子是什么样子。可是在朱先生一个回身的动作中，就让他感觉到杨小楼大概就是这样的回身。一个动作，多了一个往前伸一伸头，就这一个小动作，就让他知道了杨小楼是什么风采。所以我觉得朱先生在这方面了不起，是一位“活的文物”。朱先生看到许多现象，他都提出了语重心长的教导。比方说，他看了昆曲《浣纱记》中的《寄子》，他也就能够具体地演出，而且活灵活现。朱先生提出我们的文物、我们的戏曲，必须抢救，必须保存。所以我说他本身就是一位“活文物”，他的谢世对我们来讲是一种损失。他过世之后显得那么的清洒，他的为人清澈见底，我由衷地尊重这位老师，这位老先生！

（根据录音整理。）

忆朱老家溍先生*

50年代一开始，全国人民就掀起了“抗美援朝”的大潮。各大学的师生们更是群情激愤，有一分力要发出一分光。当时辅仁和北师大的京剧爱好者们就曾想撺掇着组织一个“大学生京剧赴朝慰问团”到朝鲜前线去。虽然未果，但见当时同志们爱国热情之高涨情况。然而与社会各界相联的许多类似活动都积极参加了。

最值得回忆的是，以张伯驹、刘砚芳、朱家溍等先生倡导的，在故宫神武门楼子上的一项京剧演出的捐献活动。当时，各界名宿、各业余行业票房(如北京电信局票友们)、各大学的京剧爱好者们，凡爱国捐献者都踊跃参加，当然还需要有相当水平的。

特别有意思的是穿的行头，用的是当时为慈禧做寿的那份服装，上面绣有一个“寿”字。真是宽袍大袖，肥肥大大。水袖则是青、白、粉、绿。靴子是宽头厚底，穿起来是古色古香，俨然一个活生生的“出土文物”。只可惜当时

* 本文原载《辅仁校友通讯》第26期，2004年8月。

摄像很不方便，不像今天那样说照就照，今日想来，50多年过去了，真是遗憾得很。

记得有一天，戏是《定军山》、《阳平关》。那时我只和张伯老熟悉，对朱老还不甚熟。戏中赵云一上场，我的眼前一亮，好像与天神见面，只觉得比所熟知的专业演员更像赵云。老伶工杨小楼的风采，我生也晚没有亲身领教，但觉得朱老就是杨宗师的再现。我真由衷地折服，一张嘴，一投足，一伸手，一皱眉，无处不展示着大将的风范。

此后经过了多方面的了解，也渐渐和朱老熟了，才知道了他在京剧、昆曲方面的“来头”，更知道了他在学术方面的造诣，以后又知道还是辅仁的学长，在“钦敬”的基础上，又增加了极深的“亲切”的涵义。

有一次为我校增加一位博士生导师，请朱老为专家评委。在会上，我们在一起，大家说起了我们是校友，而且多方面爱好相同，朱老对我说：“咱们这叫两不误。”朱老的确如此，学问上是大家，戏上也是大家。我则可能两误，学问不行，戏也唱不好，站在朱老这样的“大家”旁边，深深觉得惶愧不已。

在纪念郝老德元先生的先公郝寿臣先生的大会前，在北京戏校的休息室中，恰好有幸与郝、朱二老同在。纪念北京戏校的创始校长，当然德元先生一定在场，而朱老也确是京剧界之耆宿，当然也应当出席。至于我，虽“小焉者也”，也与京剧界千丝万缕。有意思的是，我们三人都是辅仁校友，虽然时期不同，系级不同，在京剧方面的深浅程度不同，但却由“京剧”一则，在这一场合，竟又穿连在一起，岂非天缘有数！固然二老未必在意，但末学小子的我幸忝其中，予有荣焉，欢欣无似。

小女启名，在当年俞平伯先生创办的昆曲研习社学习昆曲，朱老为该社副主委，在昆曲及诸多学问上，启名幸得朱老垂顾，朱老不时将她呼至身旁，耳提面命，亲如家人，格外提携。

名儿有一个遗憾：朱老最后一次到医院，一住下便想照个相，但女儿还没来得及把相机带来，朱老不免有一丝淡然。第二天名儿去医院看望，带来了照相机，朱老女儿说："太好了，照一张吧。"但朱老已无情致再照，谁想转天朱老即驾鹤而去。名儿一直把这件事放在了心里，引为是没法弥补的遗憾。在朱老逝世一周年之际，她在音乐出版社出版了用朱老生前演出的录像制成的光盘，是对朱老最有意义的纪念。

还有一个京剧艺术史上的遗憾。我的老师奚啸伯先生赐我一个徒弟奚中路，工武生，很有出息，是目前极有前途的一个演员，他对朱老仰慕之至。

有一次朱老看了中路的演出，指出了一点，黄天霸在听完彭朋传达时，有一个哆嗦，可中路演的黄天霸的哆嗦并没有引起观众的关注，为什么？朱老说："只差一耳朵。如果黄天霸在未哆嗦之前，一欠身。侧起耳朵，然后再发抖，这个'彩儿'就下来了。"奚中路听了这番指点，对朱老已是五体投地了，他已被朱老完全折服了。朱老也感到中路确实是块好材料，故此倾囊而授。去岁，"非典"肆虐，中路随上海京剧院来京演出《大唐贵妃》，4 月 16 日晚朱老在 305 医院的病房中，从电视上观看了现场直播，第二天便把中路找了来，从陈原礼的出场开始说起，一直说到下场，整整一个上午。

难得爷儿俩投契，朱老从不收"内行"的徒弟，但对中路竟有了极深的疼爱。朱老的女儿与名儿甚至在筹划着拜师会。但是，由于"非典"的缘故，中路暂时不能进京。待到解禁时，朱老的病势已经很重了。

中路终于从上海来到了北京，奔向朱老的家。家里人遵医嘱不再让人打扰，只允许中路在门口看一看，不想朱老听到了中路的声音，让他进去，说："我不给他说，我给谁说！"结果，朱老见到了中路，便来了精神，不顾身体虚弱，竟给中路大段大段地说起戏来……

从这些情节上看得出，朱老是多么爱护后辈，多么爱护艺术，多么爱护自己的知识，对于后人的爱护真是"倾囊"、"无私"。每想到朱老的音容笑貌，我是由衷地"钦敬"，同时也觉得很是"亲切"。

朱老，您真是"襟怀坦坦，如春风之怡荡！"我们将一直以您为学习的榜样！

永远的怀念*

老伴儿张莀京和我，都在1942年毕业于济南制锦市街小学。我俩虽不同班，但同一年级，所以，教我们的老师都是共同的。我们不时回忆着、叨念着，一同重温着小时候在老师们的抚慰下成长的点点滴滴，重温着那亲切温馨的感受。

老师们的音容笑貌都深深地印在我们的记忆中。印象最深的有两位，一位是李介卿老师，一位是谢郁馥老师。

李老师是老伴儿的级任老师，您的年纪比较大一些，看起来，您是一位慈眉善目的“长者”。虽然您和蔼可亲，但学生们却不好意思同您嬉笑。

记得当时学校里举办了一次学生作业的展览，我的“美术”作品是画了一张红梅。展览将结束时，李老师把我叫到办公室，告诉我，他很喜欢我画的红梅，问我能不能送给您。我简直有点“受宠若惊”，老师竟看上了一个小学生的作业，感到十分荣幸。您要我题上“上款”。我怎么懂得什

* 本文原载《光明日报》2009年8月18日。

么是“上款”?！您教我要题上“请老师怎样怎样”，要我先写个样子。我写了一行“请老师指教”。您教我要分开写，先写一个“请”字，然后另起一行，在提高一个字的地方写“老师”，这叫“抬头”，以表示尊重。“请”是你“请”，应该低一些；“老师”的称呼要“抬头”；“指教”两个字，是在一般情况下平辈人之间的说法，面对自己的“业师”，就显得太轻了，如果用“教正”就好了。通过介卿老师耳提面命，掰开揉碎地这样一讲，我开始懂得了在“进退”之间是大有讲究的，也懂得了在“待人接物”中的“分寸”。

有一次，在上学的路上，发现与往日不同，家家门口都插上了“五色旗”。我和同学们问李老师，只见您面容很是沮丧，叹了口气说：“不是×××要来济南吗！”然后又深深透了口气，喃喃地嘟囔着：“有什么了不起，不就是个‘汉奸’嘛。”一时之间，大家的心情都低沉了下来，谁都没再说什么，但心里都经受了一次“亡国奴”的压抑，也更接受了一次“爱国”的教育。从此之后，介卿老师在我们心中高大庄严了起来。李老师话语不多，而我们感受到的教育却至深至远。至今已近七十年了，一想到这里，我们仍无不肃然起敬……

谢郁馥老师是我们心目中的慈祥可亲、像妈妈一样的老师，大家围绕在她周围，听她慢条斯理地讲课、讲故事、教唱歌。觉得亲切，又觉得温馨。即使受到责备，也都觉得从心眼儿里感到幸福。

在老伴儿上三年级时，谢老师是级任老师，她又同时教音乐课，当我们上六年级时，她就同是我们的音乐老师了。莒京同她在一起的时间长，显得更亲。

记得莒京上三年级的语文课时，老师让大家“听写”50个字，按规定，错一个字，扣2分，打一板。等到老师判完之后，把本子发还给学生核对，确实无误了，这时有错的学生该受惩罚了。老师手拿戒尺，平和地走过每一个学生的位子，有错的学生就自觉地站起来，自己报出错了几个字，同时把手伸出来，接受责打。有一次，莨京把“列”写成了“例”，只好照章办事。老师走到她跟前，和蔼地说：“你可不应该啊!”边说边将板子举了起来，又很慢很轻地落了下来，只轻轻又轻轻地沾一沾手，一点儿也不疼。作为受责打的学生，莨京却感到老师打的很重很重，她打到了学生的心里，莨京愧疚不已，她记住了，永远也忘不了了。从此，她更加用心学习，再也没有错写错用过“列”和“例”。这一辈子可把它记清楚了。

20世纪40年代，打板子是教师教育学生时用的一种手段，合理合法。但是学生们在谢老师那里，不是怕疼，不是怕受责，而是得到了“自责”，得到了被“疼爱的感动”。所以，老师那慈祥可亲的音容，一直温暖到学生的心灵深处。

20世纪80年代初期，我们回到老家，经老同学引领，我们见到了离别四十多年的谢老师。她见到我们，最初有点儿恍惚，等渐渐回忆起来了，她一把把莨京拉在了身边，嚅嚅地说：“中石是大学问家，咱先不管他。”接着搂着莨京说，“你小学毕业时留给我的照片，我找出来给你看!”说着，便在抽屉里翻腾起来。一会儿，在一大堆学生的照片中，把莨京的照片拿出来给大家看，令所有在座的同学感到愕然。她老人家对我们的印象多深呀！多少年来，我们不在她的身边，离开她有多么远呀，时间有多么长呀，可在她的心里，却一直和我们在一起，搂抱的那么紧！这时，她又打开衣柜，抽屉一拉，哪有什么衣服啊，里面都是许多年来，一批批学生在离开她时赠送的“纪念品”——小孩儿玩意儿。木制的、琉璃的、……这么多呀！这是老师教书生涯的积累，老师在时刻记挂着这一批批的小淘气儿。这时候，我们真是百感交集，真真是热泪盈眶，良久良久，……我可亲、可敬、可爱的老师啊！

对老师从思想上、感情上，有说不尽的爱，说不尽的感激和怀念，尽管您们已长眠于地下。我们忘不了，时刻不忘，令人难忘。巧的是，我们长大也当了老师。由于忘不了恩师，所以在长期的教育、教学工作中，也时刻忘不了恩师的教导，对做教师工作充满了信心，尽到了我们的所能。如果说我们也有一点点成绩的话，都应该归功于老师，也是我们对恩师的深情缅怀！

甜美的回忆*

在我的亲身体会中，回忆，总是非常甜美的。

“回眸”这是一个富有浪漫主义的字眼儿，不文不白，似乎有一种诗的、令人神往的意境。故乡人给我出了这个题目，作为一个游子的我，感到了极大的亲切与快慰，我正好借此温一温旧梦。

我有一方闲文的图章：“生于鲁，长于齐，壮游京师。”我1928年出生于泰安城内，以后到了济南，小学在山东省立济南模范小学(即现在的制锦市小学)上。1942年至1945年在山东省立济南中学(即现在的济南一中)读书，1945年至1946年转济南市立中学(即现在的济南五中)，1946年至1948年又到济南中学读书。上大学才到了北京，直到现在。

每回忆起小时在山东的情景，便觉温慰无限，尤其想起小时候“出洋相”的事儿来，最有意思，就好像依偎在母亲的怀抱里一样的亲切。

1934年我刚满5岁时，母亲就让我去上小学，学校是

---

* 本文原载《山东画报》1996年第8期。

泰安城里的府衙门小学。那时的我，一刻也离不开母亲。记得正上算术课，老师说“1”，我一边哭着说“1”，后边又跟一句：“我是找俺娘。”老师说“2”，我倒也说声“2”，可后面还是跟上一句：“我是找俺娘。”我母亲刚往墙后躲我的视线，我站起身就追了出来。我母亲生气死死拉着我就往回跑，我心里很高兴，这下可好了。谁知回到我舅舅家，把屋门一插，把我按倒床上就用竹板打了起来。听着很响，并不很疼，我意识到是用一个把不很长的鞋刷子翻过来打的。但越来越疼了，用手一摸，屁股上有点湿乎，我便大喊起来。我舅舅实在听不下去了，一脚把门插关踹断，闯了进来，抱起我就往外走，一边说我母亲：“你当你儿子刚不吃奶就中状元吗?”拉开裤裆一看，屁股上果然都是血了。原来鞋刷子背后正是短短的黑鬃，毛虽软，但短而不密，就像一些针尖了。我娘也心疼得流下了眼泪，现跑到西门外中西药房里抹的红药水。结果这一年没上，等到第二年我才开始在粮食市小学上了一年级。

1942年我升入了济南中学，在这里，我从一个浑浑憨憨的土小子逐渐开化了起来，对一些数学、矿物、动物、植物、物理、化学之类的科学，开始入了一点门儿。应该说这3年是我从土变洋的一个启蒙过程，学习成绩虽不太好，但的确是如履薄冰一样的用功学生。可是在1945年再考高中时，我受了一个绝大的挫折，当时只报了一个本校济中，因为多少还似乎有点考取的把握。没想到一发榜便傻了，往前看“人山人海”，往后看“右榜通知”，这3年来正正经经“好学生”的面子一下子丢尽了。

后来，托人送上了市中，怕出丑就换用了“中石”这个名字。这个名字是我上初二时叶戟门先生给许多同学取“字”，我原名“崎”，叶老师第一次给取了个“松岩”，我说：“重名的太多，先我认识的就已经有俩了。”老师又给我取了“中柱”，我嫌什么“柱”什么“弹”的太土，最后叶老师说“中石吧”，“中流柱石”也一样。从此，我便“以字行”了。但我于心不死，第二年又考回了济中，可就成了“降班猴”了。

现在回想起来，已经整整半个世纪了，虽然没有什么“场面儿”事儿可“回眸”，而这些出丑的事却记得极深，而且想起来觉得极有意思。当初看着我长起来的那些老爷儿们、老师们、老学长们看看这些，可能就会想起那“小抹子”来。大病不死已届望七的我，说一说小时的往事，学一学莱子弄彩，或许能博得老长们粲然一笑吧。

母校的温暖*

泰安粮食市小学是我1935～1937年读书的母校。最近，随季羡林先生回母校（济南一中）一温春晖之情的第二天，我又赶到泰安粮食市小学，参加了教学楼落成的剪彩仪式。虽然是一个钟头的时间，却使我感到了无比的温暖。

原来的母校是在一所破庙的旧址上建成的，一个连着一个的小院落，每间教室破旧、拥挤不堪，没有操场，上体育课就得到东边万寿宫的空场去，每星期一早上集合，得上金桥头东边的五阁庙去，学生们都排着队，浮浮扬扬、暴土扬天地过来过去……

从二年级开始学写毛笔字，全班攒钱买了一张大拓片，贴在了教室黑板的旁边，习字时，大家都抬头看它。我个子小，有点优势，坐在前边，一抬头倒是看见了什么字，别人在远处，那难说了，有的同学跑到前边看一眼再回去写。我虽看不清每一笔是怎样写，但“唐故左街”这几个字还是看得清楚的。现在回想起来，这应当算我学写字的开

---

* 本文原载《人民日报》2001年12月6日。

始，也不知怎么回事，倒是知道了我学的是“柳字”。

教我画画的是平老师，他用毛笔随便一画，就出来一条金鱼，真的羡慕极了。教唱歌的是孟老师，她和蔼可亲，学校对门就是她家，那是半间低矮的房子，开了一个糖果小摊。我们每在那里碰着她，她都抓把小酸枣给我们。到三年级，换了个音乐老师，她教我们把“2”唱“ruai”，孟老师教的是“lai”，当时有点莫名其妙。……好多小事情，一直留在我们的脑子里，到现在还记得清清楚楚。

当时教算术的侯老师每天都在写字，临“泰山经石峪”，毛头低，一张一个字，用墨很多，又须磨研，不用墨汁，因为我们是亲戚，所以我就成了当然的书童，每天磨墨抻纸。最初很新鲜，时间长了，叫苦不迭。我开始想法逃脱，找了一个破水缸底，请大人敲去了不整齐的边沿。于是磨起来，快极了，一会儿就是一大碗墨。自己当然不写，根本也没有想写一下的可能，但“泰山经石峪”的字对我一点也不陌生了。何况星期天母亲常带着我去那里玩。有时还把脚踩进字的笔画之中，蹼踏蹼踏(这是当时泰安的土话)，现在想来，惬意十分。

4 月 4 日是那时代的儿童节，我第一次登台代表学校演出，唱了《刀劈三关》的一个片段。行头没有合适的，只好以儿童玩具或自制的充数。胡子没有小的，就用铁丝做框，搭上一块白毛巾；没有小“靠”，就把两片“下甲”，一前一后从脖子挂下来……，虽然不成样子，但我的艺术史总得从这里说起。地点是在岱庙天贶殿前大院子的高台上。

1937 年暑假后，刚开学不久，我和弟弟(欧阳岑，现在陕西师大心理学教授)到粮食市去上学，下大雨，刚到下河桥，弟弟的新力士鞋掉在水里，眼看就要冲下河里，幸而被别的大人一脚踩住，不然一定被冲跑了。

……

我在粮食市小学不满三年，弟弟才刚刚开始上学，虽然时间不长，但都是读书的最初开始，是从孩提转为童生的开始，是宝贵的，是新鲜的，是记忆最纯真最敏锐的时候，所以，那时的许多光景，都清楚、亲切，大概永远也忘不了。

1991 年我和弟弟曾到过这里，听说孟老师还健在，但住在乡下，也没法知道的更具体，所以没有去看望。事情又过了十年，听说孟老师已离开了我们。“可能见到”但没见；现在可以去见但又“没有可能”了。

今年五层的教学大楼完成了，要我去剪彩，我非常高兴，说什么都要去。借去济南一中重温“春晖”的机会，再回到我更早的母校，真是一路风光，快何如也。

10 月 16 日我赶到了学校，操场里坐满了小同学，“旗正正兮鼓堂堂”，庆贺仪式就将开始——

就在这个时候，校领导唯恐我在院子开会受凉，竟给我买来了一件毛衣，不容分说，给我穿在了身上，顿时，身上暖和了起来，心里暖和了起来。

坐在操场里，看着崭新的教学楼，看着茁壮饱满的小同学，听着领导的讲话，听着老师的致词，特别听着小同学的发言，句句感到温暖……

剪彩仪式结束，大家要我到二楼教室看一看，我走到楼上，同学们还不曾散去，直冲我鼓掌抬手。我走下来，大家围拢过来，争着伸出小手和我握手，我感到他们的小手冰凉，我说：“别冻着。”他们说：“冻不着，我们心里可热哪。”这句话一下撞进我的耳朵里，顿时泛涌到我的全身，我暖和极了：人暖，话暖，毛衣暖，整个操场的气氛像春天的温暖，我一时回到了小时，像在这里读书的时候，深深地感到了母校的温暖……

从泰安回到了济南，从济南回到了北京，我一直沉浸在母校的温暖之中。我想永远也淡漠不了了。我要时时地去深深地重温、去感受，直到永远……

怀念母校*

北京大学，未到之前，是我向往的地方；既入绛帐，是我感受最幸福的所在；离开之后，是我永远怀念的地方。

我读高中的时候，从老师们那里知道：她是我国的最高学府。真是艳羡之至，憧憬着将来到那里去读书。但到要考试的时候，却没有了足够的勇气，自忖自己没有那种水平，考，也是白饶。然而总算不能扔掉那一点点侥幸的心理，万一瞎猫碰上死耗子……结果名落孙山之外。虽也在预料之中，但也戚戚不已。

当我在辅仁大学读完一年之后，辅仁哲学系撤销。很多同学都转入其他系，少数几位可以转入北京大学，继续读哲学系，我获得了转入北大的允许，于是就实现了我在我国最高学府读书的梦想。

红楼，绝不豪华，朴实得很，也不考究，但很庄严。同学们每天出入其间，从“三院”走过来，尽管河沿上，无风三尺土，有雨一街泥，并不很惬意地走来，进了大门，

* 本文原载《青春的北大》，北京，北京大学出版社，1998年。

穿过红楼，走过民主广场，或到图书馆，或到北楼某个教室，或从这个教室再转到那个教室，听完了这位教授的课再听那位教授的课，忙个不停。天天如此，日复一日，都在作着自己的努力，都很充实，都很愉快，都充满了希望，因为都觉得自己的学习是很神圣的。我觉得能和这些同学跻身一起，走着一样的道路，进行着同样神圣的学习，虽不敢骄傲，但我很自豪，因为我可以和大家同步了。

又是一种难逢的机缘，赶上了我国高校的院系调整。特别是哲学系，全国的哲学系，不管是广东的，南京的，武汉的……清华、燕京，统统都并入了北大。那时哲学系竟成了空前的鼎盛大系。学生多了，教授比学生还多，全国的名教授大学者都来了，都是我的老师，这一种“幸福”，对我们这一时期的同学来说，不止是自豪，而且是共同的骄傲。

燕园的幽美，世界驰名，湖光塔影，荷香柳荫，令人神怡，令人陶醉。在这里的日子虽然不长，但在这里读书的幸福却着着实实地享受过了。我们都意识到，成长在这样的环境里，如果再不成材，就太辜负这“皇天后土”了。

我们曾经请高名凯先生讲过一次语言学的问题，高先生说：“我很惭愧，应当说我是哲学系的一个‘叛徒’，因为我原是哲学系的，结果我却搞了……”大家一阵哄笑。今天这话又似乎该是我来说了。但我却不这样看。我也是读哲学系的，今天我也是搞了……究竟为了什么？说不清。我也曾玩笑地说：“我是不务正业。”有人说我是“歪打正着”，其实不对，“歪打歪着”也不对。我通过几十年的摸索，反复琢磨，我觉得我还是走着哲学的道路，得了逻辑的“济”。我深刻地感觉到，我在学习中学了些哲学、逻辑，哲学与逻辑让我得到了发挥，因而在教学中，我又拿这些去教我的学生，他们也在这些方面得到了发挥，取得了他们的成绩。学生们说，规律和方法，才是他们最需要的东西。我现在觉得高先生当然是客气的雅谑。而我则应该说：我是学以致用的，我还是吃的哲学与逻辑的饭，更谈不上是什么改行。学哲学学逻辑，都学对了，现在的工作也是合适的。

我极其庆幸的是在北大读书的日子里，除了上哲学系的课之外，我挤时间，听了那么多别的系的课，什么中文系、历史系的课，我都“浅尝”过。我更认识了那么多的老师，我都得到过他们的面命，现在想起来，许多话我都一直奉行至今。

我怀念的老师太多了，我没法一一道及。凡是我直接听过课的，我怀念。我没直接听过课，但我从他的书中得到教益的，也怀念，尽管他不知道我，也许还不承认我这个学生，但我却赖上了，无论如何，我是把您奉为我的老师的，请千万不要把我逐出门墙之外，这是我引以为荣的请求。

我抄写《八荣八耻》字幅的前前后后*

今年“两会”闭幕第二天，人民日报出版社的同志来访。寒暄一过，开口便问：“亲自听了胡总书记讲话?”我只能说：“胡总书记在其他组讲话，我没有直接听到，在报纸上读到了。”他说：“荣辱观的发表给我们指出了明确的方向，应该说这是件大事。”我说：“你们的任务来了。”他说：“是啊。您就没事啦?”我说：“我要好好学习。”他说，当然要好好学习。光学习就完了？我一怔，他接着说：“就没有宣传的事啦?”于是说明了来意：要我手写一幅“八荣八耻”的字幅，由他们去印刷，以满足广大群众的需要。

“八荣八耻”的发表，的确是一件大事。人们的思想、好恶、是非、行止，都有了依据。这个举措是完全合适的、英明的、及时的，希望马上成为人们的准则。

作为一个能书写的人，抄写一段文字，应该说不是一件很困难的事情；但，如果写一份人人能认得清，而又工整、又壮观、又感人的艺术作品，就不那么容易了。我倒

* 本文原载《人民政协报》2006 年 11 月 23 日。

不是说需要正襟沐手，而首先是件十分庄严郑重，不可潦草马虎、纵情任意的事。写出的作品，必须既工稳肃穆，又须包含着尊敬而热情的感情，还得优美而宜人方可。因此，这不是简简单单地写一张字的事，而是一个很有意义的政治任务。我知道，这对于一个多年的老政协委员，一个常以作“字”为任务的政协委员来说，更是一项严肃、艰巨、光荣的政治使命。

要求是四尺整幅，竖式大中堂，以容易认识的灵动行书为好。应该说，重复字太多，“以”、“为”各16个，“荣”8个，“耻”8个。句式完全相同。不好好注意，容易处理得重复板滞。为此，我心中一直惴惴，不敢掉以轻心。

家里人总在催促我，希望尽快完成任务。可我一直把纸摊在那里，迟迟没有动手，好像是在磨蹭时间。其实，她们哪里知道，我一会儿也没敢偷懒，脑子里一直在反复琢磨如何把“重字”调整避开，还要处理得更加灵动有致。

改天一大早，我趁着天色，起床后，急急洗漱，调好新墨，轻松地用了40分钟写了一遍，然后把它悬挂在了书架之上。

常言道“字怕悬”。一眼看去，总算“差强人意”，家里人倒是松了口气。但等到了10点钟，我把放松了的笑脸又绷了起来，觉得前后有点不匀，后半部有点显重。还有几个字写得有点垮。越看越严重，越看越不能忍受。真想把它一把扯了下来，幸而被家人拦住了。

于是我又铺开了一张纸。在沉吟了少时之后，又一口气写了一张，马上又挂了起来。别人要我到别处休息，免得一会儿又看出了毛病。我拒绝了她们，又反复端详起来，绝不能回避缺点，我一定要仔细地检查……幸好，一时挑不出大的不合适了。下午，出版社方面来人把字取了回去。不久即印刷装裱了一批，据说市面上很受欢迎，但大家又提了一个新要求——太大。装点在会议大厅里合适；居家，不如写一横幅好挂一些。我想这是群众的需求，应该接受。于是我又以“1×4”的格局写了一个横幅，因为已经有了经验，只一遍就成功了。

我在想，这不正是自己所孜孜以求的“文以载道”“切时如需”吗？这几天过得很好，觉得很轻松，自己好像做了一件既有意义而又非常高兴做的事。

当天夜里不知不觉地醒了，辗转反侧，久久不能入睡之时，倏地眼前一亮，“八荣八耻是箴规，举止言行不可移”两个诗句竟然吟成。又经过了一刻钟左右的时间，“道德文章皈有序，人人自律奉天仪”，又自然吟成。恰好形成一个“截句”。反复吟咏几遍，觉得还过得去。

第二天早晨，自己再吟哦一下，居然完全记得。于是溶墨拂纸，一遍成章，这时候，心深之处，未尝没有一点“沾沾”的意味。

过后好多朋友相造，见者都有些啧啧，而有相索之趣。恰好人民日报的同志来，经过洽谈，我把这张“字”赠报社出版社，过了两天，这张“字”发表在《人民日报》上了。

欧阳中石主要著作目录

《中国逻辑史资料选·先秦卷》(合著，甘肃人民出版社 1985 年版)

《篆书浅涉》(合著，文书堂书店出版社 1987 年版)

《书学导论》(高等教育出版社 1988 年版)

《楷书浅鉴》(合著，高等教育出版社 1988 年版)

《中国逻辑思想史教程》(合著，甘肃人民出版社 1988 年版)

《中国名碑珍帖习赏》(合著，未来出版社 1989 年版)

《行书浅鉴》(高等教育出版社 1989 年版)

《中国逻辑史》(唐明卷)(合著，甘肃人民出版社 1989 年版)

《草书浅鉴》(高等教育出版社 1990 年版)

《隶书浅鉴》(合著，高等教育出版社 1991 年版)

《中国逻辑史资料选·近代卷》(合著，甘肃人民出版社 1991 年版)

《章草便检》(合著，新华出版社 1991 年版)

《中国的书法》(商务印书馆 1991 年版，台湾商务印书馆 1994 年版)

《中国书法史鉴》(合著，中央党校出版社 1993 年版)

《中国的书法》(合著，商务印书馆 1997 年修订版)

《书法与中国文化》(合著，人民出版社 2000 年版)

《书法天地》(合著，台湾商务印书馆 2001 年版)

《〈九成宫醴泉铭〉名师指导》(北京图书馆出版社 2006 年版)

《文化漫谭》(人民日报出版社 2009 年版)

《啸伯永啸—我的师父奚啸伯先生》(文化艺术出版社 2010 年版)

《京剧艺术漫谭》(合著，文化艺术出版社 2011 年版)